中学生数学思维方法丛书

10 建立对应

冯跃峰 著

中国科学技术大学出版社

内容简介

本书介绍数学思维方法的一种形式:建立对应.其中一些内容是本书首次提出的.比如,基元列、主元列、复合列、生成元、减元派生、代换派生、分解派生、操作派生、派生排列、容量方程等.这是本书的特点之一.书中选用了一些数学原创题,有些问题还是第一次公开发表,这是本书的另一特点.此外,书中对每一个问题,并不是直接给出解答,而是详细分析如何发现其解法,这是本书的又一特点.

本书适合高等院校数学系师生、中学数学教师、中学生和数学爱好者阅读.

图书在版编目(CIP)数据

建立对应/冯跃峰著.—合肥:中国科学技术大学出版社,2016.8 (2024.11重印)

(中学生数学思维方法丛书)

ISBN 978-7-312-03962-1

Ⅰ.建… Ⅱ.冯… Ⅲ.中学数学课—教学参考资料 Ⅳ.G634.603

中国版本图书馆 CIP 数据核字(2016)第 141594 号

出版	中国科学技术大学出版社
	安徽省合肥市金寨路 96 号,230026
	http://press.ustc.edu.cn
	https://zgkxjsdxcbs.tmall.com
印刷	合肥市宏基印刷有限公司
发行	中国科学技术大学出版社
开本	880 mm×1230 mm 1/32
印张	8.125
字数	211 千
版次	2016 年 8 月第 1 版
印次	2024 年 11 月第 4 次印刷
定价	28.00 元

序

　　问题是数学的心脏,学数学离不开解题.我国著名数学家华罗庚教授曾说过:如果你读一本数学书,却不做书中的习题,那就犹如入宝山而空手归.因此,如何解题也就成为了一个千古话题.

　　国外曾流传着这样一则有趣的故事,说的是当时数学在欧几里得的推动下,逐渐成为人们生活中的一个时髦话题(这与当今社会截然相反),以至于托勒密一世也想赶这一时髦,学点数学.虽然托勒密一世见多识广,但在学数学上却很吃力.一天,他向欧几里得请教数学问题,听了半天,还是云里雾里不知所云,便忍不住向欧几里得要求道:"你能不能把问题讲得简单点呢?"欧几里得笑着回答:"很抱歉,数学无王者之路." 欧几里得的意思是说,要想学好数学,就必须扎扎实实打好基础,没有捷径可走.后来人们常用这一故事讥讽那些凡事都想投机取巧之人.但从另一个角度想,托勒密一世的要求也未必过分,难道数学就只能是"神来之笔",不能让其思路来得更自然一些吗?

　　记得我少年时期上学,每逢学期初发新书的那个时刻是最令我兴奋的,书一到手,总是迫不及待地看看书中有哪些新的内容,一方面是受好奇心的驱使,另一方面也是想测试一下自己,看能不能不用老师教也能读懂书中的内容.但每每都是失望而终:尽管书中介绍的知识都弄明白了,书中的例题也读懂了,但一做书中的习题,却还是

不会.为此,我曾非常苦恼,却又万思不得其解.后来上了大学,更是对课堂中老师那些"神来之笔"惊叹不已,严密的逻辑推理常常令我折服.但我未能理解的是,为什么会想到这么做呢?

20世纪中叶,美国数学教育家G. Polya的数学名著《怎样解题》风靡全球,该书使我受益匪浅.这并不是说,我从该书中学到了"怎样解题",而是它引发了我对数学思维方法的思考.

实际上,数学解题是一项系统工程,有许许多多的因素影响着它的成败.本质的因素有知识、方法(指狭义的方法,即解决问题所使用的具体方法)、能力(指基本能力,即计算能力、推理能力、抽象能力、概括能力等)、经验等,由此构成解题的基础;非本质的因素有兴趣、爱好、态度、习惯、情绪、意志、体质等,由此构成解题的主观状态;此外,还受时空、环境、工具的约束,这些构成了解题的客观条件.但是,具有扎实的解题基础,且有较好的客观条件,主观上也做了相应的努力,解题也不一定能获得成功.这是因为,数学中真正标准的、可以程序化的问题(像解一元二次方程)是很少的.解题中,要想把问题中的条件与结论沟通起来,光有雄厚的知识、灵活的方法和成功的解题经验是不够的.为了判断利用什么知识,选用什么方法,就必须对问题进行解剖、识别,对各种信息进行筛选、加工和组装,以创造利用知识、方法和经验的条件.这种复杂的、创造性的分析过程就是数学思维过程.这一过程能否顺利进行,取决于思维方法是否正确.因此,正确的思维方法亦是影响解题成败的重要因素之一.

经验不止一次地告诉我们:知识不足还可以补充,方法不够也可以积累,但若不善思考,即使再有知识和方法,不懂得如何运用它们解决问题,也是枉然.与此相反,掌握了正确的思维方法,知识就不再是孤立的,方法也不再是呆板的,它们都建立了有血有肉的联系,组成了生机勃勃的知识方法体系,数学思维活动也就充满了活力,得到了更完美的发挥与体现.

序

G. Polya 曾指出,解题的价值不是答案本身,而在于弄清"是怎样想到这个解法的","是什么促使你这样想、这样做的".这实际上都属于数学思维方法的范畴.所谓数学思维方法,就是在基本数学观念系统作用下进行思维活动的心理过程.简单地说,数学思维方法就是找出已有的数学知识和新遇的数学问题之间联系的一种分析、探索方法.在一般情况下,问题与知识的联系并非是显然的,即使有时能在问题中看到某些知识的"影子",但毕竟不是知识的原形,或是披上了"外衣",或是减少了条件,或是改变了结构,从而没有现成的知识、方法可用,这就是我在学生时代"为什么知识都明白了,例题也看懂了,还是不会做习题"的原因.为了利用有关的知识和方法解题,就必须创造一定的"条件",这种创造条件的认识、探索过程,就是数学思维方法作用的过程.

但是,在当前数学解题教学中,由于"高考"指挥棒的影响,教师往往只注重学生对知识方法掌握的熟练程度,不少教师片面地强调基本知识和解决问题的具体方法的重要性,忽视思维方法方面的训练,造成学生解决一般问题的困难.为了克服这一困难,各种各样的、非本质的、庞杂零乱的具体解题技巧统统被视为规律,成为教师谆谆告诫的教学重点,学生解题也就试图通过记忆、模仿来补偿思维能力的不足,利用胡猜乱碰代替有根据、有目的的探索.这不仅不能提高学生的解题能力,而且对于系统数学知识的学习,对于数学思维结构的健康发展都是不利的.

数学思维方法通常又表现为一种解题的思维模式.例如,G. Polya就在《怎样解题》中列出了一张著名的解题表.容许我们大胆断言,任何一种解题模式均不可能囊括人们在解题过程中表现出来的各种思维特征,诸如观察、识别、猜想、尝试、回忆、比较、直觉、顿悟、联想、类比、归纳、演绎、想象、反例、一般化、特殊化等.这些思维特征贯穿于解题过程中的各个环节,要想用一个模式来概括,那就像

用数以千计的思维元件来构造一个复杂而庞大的解题机器.这在理论上也许是可行的,但在实际应用中却很不方便,难以被人们接受.更何况数学问题形形色色,任何一个模式都未必能适用所有的数学问题.因此,究竟如何解题,其核心内容还是学会如何思考.有鉴于此,笔者想到写这样一套关于数学思维方法的丛书.

本丛书也不可能穷尽所有的数学思维方法,只是选用一些典型的思维方法为代表做些介绍.这些方法,或是作者原创发现的,或是由作者从一个全新的角度进行了较为深入的分析与阐述.

囿于水平,书中观点可能片面武断,错误难免,敬请读者不吝指正.

冯跃峰
2015 年 1 月

目　　录

序 ……………………………………………………（ⅰ）

1　要素列 ……………………………………………（001）
　1.1　基元列 ………………………………………（002）
　1.2　主元列 ………………………………………（015）
　1.3　复合列 ………………………………………（022）
　习题 1 ……………………………………………（036）
　习题 1 解答 ………………………………………（039）

2　生成元 …………………………………………（058）
　2.1　一级生成元 …………………………………（058）
　2.2　多级生成元 …………………………………（069）
　习题 2 ……………………………………………（082）
　习题 2 解答 ………………………………………（085）

3　派生元 …………………………………………（096）
　3.1　减元派生 ……………………………………（096）
　3.2　代换派生 ……………………………………（107）
　3.3　分解派生 ……………………………………（112）
　3.4　操作派生 ……………………………………（115）
　3.5　派生排列 ……………………………………（142）
　习题 3 ……………………………………………（145）
　习题 3 解答 ………………………………………（149）

4 容量方程 ……………………………………………… (168)
  4.1 一维容量方程 ……………………………………… (168)
  4.2 多维容量方程 ……………………………………… (175)
  习题 4 …………………………………………………… (183)
  习题 4 解答 ……………………………………………… (184)

5 其他对应方式 …………………………………………… (193)
  5.1 对应相等 …………………………………………… (193)
  5.2 等式与不等式 ……………………………………… (200)
  5.3 杂题 ………………………………………………… (223)
  习题 5 …………………………………………………… (231)
  习题 5 解答 ……………………………………………… (234)

1 要素列

设 f 是某个给定的法则,具有如下性质:对于集合 A 中每一个元素 a,通过法则 f,都有集合 B 中的若干个元素 $b_1, b_2, \cdots, b_t$ ($t \in \mathbf{N}^+$)与 a 对应,记为 $f: a \to b_1, b_2, \cdots, b_t$,则称 f 是 A 到 B 的一个对应,并称 $b_1, b_2, \cdots, b_t$ 为元素 a 在对应 f 下的像.

如果 $t=1$,我们称对应 f 为单值对应,也称为映射,此时,元素 a 在对应 f 下的像记为 $f(a)$. 如果 $t>1$,则称对应 f 为多值对应.

设 f 是 A 到 B 的映射,如果对 A 中任何两个不同元素 a, b,它们在 B 中对应的像 $f(a), f(b)$ 都不同,则称 f 是单射;如果对 B 中任何元素 b,它在 A 中都可找到一个元素 a,使 a 与 b 对应,即 $b=f(a)$,则称 f 是满射;如果 f 既是单射又是满射,则称 f 是 A 到 B 的一一映射.

设 f 是 A 到 B 的一个映射,如果 f 是单射,那么,$|A| \leqslant |B|$;如果 f 是满射,那么,$|A| \geqslant |B|$;如果 f 是一一映射,那么,$|A|=|B|$.

利用上述结论,可以得到估计具有某种性质的对象个数的一种思考方法:建立所计数的对象与一组新对象之间的对应,然后估计新对象的个数,由此得到原来对象个数的范围.

显然,建立对应的关键,是找到一组适合的新对象.本章介绍一

种建立对应的方法:建立计数对象与其"要素列"之间的对应.

一般来说,我们计数的对象通常包含多种变化因素.如果某些因素被确定后,计数对象被唯一确定,则称这些因素组成了该计数对象的要素.

所谓要素列,就是由计数对象的若干个要素组成的一个列.如果减少计数对象要素列中的任何一个要素,则计数对象便不确定,那么,我们称此时的要素列为该计数对象的最简要素列.

计数对象的要素列并不是唯一的,可能有不同的表现形式.比如,三角形的要素列可以是3个顶点组成的点列,也可以是3条边组成的线段列.又比如,正方形的要素列可以是3个顶点组成的点列,也可以是2条相邻边组成的线段列,还可以是一个顶点、边的长度、边的方向组成的混合列.

显然,如果计数对象的每一个要素可用一个相应的符号来表示,那么,计数对象便与相应的符号列形成一一对应.

1.1 基元列

如果计数对象的各个要素恰好是构成计数对象的基本元素,则称这样的要素列为基元列.最常见的基元列为元素基元列和位置基元列.

基元列可以表示为$(a_1, a_2, \cdots, a_r)$,其中 r 称为基元列的长度.因为不同的对象对应的基元列的长度可能不同,所以计算过程中常常需要对 r 的取值进行分类讨论.

例1 设 m 是给定的正整数,将 m 封信丢入3个不同的邮筒,有多少不同的方法?其中两封信丢入同一个邮筒时,不同的顺序看作同一种方法.

分析与解 设 m 封信的代号为 $1, 2, 3, \cdots, m$,3个不同的邮筒

为 A, B, C. 对每一个投递方法,令其对应一个位置要素列 (x_A, x_B, x_C),其中 x_A, x_B, x_C 分别为邮筒 A, B, C 所收到的信的集合,则 $|x_A| + |x_B| + |x_C| = m$.

(1) 先考虑 $|x_A| = 0$ 的情形,此时 $|x_B| + |x_C| = m$.

当 $|x_B| = i (0 \leqslant i \leqslant m)$ 时,$|x_C| = m - i$,在 m 封信中选取 i 封信投入邮筒 B,有 C_m^i 种方法,又 $i = 0, 1, 2, \cdots, m$,所以,当 $|x_A| = 0$ 时共有 $\sum_{i=0}^{m} C_m^i = 2^m$ 种方法.

(2) 当 $|x_A| = j (1 \leqslant j \leqslant m)$ 时,在 m 封信中选取 j 封信投入邮筒 B,有 C_m^j 种方法. 又 $|x_B| + |x_C| = m - j$,由上面的结论可知,将 $m - j$ 封信丢入两个邮筒 B, C 共有 2^{m-j} 种方法. 所以,由乘法原理,当 $|x_A| = j (1 \leqslant j \leqslant m)$ 时,共有 $C_m^j 2^{m-j}$ 种方法.

注意(2)的结论在 $j = 0$ 时也成立,于是,由加法原理,所有不同的方法数为

$$\sum_{j=0}^{m} C_m^j 2^{m-j} = (1 + 2)^m = 3^m$$

本题如果我们选择元素要素列,则可得如下一个简单解法.

对每一个投递方法,令其对应一个元素要素列 $(x_1, x_2, \cdots, x_m)$,其中 $x_i (1 \leqslant i \leqslant m)$ 表示第 i 封信投入的邮筒代号.

显然,每一个 $x_i (1 \leqslant i \leqslant m)$ 都有 3 种可能,从而由乘法原理,所有不同的方法数为 3^m.

解答是如此出人意料地简单! 由此可见,对同一个问题,选用不同形式的要素列,得到的解答其繁简可能截然不同.

例 2 有 n 个点 $A_1, A_2, \cdots, A_n$ 依次排列在直线 l 上,现将这 n 个点染上红色或蓝色,每个点恰染其中一种颜色. 若相邻两点 A_i, A_{i+1} 的颜色不同,则称线段 $A_i A_{i+1}$ 为一条标准线段. 已知 A_1, A_n 异色,证明:l 上的标准线段有奇数条.

分析与证明 每个点只有两种颜色:红色或蓝色.我们分别用两个数 1 和 -1 表示这两种颜色.这样,n 个点得到 n 个数:$x_1, x_2, \cdots, x_n$.

令每一条线段对应一个要素列 (x_i, x_j),其中 x_i, x_j 分别是线段 $A_i A_j$ 两端点的标数.

显然,线段 $A_i A_{i+1}$ 为一条标准线段,等价于其要素列 (x_i, x_{i+1}) 满足:$x_i x_{i+1} = -1$.于是,我们只需证明:满足 $x_i x_{i+1} = -1$ 的数对 (x_i, x_{i+1}) 的个数为奇数.

为了利用 $x_i x_{i+1} = -1$,从整体上考察

$$T = (x_1 x_2)(x_2 x_3)\cdots(x_{n-1} x_n)$$

有

$$\begin{aligned} T &= (x_1 x_2)(x_2 x_3)\cdots(x_{n-1} x_n) \\ &= x_1 \cdot (x_2^2 x_3^2 \cdots x_{n-1}^2) \cdot x_n = x_1 x_n \end{aligned}$$

因为 A_1, A_n 异色,从而 $x_1 x_n = -1$,所以 $T = -1$.

由此可见,$x_1 x_2, x_2 x_3, \cdots, x_{n-1} x_n$ 中共有奇数个为 -1,从而标准线段有奇数条.

例 3(1986 年上海市数学奥林匹克试题) 设 A, B, C, D 是空间中给定的不共面的任意 4 点,它们到平面 α 的距离的比为 $1:1:1:2$,问这样的平面 α 有多少个?

分析与解 设 A, B, C, D 到平面 α 的距离分别为 a, b, c, d,则一个合乎条件的平面 α,对应一个元素基元列 (a, b, c, d),其中

$$\frac{a}{1} = \frac{b}{1} = \frac{c}{1} = \frac{d}{2}$$

即 $a = b = c$,且 $d = 2a$.

先退一步,考虑满足 $a = b$ 的平面 α,这样的平面 α 可分为两类:一是平面 α 与直线 AB 平行;二是平面 α 过线段 AB 的中点.

现在,我们来调整 α 的位置,使 $c = a = b$.

(1) 当平面 α 与 AB 平行时,由 $c = a$ 可知,α 与 CA 又有两种位置关系:平面 α 与其平行或过其中点,由此得到如下两种情况:

(i) 平面 α 与直线 AC 平行,此时平面 α 与直线 AB,BC,CA 都平行(图 1.1).

(ii) 平面 α 过线段 AC 的中点 P,此时,平面 α 也同时过线段 BC 的中点 Q(图 1.2).

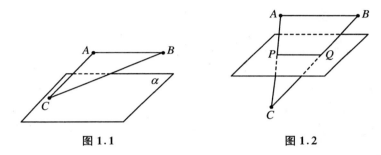

图 1.1 　　　　　　　　图 1.2

(2) 当平面 α 过直线 AB 的中点时,由 $c = a$ 可知,α 与 CA 又有两种位置关系:平面 α 与其平行或过其中点,由此得到如下两种情况:

(i) 平面 α 与直线 AC 平行,由于平面 α 过线段 AB 的中点,从而平面 α 也同时过线段 BC 的中点.

(ii) 平面 α 过线段 CA 的中点,由于平面 α 过线段 AB 的中点,从而平面 α 与直线 BC 平行.

综上可知,平面 α 与 $\triangle ABC$ 的位置关系只有以下两种情况:一是平面 α 与平面 ABC 平行,二是平面 α 过 $\triangle ABC$ 的一条中位线.

最后,调整 α 的位置,使 $d = 2a$.

当 $\alpha /\!/ \triangle ABC$ 时,若 D 与 $\triangle ABC$ 在平面 α 同侧,则平面 α 过 DA 延长线上一点 M,其中 $DA = AM$,且与平面 ABC 平行的平面 α 唯一确定(图 1.3);若 D 与 $\triangle ABC$ 在平面 α 异侧,则平面 α 过线段 DA 的靠近 A 的三等分点,且与平面 ABC 平行的平面 α 也唯一确定

(图 1.4).此时一共得到两个合乎条件的平面.

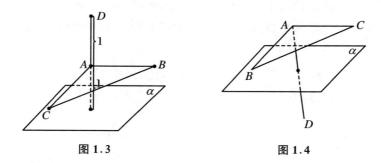

图 1.3　　　　　　　　图 1.4

当 α 过 △ABC 的一条中位线时,不妨设 α 过与 BC 平行的中位线 EF,则 α∥BC.

若 D 与线段 BC 在 α 的同侧,则平面 α 过 DB 延长线上一点 M,其中 DB=BM,且过 EF 的平面 α 唯一确定(图 1.5);若 D 与线段 BC 在 α 的异侧,则平面 α 过线段 DB 的靠近 B 的三等分点,且过 EF,这样的平面 α 唯一确定(图 1.6).此时一共得到两个合乎条件的平面.

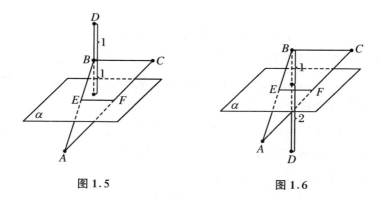

图 1.5　　　　　　　　图 1.6

同样,当 α 过 △ABC 的其他中位线时,也可得到两个合乎条件的平面.

综上所述,合乎条件的平面共有 $2+2\times 3=8$ 个.

另解 如果我们建立计数对象与位置基元列的对应,则解答非常简单.

设 A,B,C,D 到平面 α 的距离分别为 a,b,c,d,其中 $a=b=c,d=2a$.

先考虑条件 $d=2a$,显然,合乎条件的平面 α 与直线 DA 不平行,否则 $d=a$,矛盾.

于是,由对称性可知,合乎条件的平面 α 与直线 DA,DB,DC 都相交,设 3 个交点分别为 P,Q,R,则合乎条件的平面 α 对应一个位置基元列 (P,Q,R).

先考虑平面 α 与直线 AD 的交点 P,由于 $d=2a$,于是点 P 内分或外分线段 AD 的比为 $1:2$,从而点 P 有 2 个不同取值(图 1.7).

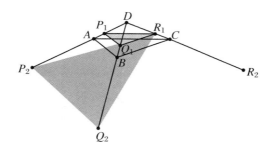

图 1.7

同样,点 Q,R 都分别有 2 个不同取值,于是,这样的点基元列 (P,Q,R) 共有 $2^3=8$ 个.

反之,对任何一个上述点基元列 (P,Q,R),显然 3 点 P,Q,R 不共线,否则直线 DP,DQ,DR 共面,从而 4 点 A,B,C,D 共面,矛盾.于是,三点组 (P,Q,R) 确定唯一一个平面,所以上述对应是一一对应,故合乎条件的平面共有 $2^3=8$ 个.

例 4 有一条折线,它的顶点都在棱长为 2 的正方体的表面上,每一段的长度都为 3,它的两个端点正好是正方体相距最远的两个顶

点,试问:这样的折线有多少段?

分析与解 设正方体为 $ABCD\text{-}A_1B_1C_1D_1$,不妨设折线的一个端点为 A,另一个端点为 C_1.

因为折线由若干条线段组成,我们称相邻两条线段的公共端点为该折线的"节点".这样,每一条合乎条件的折线都对应一个位置基元列 $(A, P_1, P_2, \cdots, P_r, C_1)$,其中 $AP_1, P_1P_2, \cdots, P_rC_1$ 是折线的各段,$P_1, P_2, \cdots, P_r$ 为节点.

考察第一个节点 P_1 的位置,因为各段的长为 3,所以 $AP_1 = 3$,从而 P_1 在以 A 为圆心,3 为半径的球面与正方体表面的交线上.

设该球面交棱 B_1C_1, CC_1, D_1C_1 于点 L, M, K,则 L, M, K 为相应棱的中点.

显然,球面与正方体的侧面 $BCC_1B_1, CDD_1C_1, A_1B_1C_1D_1$ 的交线为 3 段弧 KL, LM, MK(图 1.8),于是,P_1 在这 3 段弧上.

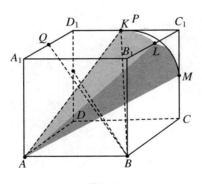

图 1.8

若 P_1 不是其中任何一段弧的端点,则 P_1 到正方体表面上所有非 A 的点之距都小于 3,从而下一个节点 P_2 不存在,矛盾.

不妨设 P_1 为点 K,我们将该点重新命名为 P,注意到正方体表面上与 P 距离为 3 的点只有 A 和 B,从而下一个节点 $P_2 = B \neq C_1$,所以 $r \geqslant 3$.

考虑第 3 个节点 P_3 的位置,同上面的分析,P_3 只能是 A_1D_1,D_1C_1 及 D_1D 的中点,但 $P_3 \neq P_1 = P$,由对称性,不妨设 P_3 为 A_1D_1 的中点 $Q \neq C_1$,从而 $r \geqslant 4$.

考虑第 4 个节点 P_4,同上面的理由,只能是 $P_4 = C \neq C_1$,从而 $r \geqslant 5$.

考虑第 5 个节点 P_5,因为 $CC_1 \neq 3$,所以 $P_5 \neq C_1$,从而 $r \geqslant 6$.

最后,当 $r = 6$ 时,如图 1.9 所示,存在合乎条件的折线 (A, P, B, Q, C, R, C_1),其中 P, Q, R 分别是所在棱的中点,故折线的段数的最小值为 6.

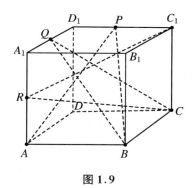

图 1.9

例 5 以正 $2n+1$ 边形的顶点为顶点的三角形中,包含正 $2n+1$ 边形的中心的三角形有多少个?

分析与解 设正 $2n+1$ 边形为 $A_1A_2\cdots A_{2n+1}$,其中心为 O,则 $A_1, A_2, \cdots, A_{2n+1}$ 都在以 O 为圆心,OA_1 为半径的圆上.

考察任意一个合乎条件的 $\triangle PQR$,它对应一个位置基元列 (P, Q, R),其中 $P, Q, R \in A = \{A_1, A_2, \cdots, A_{2n+1}\}$,$O \in \triangle PQR$.

先考虑点 P 的位置,由对称性,可先考察 $P = A_1$ 的情形,其他情形与之类似.现在我们考虑另两点 Q, R 在什么位置,方能保证 $O \in \triangle PQR$.

显然,$O \in \triangle PQR$ 等价于 Q, R 分别在直线 AO 的两侧,且弧 RPQ 上属于多边形顶点的个数不少于 n(Q, R 除外).

实际上,对圆 O 的任意一条弦,它哪一侧的顶点多,则哪一侧含有多边形的中心 O.又除 Q, R 外还有 $2n - 1$ 个顶点,从而该弦至少有一侧不少于 n 个顶点.

如果直接设 $Q = A_i, R = A_j$,则上述条件难以表述为 i, j 满足的等式或不等式.于是,我们将多边形的顶点重新编号:

从点 $P = A_1$ 开始,按逆时针方向将其余 $2n$ 个的顶点依次记为 $B_1, B_2, \cdots, B_n, C_n, C_{n-1}, \cdots, C_2, C_1$(图 1.10),令 $B = \{B_1, B_2, \cdots, B_n\}, C = \{C_1, C_2, \cdots, C_n\}$.这样,有

$O \in \triangle PQR$

$\Leftrightarrow Q \in B, R \in C$,且弧 RPQ 上不少于 n 个非 Q, R 的顶点

$\Leftrightarrow Q = B_i, R = C_j$,且 $i + j \geq n + 1 (1 \leq i, j \leq n)$

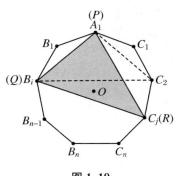

图 1.10

考察满足 $i + j \geq n + 1 (1 \leq i, j \leq n)$ 的有序对,当 $i = k$ 时,j 可取 $n, n-1, \cdots, n-k+1$ 这 k 个值,有 k 个有序对.令 $k = 1, 2, \cdots, n$ 即得这样的有序对的个数为 $1 + 2 + \cdots + n = \dfrac{n(n+1)}{2}$.

于是,以 A_1 为顶点之一的合乎条件的三角形有 $\dfrac{n(n+1)}{2}$ 个.

同样,以其他顶点 $A_i (1 \leq i \leq 2n + 1)$ 为顶点之一的合乎条件的三角形亦有 $\dfrac{n(n+1)}{2}$ 个,再注意到每个三角形有 3 个顶点,被计数 3 次,从而合乎条件的三角形个数为

$$S = (2n+1) \times \frac{n(n+1)}{2} \times \frac{1}{3} = \frac{1}{6}n(n+1)(2n+1)$$

另解 若选择三边为基元列,则有如下的解法.

考察任意一个合乎条件的 $\triangle PQR$,它对应一个由边组成的基元列 (PQ, QR, RP),其中 $P, Q, R \in A = \{A_1, A_2, \cdots, A_{2n+1}\}$, $O \in \triangle PQR$.

先考虑边 PQ 的位置,不妨设以 P, Q 为端点的劣弧上有 t 个顶点 $P_{i_1}, P_{i_2}, \cdots, P_{i_t}$ ($0 \leqslant t \leqslant n-1$),我们称这样的边为"跨度"为 $t+1$ 的边.

设直线 PO, QO 与正多边形分别相交于另外两点 P', Q'(图 1.11),则 $O \in \triangle PQR$ 等价于顶点 R 在以 P', Q' 为端点的劣弧上.

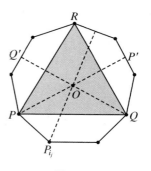

图 1.11

下面计算以 P', Q' 为端点的劣弧上有多少个顶点. 因为以 P, Q 为端点的劣弧上有 t 个顶点 $P_{i_1}, P_{i_2}, \cdots, P_{i_t}$,对于其中任何一个顶点 P_{i_j} ($1 \leqslant j \leqslant t$),直线 OP_{i_j} 必定与多边形的某条边相交,令点 P_{i_j} 与该边对应,于是,t 个顶点 $P_{i_1}, P_{i_2}, \cdots, P_{i_t}$ 对应多边形的 t 条边,这 t 条边共有 $t+1$ 个端点,这 $t+1$ 个端点便是以 P', Q' 为端点的劣弧上的所有顶点,于是共有 $t+1$ 个顶点,从而合乎条件的三角形恰有 $t+1$ 个($0 \leqslant t \leqslant n-1$).

注意到"跨度"为 $t+1$ 的边($0 \leqslant t \leqslant n-1$)共有 $2n+1$ 条(每一条边可旋转出 $2n+1$ 个位置),从而含有"跨度"为 $t+1$ 的边($0 \leqslant t \leqslant n-1$)的合乎条件的三角形有 $(2n+1)(t+1)$ 个.

令 $t = 0, 1, 2, \cdots, n-1$,得合乎条件的三角形共有

$$(1 + 2 + \cdots + n)(2n+1) = \frac{1}{2}n(n+1)(2n+1)$$

个.又每个三角形有 3 条边,被计数 3 次,从而合乎条件的三角形个数为
$$S = \frac{1}{6}n(n+1)(2n+1)$$

例 6 给定正整数 $n \geqslant 4$,求以正 n 边形的顶点为顶点的互不全等的三角形的个数.

分析与解 设正 n 边形为 $A_1A_2\cdots A_n$,称以 $A_i(1 \leqslant i \leqslant n)$ 为顶点的三角形为标准三角形.

设互不全等的标准三角形个数为 N,通过讨论 $n = 4,5,6$ 等特殊情形,发现所求 N 为最接近 $\dfrac{n^2}{12}$ 的整数.

对此,我们只需证明:
$$\left| N - \frac{n^2}{12} \right| < \frac{1}{2}$$
即 $|12N - n^2| < 6$.

考察任意一个标准 $\triangle PQR$,其基元要素列为 (P,Q,R),其中 P,Q,R 是正 n 边形的 3 个顶点.

由对称性,不妨假定 $P = A_1$,则另外两个顶点 Q,R 可在 $A_2,A_3,\cdots,A_n$ 中选取,有 C_{n-1}^2 种取法,从而以 A_1 为顶点的所有标准三角形共有 $S = C_{n-1}^2$ 个.

但其中有重复计算,有些三角形尽管其位置不同,但它们全等. 由于不同类型的三角形重复次数不同,从而要分类去除重复的次数.

设其中正三角形有 N_1 个,等腰但不等边的三角形有 N_2 个,任何两条边都不相等的三角形有 N_3 个,则
$$N_1 + N_2 + N_3 = C_{n-1}^2$$

显然,N_1 中的每个三角形只计数一次(以 A_1 为顶点作圆内接正三角形最多有一个).

考察 N_2 中的一个 $\triangle PQR$,设它的 3 边分别为 a,a,b,此时,以

A_1 为两腰的交点的三角形有 1 个,比如图 1.12 中的 $\triangle A_1 A_2 A_n$,但这样的三角形可与以 A_2 或 A_n 为两腰的交点的三角形全等,使 A_1 为相应等腰三角形底边的端点,于是 N_2 中的每个三角形都计数 3 次.

考察 N_3 中的一个 $\triangle PQR$,设它的 3 边分别为 a,b,c,那么以 $\angle A_1$ 为两边 a,b 的夹角的三角形有 2 个,如图 1.13 中的 $\triangle A_1 A_2 A_4$ 与 $\triangle A_1 A_n A_{n-2}$,这两个三角形关于过点 A_1 的直径对称.

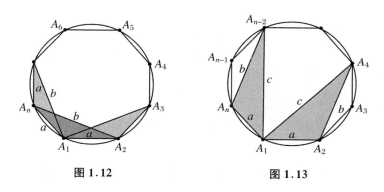

图 1.12　　　　　　　图 1.13

同样,以 $\angle A_1$ 为两边 b,c 的夹角,两边 c,a 的夹角的三角形都有 2 个,于是 N_3 中的每个三角形都计数 6 次,所以

$$N = N_1 + \frac{1}{3}N_2 + \frac{1}{6}N_3$$

注意到圆内接正三角形每条边所对的弧长相等,从而每条弧上有相等的顶点个数,于是 $N_1=1$(n 为 3 的倍数)或 $N_1=0$(n 不为 3 的倍数).

再考察其中互不全等的标准等腰三角形(包括正三角形)的个数 $N_1+\frac{1}{3}N_2$,由于三角形互不全等,可设 $\angle A_1$ 是等腰三角形的顶角,则等腰三角形关于直径 OA_1 轴对称(O 为正多边形中心),当底边的

一个顶点确定后,另一个顶点也被确定,而其中一个顶点的取法有 $\left[\dfrac{1}{2}(n-1)\right]$ 种,所以

$$N_1 + \dfrac{1}{3}N_2 = \left[\dfrac{1}{2}(n-1)\right]$$

下面证明:$|12N - n^2| < 6$.

由上面的讨论可知:

$$\begin{aligned}
12N &= 12\left(N_1 + \dfrac{1}{3}N_2 + \dfrac{1}{6}N_3\right) = 12N_1 + 4N_2 + 2N_3 \\
&= 2(N_1 + N_2 + N_3) + 6\left(N_1 + \dfrac{1}{3}N_2\right) + 4N_1 \\
&= 2C_{n-1}^2 + 6\left[\dfrac{1}{2}(n-1)\right] + 4N_1 \\
&= n^2 - 3n + 2 + 6\left[\dfrac{1}{2}(n-1)\right] + 4N_1
\end{aligned}$$

为了便于估计,我们设法去掉高斯函数符号,为此,令

$$\left[\dfrac{1}{2}(n-1)\right] = \dfrac{1}{2}(n-1) - \dfrac{d}{2} \quad (d = 0, 1)$$

则

$$12N - n^2 = 3(n-1) - 3d - 3n + 2 + 4N_1 = 4N_1 - 3d - 1$$

因为

$$0 \leqslant 4N_1 \leqslant 4, \quad -4 \leqslant -3d - 1 \leqslant -1$$

所以

$$-4 \leqslant 4N_1 - 3d - 1 \leqslant 3$$

所以 $|4N_1 - 3d - 1| < 6$,故 N 为最接近 $\dfrac{n^2}{12}$ 的整数.

注意到对任何实数 x,若 $x + \dfrac{1}{2}$ 不是整数,则与 x 最接近的整数是 $\left[x + \dfrac{1}{2}\right]$.

因为 $n^2 \equiv 0, 1, 4, 9 \pmod{12}$，所以 $n^2 + 6 \not\equiv 0 \pmod{12}$，因此 $\dfrac{n^2}{12} + \dfrac{1}{2} = \dfrac{n^2+6}{12}$ 不是整数，从而 $N = \left[\dfrac{n^2+6}{12}\right]$.

主元列

有些问题中，计数对象由多个元素组成，但其中有一些元素起着决定性作用：当这些元素确定后，其余元素也随之确定. 我们称这样一些元素为该计数对象的主元，此时，计数对象的要素列就是其主元组成的列，简称"主元列".

例 1（2000 年中国台湾数学奥林匹克试题） 设 $A = \{1, 2, \cdots, n\}$，其中 n 是给定的正整数，A 的一个子集称为"连通的"，如果它恰含有一个元素或者它的所有元素是若干个连续自然数. 求最大的整数 k，使 A 含有 k 个不同子集 $A_1, A_2, \cdots, A_k$，其中任何两个子集 A_i, A_j 的交都是连通的.

分析与解 先证明，对任何合乎条件的不同子集 $A_1, A_2, \cdots, A_k$，有 $k \leqslant \left[\dfrac{(n+1)^2}{4}\right]$.

考察任意一组合乎条件的不同子集 $A_1, A_2, \cdots, A_k$，对其中任何一个子集 $A_i (1 \leqslant i \leqslant k)$，我们先证明它由其最小元与最大元组成的数对 $(\min A_i, \max A_i)$ 唯一确定.

实际上，假定有两个不同集合 A_i, A_j 对应同一个数对 (s, t)，使
$$\min A_i = \min A_j = s, \quad \max A_i = \max A_j = t$$
那么 $s, t \in A_i \cap A_j$.

但 $A_i \cap A_j$ 是连通的，从而 $s, s+1, s+2, \cdots, t \in A_i \cap A_j$，所以
$$A_i = A_j = \{s, s+1, s+2, \cdots, t\}$$
矛盾.

由此可见，每个集合 A_i 都对应一个主元要素列：$(\min A_i, \max A_i)(i=1,2,\cdots,k)$.

下面计算数对 $(\min A_i, \max A_i)$ 的个数，这只需考虑 $\min A_i$，$\max A_i$ 在什么范围取值.

不妨设 $m=\max(\min A_i)=\min A_{i_0}$，对上述一组给定的合乎条件的子集 $A_1,A_2,\cdots,A_k$，m 是唯一确定的.

显然，对任何 A_i，$\max A_i\geqslant m$，否则 $A_{i_0}\bigcap A_i=\varnothing$，矛盾.

又由 m 的定义，对任何 A_i，有 $\min A_i\leqslant m$，于是
$$\min A_i\in\{1,2,\cdots,m\},\quad \max A_i\in\{m,m+1,\cdots,n\}$$
所以 $\min A_i$ 有 m 种取法，$\max A_i$ 有 $n-m+1$ 种取法，从而数对 $(\min A_i, \max A_i)$ 的个数为
$$m(n-m+1)\leqslant\left[\frac{(n+1)^2}{4}\right]$$

由于集合的个数 k 不多于数对 $(\min A_i, \max A_i)$ 的个数，所以 $k\leqslant\left[\frac{(n+1)^2}{4}\right]$.

下面构造 k 个合乎条件的不同子集 $A_1,A_2,\cdots,A_k$.

显然，如果 A,B 是连通的，则 $A\bigcap B$ 非空时，$A\bigcap B$ 也是连通的.

由此想到找充分条件：要使 $A_1,A_2,\cdots,A_k$ 中任何两个 A_i,A_j 的交都是连通的，只需 $A_1,A_2,\cdots,A_k$ 都是连通的（保证其交非空时连通），且 $A_1,A_2,\cdots,A_k$ 都含有一个公共元素（保证其交非空）.

从上述不等式等号成立的条件，有 $m=\left[\frac{n+1}{2}\right]$，从而想到考虑含有元素 $\left[\frac{n+1}{2}\right]$ 的所有连通子集，这样的集合由其最小元 m、最大元 M 唯一确定.

显然 $m\leqslant\left[\frac{n+1}{2}\right]$，从而 m 有 $\left[\frac{n+1}{2}\right]$ 种取法，而 $M\geqslant\left[\frac{n+1}{2}\right]$，

所以 M 有 $n - \left[\dfrac{n+1}{2}\right] + 1$ 种取法.

于是,含有元素 $\left[\dfrac{n+1}{2}\right]$ 的所有连通子集共有 $p = \left[\dfrac{n+1}{2}\right]\left(n - \left[\dfrac{n+1}{2}\right] + 1\right)$ 个.

当 n 为奇数时,令 $n = 2k+1$,则

$$p = (k+1)(2k+1-k-1+1) = (k+1)^2 = \dfrac{(n+1)^2}{4}$$

$$= \left[\dfrac{(n+1)^2}{4}\right].$$

当 n 为偶数时,令 $n = 2k$,则

$$p = k(2k-k+1) = k(k+1) = \dfrac{n}{2} \cdot \dfrac{n+2}{2} = \dfrac{n^2+2n}{4}$$

$$= \left[\dfrac{(n+1)^2}{4}\right]$$

于是,$k = \left[\dfrac{(n+1)^2}{4}\right]$ 合乎条件.

综上所述,$k_{\max} = \left[\dfrac{(n+1)^2}{4}\right]$.

例 2(2007 年土耳其国家队选拔考试题) 在一个 2007×2007 棋盘的每个单位正方形小方格中都填上 1 或 -1,要求棋盘中的任何一个子正方形内各数的和的绝对值不超过 1,问共有多少填数的方法?

分析与解 所谓正方形内各数的和的绝对值不超过 1,实际上就是正方形内 1 和 -1 的个数至多相差 1. 一种自然的填法是"交错"填数:使任何两个相邻格填数不同,这样的填法有 2 种.

下面考虑至少有两个相邻格填数相同的情形,先假定在同一行有两个相邻格填数相同(类似可得在同一列的情形).

如果这两个同行的相邻格 a, b 都填 1,则 a, b 上面及下面一行

对应两格都填 -1，由此可见，a,b 所在的两列填的数 1 与 -1 相间，且同行两格填数相同(图 1.14).

			x	x					
			...	...					
			-1	-1					
	-1	$c=1$	-1	1	-1	$a=1$	$b=1$		
	-1	$d=1$	-1	1	-1	-1	-1		
			1	1					
			...	...					
			y	y					

图 1.14

下面说明：

此时棋盘中任意一列填的数都是 1 与 -1 交错排列　（＊）

否则，若某列有 2 个相邻格 c,d 填数相同，不妨设都填 1，则 c,d 左边及右边那两列对应的两格都填 -1，如此下去，c,d 所在的两行填的数 1 与 -1 相间，且同列两格填数相同.

考察这两行与前面两列的交叉位置，即可得到 a,b 所在的两列有两个相同数相邻，矛盾.

所以（＊）成立. 由（＊），只要确定每一列中一个数，则该列被确定. 由此可见，此时的数表的主元列就是每列中的一个数组成的列.

特别地，第一行中的填数构成数表的一个主元列. 于是，我们只需确定第一行有多少填数方法.

又由（＊）可知，对棋盘的任何一个偶正方形(边长为偶数)，其中 1 与 -1 的个数相等，填数合乎条件. 对棋盘的任何一个奇正方形(边长为奇数)，它的偶数行的和为 0，从而该正方形中所有数的和为其第一行各数的和. 由此可见，要使填数合乎条件，在（＊）的保证下，只需每个奇正方形第一行任何连续奇数项的和的绝对值不大于1.

再注意到,如果某一行的填数合乎上述要求,则在(∗)的保证下,其他行的填数与其相同和全相反,从而其填数也合乎要求.

由此可见,此类数表合乎要求的充分必要条件是:

第一行中任何连续奇数项的和的绝对值不大于1　(∗∗)

所以,合乎条件的填数方法数就是满足(∗∗)的第一行的填数方法数.

由于第一行合乎要求的填数难以构造,而其反面(不合乎要求的填数)则容易发现. 比如:

长为3的不合乎要求的排列为

$$a, a, a$$

长为5的不合乎要求的排列(其中长为3的子列合乎要求)为

$$a, a, b, a, a$$

长为7的不合乎要求的排列(其中长为3,5的子列都合乎要求)为

$$a, a, b, a, b, a, a$$

其中 $a+b=0, a=\pm 1$.

上述一些排列有明显的规律,且可以统一表述,但直接利用其规律并不容易计算排列的个数.

显然,任何排列都可由相邻项的关系唯一确定,比如数列中的等差数列,等比数列,差分数列. 又如,棋盘中的相间染色便是研究邻格特征的常见方式. 这里,我们不妨研究一下上述排列的邻项特征.

上述排列的相邻两项只有两种可能,要么相同,要么相异,由此可派生其排列的特征排列:

如果排列中某相邻两个数相同,则在这两个相邻数之间写一个"同"字,如果排列中某相邻两个数相异,则在这两个相邻数之间写一个"异"字,这样,长度为 n 的数字排列对应一个由"异""同"组成的长

度为 $n-1$ 的特征排列.比如,前述 3 个不合乎要求的数字排列的特征排列为

(同,同), (同,异,异,同), (同,异,异,异,异,同)

显然,上述特征排列的共同特征是:两个"同"之间夹着偶数个"异".

下面证明:由 1 和 -1 组成的排列满足($\ast\ast$)的充分必要条件是它对应的"特征"排列中任意两个相邻的"同"之间夹着奇数个"异".

(1)必要性:假定第一行的数字排列合乎要求,我们证明其"特征"排列中任意两个相邻的"同"之间夹着奇数个"异".

用反证法,设某两个相邻的"同"之间夹着偶数个"异",不妨设它们之间夹着 $2k$ 个"异",该特征排列的长度为 $2k+2$,对应的数字排列的长度为 $2k+3$,设为 $(a_1, a_2, \cdots, a_{2k+3})$.

显然,从 $a_1, a_2, \cdots, a_{2k+3}$,一共改变了 $2k$(偶数)次符号,所以 $a_1, a_2, a_{2k+2}, a_{2k+3}$ 都同号,令 $a_1 = a_2 = a_{2k+2} = a_{2k+3} = a$,则

$$a_1 + a_2 + \cdots + a_{2k+3} = a_1 + (a_2 + a_3) + (a_4 + a_5)$$
$$+ \cdots + (a_{2k} + a_{2k+1}) + a_{2k+2} + a_{2k+3}$$
$$= 3a$$

这 $2k+3$(奇数)个数的和的绝对值为 $3|a|=3>1$,与($\ast\ast$)矛盾.

(2)充分性:设第一行的数字排列的"特征"排列中任意两个相邻的"同"之间都夹着奇数个"异",我们证明其数字排列满足($\ast\ast$).

采用操作化归的方法证明.

如果任意两个相邻的"同"之间都夹着 1 个"异",注意到排列有奇数(2007)个项,有偶数个对子,由对称性,不妨设其"特征"排列为

同,异,同,异,$\cdots$,同,异

它对应的排列为

$a, a, b, b, a, a, b, b, \cdots, a, a, b$

此排列显然满足(∗∗).

现在考察一般情形,如果某两个相邻的"同"之间都夹着奇数个且多于1个"异",则去掉其中连续两个相邻的"异",设这连续两个"异"对应的3个数为$a,-a,a$,并设数字排列中连续5个数的子排列为$(x,a,-a,a,y)$,该子排列对应的特征排列为$(A,异,异,B)$,其中$A,B\in\{异,同\}$. 去掉两个相邻的"异"后,特征排列变为(A,B),它对应的数字排列为(x,a,y),与先前的数字排列$(x,a,-a,a,y)$比较,发现恰好是在1与-1的交错排列中去掉一个1和与其相邻的一个-1,从而连续奇数个数的和不变. 如此下去,直至"异""同"交错排列,结论成立.

现在来计算这样的长为$n-1=2006$的"异""同"排列的个数,由于任意两个相邻的"同"之间都夹着奇数个"异",等价于所有"同"所在位置的序号同奇偶(包括只有一个"同"的特征排列).

先考虑所有"同"都排列在奇数号位置上的情形,由于长为2006的特征排列中,有1003个奇数号位置,每个位置可以排"同"或不排"同",各有2种选择,而其他位置只有唯一选择,所以其排法有2^{1003}种. 但要去掉没有"同"的排列(棋盘第一行至少有两个相邻数相同),所以有$2^{1003}-1$种排法.

同样,所有"同"都排列在偶数号位置上的排法也有$2^{1003}-1$种,于是合乎条件的特征排列有$2\times(2^{1003}-1)$个. ("同"排奇、偶号位两种选择.)

对每一个合乎条件的特征排列,都对应2个合乎条件的1,-1排列,这是因为第一个方格可以是1和-1,于是,合乎条件的1,-1的排列有$4\times(2^{1003}-1)$个. (首格1,-1两种选择.)

这表明,在同一行有两个相邻格填数相同的方法有$4\times(2^{1003}-1)$种,同样,在同一列有两个相邻格填数相同的方法有$4\times(2^{1003}-1)$种. (行、列两种选择.)

连同最初的两种交替填数的方法,一共有

$4 \times (2^{1003} - 1) + 4 \times (2^{1003} - 1) + 2 = 8 \times 2^{1003} - 6 = 2^{1006} - 6$

种方法.

1.3 复合列

在有些问题中,计数对象的要素列中各要素的属性并不一致,有些要素是一些数值,而有些要素却是一些图形或其他形式的元素,我们称这种形式的要素列为复合列.

例 1 在 $n \times n$ 棋盘中,有多少个格点正方形?

分析与解 设 $n \times n$ 棋盘为正方形 $ABCD$. 显然,棋盘中的格点正方形可分为两类:第一类是其边平行于正方形的边的正方形;第二类是其边不平行于正方形的边的正方形.

先考虑第一类正方形的个数,任取一个这样的正方形,它的要素列为 (k, P),其中 k 是该正方形的边长,P 是该正方形左下方的顶点在棋盘中的位置(图 1.15).

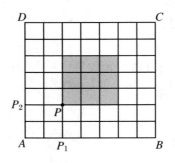

图 1.15

设 P 在 AB, AD 上的投影为 P_1, P_2,则点 P 由 P_1, P_2 唯一确定,其中 $0 \leqslant AP_1 \leqslant n - k, 0 \leqslant AP_2 \leqslant n - k$. 于是,正方形的要素列又可表示为 (k, P_1, P_2).

对给定的 k,在 AB 上取一个分点 P_1(包括端点),使 $0 \leqslant AP_1 \leqslant n-k$,则 P_1 有 $n-k+1$ 种取法.同样,在 AD 上取一个分点 P_2 有 $n-k+1$ 种取法.从而边长为 k 的第一类正方形有 $(n-k+1)^2$ 个,所以第一类正方形的个数为

$$S_1 = \sum_{k=1}^{n}(n-k+1)^2$$

现在考虑第二类正方形,可将其转化为第一类正方形求解.

对于每一个第二类正方形,它总是某个第一类正方形的内接正方形(图 1.16).反之,对每一个边长为 k 的第一类正方形,有 $k-1$ 个第二类的内接正方形.

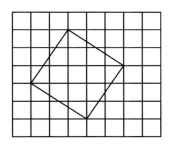

图 1.16

又边长为 k 的第一类正方形有 $(n-k+1)^2$ 个,于是,内接于边长为 k 的第一类正方形内的第二类正方形有 $(k-1)(n-k+1)^2$ 个,所以第二类正方形的个数为

$$S_2 = \sum_{k=1}^{n}(k-1)(n-k+1)^2$$

于是,所有合乎条件的正方形的个数为

$$S = S_1 + S_2 = \sum_{k=1}^{n}(n-k+1)^2 + \sum_{k=1}^{n}(k-1)(n-k+1)^2$$
$$= \sum_{k=1}^{n}k(n-k+1)^2 = \sum_{k=1}^{n}k[(n+1)^2 - 2(n+1)k + k^2]$$

$$= (n+1)^2 \sum_{k=1}^{n} k - 2(n+1) \sum_{k=1}^{n} k^2 + \sum_{k=1}^{n} k^3$$

$$= \frac{1}{12} n(n+2)(n+1)^2$$

例2 在一天内的不同时刻,经理把文件交给秘书打印,每次都将一份文件放在秘书所打印文件堆的上面,秘书有时间就将文件堆最上面的那份文件取出打印,每次取一份.

假定共有 n 份文件,按经理交来的顺序依次记为 $1,2,\cdots,n$,试问:秘书打印完这些文件的各种不同顺序有多少种?

分析与解 对于秘书打印完这些文件的一种顺序,令其对应一个要素列 $(x_1,x_2,\cdots,x_n)$,其中 x_i 是第 i 次打印的文件代号.

我们称 $(x_1,x_2,\cdots,x_n)$ 为打印序列,显然,打印序列是 $1,2,\cdots,n$ 的一个排列.是否每一种排列都可充当打印序列呢? 我们来研究打印序列中 $x_i(1 \leqslant i \leqslant n)$ 的取值有何要求.

首先考虑 x_1,它可以取 $1,2,\cdots,n$ 中任意一个值.当 x_1 的值确定后,x_2 的取值便不能在剩下的数构成的集合 $\{1,2,\cdots,n\} \setminus x_1$ 中随意取值了.比如,当 $x_1 = n$ 时,打印序列中的其他项都唯一确定,只能依次为 $n-1, n-2, \cdots, 1$.

如果我们根据 x_1 的不同取值,来确定打印序列中其他项的取值,则讨论相当繁琐,我们期望打印序列能对应另一种形式的要素列.

显然,打印序列中的第 i 项是哪一份文件,取决于当时的文件堆中有多少份文件,因此,我们可根据文件堆中文件数的变化来确定相应的打印序列.

考察文件堆,它有的时候是增加一份文件(送来一份),有的时候是减少一份文件(打印一份),于是,可用 $2n$ 个数的排列 $(y_1,y_2,\cdots,y_{2n})$ 来描述文件堆中各个时刻文件数的变化状态,其中 $y_i = \pm 1$.当 $y_i = 1$ 时,表示在第 i 个时刻,增加了一份文件;当 $y_i = -1$ 时,表示

在第 i 个时刻,减少了一份文件.

由此我们得到打印列 $(x_1, x_2, \cdots, x_n)$ 对应的一个复合列: $(y_1, y_2, \cdots, y_{2n})$.

下面讨论复合列中每一个 $y_i(1 \leqslant i \leqslant 2n)$ 满足的条件. 由于 $y_i = -1$ 时,表示在第 i 个时刻秘书打印一份文件,则此时文件堆中至少有一份文件,由此可见,复合列满足的条件是:对每一个正整数 $k(1 \leqslant k \leqslant 2n)$,复合列的前 k 项中 1 的个数不少于 -1 的个数. 令

$$S_k = y_1 + y_2 + \cdots + y_k \quad (1 \leqslant k \leqslant 2n)$$

则对每一个正整数 $k(1 \leqslant k \leqslant 2n)$,$S_k$ 都不小于 0.

反之,对任何一个由 ± 1 组成的长为 $2n$ 的排列,如果对每一个正整数 $k(1 \leqslant k \leqslant 2n)$,$S_k$ 都不小于 0,则它对应唯一一个打印列. 对应方法如下:

先考虑下标最小的为 -1 的项,设该 -1 的前面有 t_1 个 1 ($t_1 \geqslant 1$),则打印序列中的第一个项 $x_1 = t_1$.

然后考虑另一个(前面一个除外的)下标最小的为 -1 的项,设该 -1 的前面有 t_2 个 1 ($t_2 \geqslant t_1$). 如果 $t_2 > t_1$,则说明打印完前一封文件后又送来了新的文件,于是需要打印最后一次送到的文件,这恰好是该 -1 前面 1 的个数 t_2,所以此时打印序列中的第 2 个项 $x_2 = t_2$;如果 $t_2 = t_1$,则说明打印完前一封文件后没有送来新的文件,于是需要打印刚打印的文件前面最后一次送到而未被打印的文件,此时打印序列中的第 2 个项 $x_2 = t_2 - 1$.

接下来又考虑另一个(前面两个除外的)下标最小的为 -1 的项,设该 -1 的前面有 t_3 个 1 ($t_3 \geqslant t_2$). 如果 $t_3 > t_2$,则说明打印完前一封文件后又送来了新的文件,于是需要打印最后一次送到的文件,这恰好是该 -1 前面 1 的个数 t_3,所以此时打印序列中的第 3 个项 $x_3 = t_3$;如果 $t_3 = t_2$,则说明打印完前一封文件后没有送来新的

文件,于是需要打印刚打印的文件前面最后一次送到而未被打印的文件,此时打印序列中的第 3 个项是小于 t_3 的还未在打印序列中出现的最大数.

如此下去,直至确定打印序列的最后一个项.

比如,当 $n=6$ 时,复合数列:

$$(1,1,1,-1,1,1,-1,1,-1,-1,-1,-1)$$

的任何部分和不小于 0,各个 -1 前面的 1 的个数依次为

$$3,5,6,6,6,6$$

于是,该复合列对应的打印序列为

$$(3,5,6,4,2,1)$$

由此可见,长为 n 的打印序列与长为 $2n$ 的所有部分和都非负的复合序列建立了一一对应.

因为复合列是否合乎条件由每一个 $S_k(1\leqslant k\leqslant 2n)$ 的符号确定,于是,我们将复合列各项的序号 k 与相应的部分和 $S_k(1\leqslant k\leqslant 2n)$ 搭配,则得到如下的点列:

$$((x_1,S_1),(x_2,S_2),\cdots,(x_{2n},S_{2n})) \quad (*)$$

此时,点 (k,S_k) 的实际意义为

$k=$ 文件堆上现有的文件数 + 秘书已打印的文件数

$S_k=$ 经理递过来的文件数 - 秘书已打印的文件数

现在,我们可借助几何直观来考察上述点列($*$)满足的条件.将 (k,S_k) 看成是直角坐标系中的点,则复合列合乎要求等价于其对应的点列($*$)中的 $2n$ 个点 (k,S_k) 都在 x 轴上或上方.

在直角坐标系中标出这些点 (k,S_k),注意到最开始"文件堆"中没有文件,我们在($*$)中补充一个起始点 $O(0,0)$,并对每一个 $k=0,1,2,\cdots,2n-1$,将点 (k,S_k) 与点 $(k+1,S_{k+1})$ 用一条线段连接(其中 $S_0=0$),这样便得到一条连接 $O(0,0),A(2n,0)$ 的位于第一象限(包括 x 轴的正半轴)的一条折线,此折线不经过 x 轴下方的任

何点,我们称之为好折线.

反之,对任何一条连接 $O(0,0)$,$A(2n,0)$ 的好折线(它不经过 x 轴下方的任何点),令各节点的纵坐标为 S_k,记 $x_k = S_k - S_{k-1}$,则 $x_1, x_2, \cdots, x_{2n}$ 是合乎条件的复合列. 于是,打印列个数就是好折线的条数.

下面计算好折线的条数.

直接计算比较困难,采用"容斥计数":为方便计算,先允许含有不合乎条件的折线,然后将不合乎条件的折线去掉.

为此,考虑连接 O,A 的无限定条件的"自由"折线,共有 C_{2n}^n 条,这是因为折线共有 $2n$ 段,每一段或者上升,或者下降,从 x 轴上的点出发到 x 轴上的点结束,从而上升的段与下降的段数目相等,都为 n 段. 显然,在 $2n$ 段中选择 n 段为上升的有 C_{2n}^n 种方法.

好折线难于转化为"自由"折线,但坏折线易于转化为"自由"折线. 所以我们只需计算坏折线的条数,然后在总数中减去即可.

对每一条坏折线,它必与直线 $y = -1$ 有一个交点,设 P 是这样一个交点,将坏折线位于点 P 右边的部分作关于直线 $y = -1$ 的对称变换(图 1.17),设 $A(2n,0)$ 的对称点为 $B(2n,-2)$,这样,每一条坏折线(实线)都对应一条连接 O,B 的自由折线(虚线).

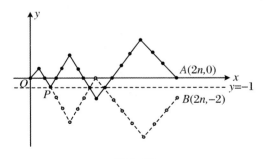

图 1.17

但这一对应不是单值对应,因为一条坏折线可能与直线 $y=-1$ 有多个交点.为了保证对应的单值性,采用极端假设即可:对每一条坏折线,设它与直线 $l:y=-1$ 的横坐标最小的一个交点为 P,则上述对应是一一对应.

实际上,对于任何一条连接 O,B 的自由折线,它必与直线 $y=-1$ 有交点,设其中横坐标最小的一个交点为 P,对此折线位于 P 右边的部分作关于直线 $y=-1$ 的对称图,便得到一条连接 O,A 的坏折线.

所以,坏折线段条数就是连接 O,B 的自由折线的条数.

由于 B 的纵坐标为 -2,在连接 O,B 的自由折线中共有 $2n$ 段,设其中有 p 段是上升的,q 段是下降的,则
$$p+q=2n,\quad p-q=-2$$
从而
$$p=n-1,\quad q=n+1$$
于是,坏折线的条数为 C_{2n}^{n-1}.

综上所述,合乎条件的折线有 $C_{2n}^n - C_{2n}^{n-1} = \dfrac{C_{2n}^{n-1}}{n}$ 条,即秘书共有 $\dfrac{C_{2n}^{n-1}}{n}$ 种不同的打印文件的次序.

例3(贝特朗问题,Betrand,法国数学家) 有 A,B 两人参加一次竞选,结果是 A 得 m 票,B 得 n 票($n<m$).试问:唱票中 A 累计的票数始终超过 B 累计的票数的方法有多少种?

分析与解 对于任意一种唱票方式,令其对应一个要素列 $(x_1,x_2,\cdots,x_{m+n})$,其中 x_i 是第 i 次唱票中得票人的代号,$x_i=$ A 或 B($i=1,2,\cdots,m+n$).

显然,所谓"A 累计的票数始终超过 B 累计的票数",是指每个 x_i 之前(包括 x_i),其中为 A 的项的个数多于为 B 的项的个数.

因为排列是否合乎要求只涉及两类代号谁多谁少,从而可将为

A 的一类代号记为 1，为 B 的一类代号记为 -1，则要素列 $(x_1, x_2, \cdots, x_{m+n})$ 变成了 ± 1 的排列．

这样一来，排列合乎要求等价于对任何正整数 $k(1 \leqslant k \leqslant m+n)$，排列的前 k 项的和 S_k 都大于 0．

将要素列各项的序号 k 与相应的部分和 $S_k(1 \leqslant k \leqslant m+n)$ 搭配，则得到如下的复合要素列：

$$((x_1, S_1), (x_2, S_2), \cdots, (x_{m+n}, S_{m+n})) \qquad (*)$$

将 (k, S_k) 看成是直角坐标系中的点，则排队合乎要求等价于其对应的复合要素列 $(*)$ 中的 $m+n$ 个点都在 x 轴上方（不包括 x 轴）．

注意到开始唱票前两人的得票都为 0，从而在 $(*)$ 中补充一个起点 $O(0,0)$，再将点 (k, S_k) 与点 $(k+1, S_{k+1})$ 用线段连接（$k=0,1,2,\cdots,m+n-1$，其中 $S_0=0$），这样，每一种唱票方式都对应一条连接 $O(0,0)$ 与 $A(m+n, m-n)$ 的折线．

如果折线的所有节点 (k, S_k) 都在 x 轴的上方，即折线与 x 轴无交点，我们称之为好折线，反之称为坏折线．

由此可见，每一个合乎条件的要素列都对应唯一一条连接 $O(0,0)$，$A(m+n, m-n)$ 的好折线．

反之，一条连接 $O(0,0)$，$A(m+n, m-n)$ 的好折线，因为它不与 x 轴相交，令各节点的纵坐标为 S_k，记 $x_k = S_k - S_{k-1}$，则 $x_1, x_2, \cdots, x_{m+n}$ 是合乎条件的要素列．

先考虑连接 $O(0,0)$，$A(m+n, m-n)$ 的"自由"（无限定条件）折线的条数，显然有 C_{m+n}^n 条，这是因为折线共有 $m+n$ 段，每一段或者上升，或者下降．又由条件可知，有 n 段是上升的，有 m 段是下降的，于是，在 $m+n$ 段中选择 n 段为上升的有 C_{m+n}^n 种方法．

注意到好折线难于转化为"自由"折线，但坏折线易于转化为"自由"折线，于是我们只需在所有自由折线中去掉坏折线即可．

对每一条连接 $O(0,0)$, $A(m+n,m-n)$ 的坏折线,必与 x 轴有一个非 O 的交点,设这些交点中横坐标最小的一个交点为 P,对折线位于点 P 右边的部分作关于直线 l 的对称图(下图的虚线部分),其中 $A(m+n,m-n)$ 的对称点为 $B(m+n,n-m)$,则每一条坏折线(实线)都对应一条连接 O,B 的自由折线(图 1.18 中的虚线).

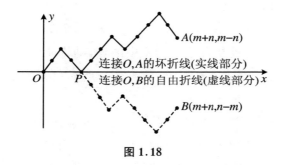

图 1.18

但反之,对于一条连接 O,B 的自由折线(图中的虚线),它未必与 x 轴有非 O 的交点,当其与 x 轴只有一个交点为 O 时,对称后的折线是好折线(如图 1.19).

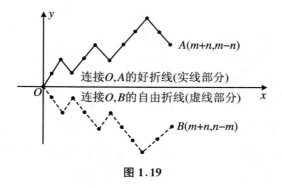

图 1.19

于是,这种对应不为一一对应,不能采用这样的对应方法讨论坏折线条数.

我们将坏折线分为两类,然后建立这两类坏折线之间的一一对应,最后计算其中易于计算的一类坏折线条数即可.

坏折线可分为如下两种情形:

(1) 坏折线过点 $S(1,-1)$;

(2) 坏折线过点 $T(1,1)$.

其中第一类坏折线条数易于计算,实际上,当任一折线过点 $S(1,-1)$ 时,此折线一定是坏的.因此,第一类坏折线是由 S 到 A 的自由折线,它的后 $n+m-1$ 段中有 n 段上升,有 $m-1$ 段下降.实际上,可设有 x 段上升,y 段下降,则

$$x - y = (n - m) - (-1) = n - m + 1$$
$$x + y = n + m - 1$$

求得 $x = n, y = m - 1$,从而这样的坏折线有 C_{n+m-1}^{n} 条.

现在来计算第二类坏折线的条数,注意到过 $T(1,1)$ 的坏折线必与 x 轴有非 O 的交点,设它与 x 轴的横坐标为正且最小的交点为 P(图 1.20),对此折线位于 P 左边的部分作关于 x 轴的对称图(图 1.20 中的实线),便得到第一类坏折线,于是第二类坏折线的条数亦为 C_{n+m-1}^{n}.

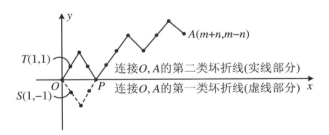

图 1.20

于是,合乎条件的折线的条数为

$$C_{n+m}^{n} - 2C_{n+m-1}^{n} = C_{n+m-1}^{n-1} - C_{n+m-1}^{n} = \left(1 - \frac{m}{n}\right)C_{n+m-1}^{m}$$

例 4 给定整数 $n > 1$,考察由 n 个字 A 和 n 个字 B 组成的

词,一个词 $x_1x_2\cdots x_{2n}$ 称为属于 $R(n)$,如果它的任何从头开始的段 $x_1x_2\cdots x_k(1\leq k<2n)$ 中,A,B 的个数不同;称为属于 $S(n)$,如果它恰有一个从头开始的段,其中 A,B 的个数相同.求 $\dfrac{|S(n)|}{|R(n)|}$.

分析与解 将 A 记为 1,B 记为 -1,则一个词 $x_1x_2\cdots x_{2n}$ 对应一个要素列 $(a_1,a_2,\cdots,a_{2n})$,其中 $a_i=1$ 或 -1,且 $a_1,a_2,\cdots,a_{2n}$ 中有 n 个 1 和 n 个 -1.

令 $S_k=a_1+a_2+\cdots+a_k(1\leq k\leq 2n)$,那么,一个词属于 $R(n)$,等价于它对应的要素列中每一个 $S_k(k=1,2,\cdots,2n)$ 都不为 0.一个词属于 $S(n)$ 等价于它对应的要素列中恰有一个 $S_k(1\leq k\leq 2n)$ 为 0.

令要素列 $(a_1,a_2,\cdots,a_{2n})$ 对应如下的复合要素列:
$$((1,S_1),(2,S_2),\cdots,(2n,S_{2n})) \qquad (*)$$

在 $(*)$ 中补充起始点 $O(0,0)$,并将每相邻两点 $(k,S_k),(k+1,S_{k+1})$ 用一条线段连接 $(0\leq k\leq 2n-1)$,这样,复合要素列 $(*)$ 对应一条连接 $O(0,0),M(2n,0)$ 的折线,它由 $2n$ 段长为 $\sqrt{2}$,斜率为 1 或 -1 的线段组成.

这样,一个词属于 $R(n)$ 等价于它对应的折线在中途不与 x 轴相交.

一个词属于 $S(n)$ 等价于它对应的折线在中途恰与 x 轴有一个交点.

考察在中途不与 x 轴相交的折线,设在 x 轴上方有 $A(n)$ 条这样的折线,由对称性,x 轴下方也有 $A(n)$ 条这样的折线,即 $|R(n)|=2A(n)$.

考察在中途恰与 x 轴有一个交点的折线,设在 x 轴上方这样的折线有 $B(n)$ 条.考察其中的一条折线,设它在中途与 x 轴的交点为 P,将 O 到 P 的折线或将 P 到 M 的折线沿 x 轴对称到 x 轴的下方,所

得到的折线仍为合乎条件的折线,因为每一个翻转得到 2 条折线,于是 $|S(n)| = 4B(n)$.

下面证明 $A(n) = B(n)$.

考察 $A(n)$ 中的任意一条路径 L,显然,L 经过点 $X(1,1)$.

除点 X 外,路径与直线 $y = 1$ 还有交点(因为最终达到 $M(2n,0)$).

设除 X 外,L 与直线 $y = 1$ 的交点中横坐标最小的一个点为 Y,则 Y 的横坐标为奇数,因为从 X 到 Y 要经过偶数步.

设 $Y(2k+1,1)$,将整个 X 到 Y 的折线沿 $\overrightarrow{OX}$ 平移 $\sqrt{2}$ 个单位,并将 XO 平移到 YY',其中 Y' 是 Y 平移后到达的点,则得到 O 到 M 的一条属于 $B(n)$ 的路径,反之亦然,所以 $A(n) = B(n)$.

所以,$\dfrac{|S(n)|}{|R(n)|} = \dfrac{4A(n)}{2B(n)} = 2$.

另解 我们利用一个熟知的结论:设 $x_i \in \{1, -1\}, i = 1, 2, \cdots, 2n$,则满足:$x_1 + x_2 + \cdots + x_i \geqslant 0 (i = 1, 2, \cdots, 2n-1)$,$x_1 + x_2 + \cdots + x_{2n} = 0$ 的排列 $(x_1, x_2, \cdots, x_{2n})$ 的个数 $C_n = \dfrac{C_{2n}^n}{n+1}$,且 C_n 满足递归关系:$C_n = \sum\limits_{k=0}^{n} C_{k-1} C_{n-k}$($C_n$ 称为卡特兰数).

记 A 为 1,B 为 -1,考察 $R(n)$ 中 $x_1 = 1$ 的词 $x = x_1 x_2 \cdots x_{2n}$,那么,对一切 $k < 2n$,$\sum\limits_{i=1}^{k} x_i > 0$.

否则,若有某个 $\sum\limits_{i=1}^{k} x_i < 0$,但 $x_1 = 1 > 0$,且 $x_i \in \{1, -1\}$,于是,必存在 $j(1 < j < k)$,使 $\sum\limits_{i=1}^{j} x_i = 0$,与 $x \in R(n)$ 矛盾.

于是,有

$$x_1 = 1, \quad x_{2n} = -1$$

$$\sum_{i=1}^{k} x_i \geqslant 1 \quad (k = 1, 2, \cdots, 2n - 1)$$

所以，$\sum_{i=2}^{k} x_i \geqslant 0, \sum_{i=2}^{2n-1} x_i = 0.$

所以，$(x_2, x_3, \cdots, x_{2n-1})$ 是一个卡特兰排列，共有 C_{n-1} 个.

同样，$R(n)$ 中满足 $x_1 = -1$ 的排列也有 C_{n-1} 个，所以 $|R(n)| = 2C_{n-1}$.

取 $S(n)$ 中的一个词 $y = y_1 y_2 \cdots y_{2n}$，不妨设 $\sum_{j=1}^{2i} y_j = 0, \sum_{j=1}^{k} y_j \neq 0 (k \neq 2i)$.

同上理由，对每一个 i，$\sum_{j=1}^{k} y_j (k = 1, 2, \cdots, 2i - 1)$ 与 $\sum_{j=1}^{t} y_j (t = 2i + 1, 2i + 2, \cdots, 2n - 1)$ 分别同号，从而有 4 种符号搭配.

不妨设 $\sum_{j=1}^{k} y_j > 0 (k = 1, 2, \cdots, 2i - 1)$，$\sum_{j=1}^{t} y_j > 0 (t = 2i + 1, 2i + 2, \cdots, 2n - 1)$.

满足 $\sum_{j=1}^{k} y_j > 0 (k = 1, 2, \cdots, 2i - 1)$ 的排列 $(y_1, y_2, \cdots, y_{2i-1})$，有 $y_1 = 1, y_{2i} = -1, y_2 + y_3 + \cdots + y_{2i-1} \geqslant 0$，从而排列有 C_{i-1} 种.

而满足 $\sum_{j=1}^{t} y_j > 0 (t = 2i + 1, 2i + 2, \cdots, 2n - 1)$ 的排列 $(y_1, y_2, \cdots, y_{2i-1})$，有 $y_{2i+1} = 1, y_{2n} = -1, y_{2i+2} + y_{2i+3} + \cdots + y_{2n-1} \geqslant 0$，从而排列有 C_{n-i-1} 种.

注意到 $i = 1, 2, \cdots, n - 1$，因此 $|S(n)| = 4 \sum_{i=1}^{n-1} C_{i-1} C_{n-i-1} = 4C_n$，所以 $\dfrac{|S(n)|}{|R(n)|} = 2$.

例 5（第 29 届 IMO 预选题） 一个保险柜上的锁由 3 个旋钮组成，每个旋钮有 8 种不同的位置. 由于保险柜构造上的缺陷，当 3 个旋钮中的2个在正确位置时,柜门即可打开,问至少要尝试多少次组合,才能保证柜门一定被打开?

分析与解　先考虑如何设置每一次尝试的要素列.每个旋钮有8个位置,可用参数 $i(1\leqslant i\leqslant 8)$ 表示尝试的位置.于是,对3个旋钮的尝试,可用其要素列 (i,j,k) 来表示,即3个旋钮分别在第 i,j,k 个位置上.

现在,我们将上述要素列用二维直观图形来描述:构造一个 8×8 方格棋盘,用 (i,j) 表示第 i 行第 j 列的格 $(1\leqslant i,j\leqslant 8)$,那么,每一次尝试对应的要素列 (i,j,k) 又可用格 (i,j) 上填数 k 来表示(一个方格可同时填入多个数):如果格 (i,j) 中填入了数 $k(1\leqslant i,j,k\leqslant 8)$,表示该次尝试的3个旋钮分别在位置 i,j,k 上.

我们称3个旋钮的正确位置 (i,j,k) 为一把锁 $(1\leqslant i,j,k\leqslant 8)$,如果格 (i,j) 中填了数,则锁 (i,j,k) 可被打开.如果格 (i,j) 中未填数,则锁 (i,j,k) 要被打开,必须且只需存在 s,使格 (s,j) 中填数 k,或存在 t,使格 (i,t) 中填数 k.这等价于格 (i,j) 所在的行或列中填有数 k.

由此可见,若干次尝试填入若干个数后,锁能被打开,等价于空格(未填数的格)所在的行与列包含 $1\sim 8$ 中的所有数(尝试所有可能的锁).

设表中填入了 S 个数,不妨设第一行填的数的个数 a 是所有行、列中填的数的个数最小者.

如果 $a\geqslant 4$,则 $S\geqslant 4\times 8=32$.

如果 $a<4$,第1行的若干个数至多占 a 个格,从而第1行至少有 $8-a$ 个空格,不妨设最后 $8-a$ 个格都是空格,考察其中一个空格 $(1,j)$,因为第1行与第 j 列应包含 $1\sim 8$ 中的所有数,而第1行只有 a 个数,所以第 j 列至少有 $8-a$ 个数.

于是,第1行后 $8-a$ 列都至少有 $8-a$ 个数,这些列共至少

有 $(8-a)^2$ 个数,其余 a 列(不管第 1 格是否空格)每列至少有 a 个数(a 最小),从而这些列有 a^2 个数,所以

$$S \geqslant (8-a)^2 + a^2 = 2 \times (a-4)^2 + 32 \geqslant 32$$

最后,如图 1.21 所示,填入 32 个数(左上角 1234 排列,右下角 5678 排列),可保证任意形式的锁 $(i,j,k)(1 \leqslant i,j,k \leqslant 8)$ 都能被打开.

1	2	3	4				
2	3	4	1				
3	4	1	2				
4	1	2	3				
				5	6	7	8
				6	7	8	5
				7	8	5	6
				8	5	6	7

图 1.21

综上所述,S 的最小值为 32.

习 题 1

1.(第 1 届美国数学邀请赛试题)数 1447,1005 和 1231 有某些共同点:每个数都是首位为 1 的四位数,且每个四位数中恰有两个数字相同.试问:这样的四位数共有多少个?

2. 点 A 在无限大的棋盘上沿格线运动,从某格点出发运动长为 $2n$ 的路线又回到原来的位置,问有多少种不同的路线?

3. 若 $m \times n$ 棋盘的右上角顶点与 $p \times q$ 棋盘的左下角顶点重合(图 1.22),且两个棋盘的边互相平行,那么,从 $m \times n$ 棋盘的左下角顶点 A 走到 $p \times q$ 棋盘的右上角顶点 B,其最短的路线的长度为 $m + n + p + q$,问这样的最短路线有多少条?

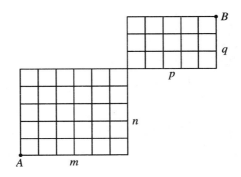

图 1.22

4. 求不定方程 $x^2 - y^2 = 2^5 3^2 5^3$ 的不同正整数解的个数.

5. 从 $m \times n$ 方格棋盘的左下角顶点沿格径走到右上角顶点,每个格点至多经过一次,设不同的路径数为 $f(m,n)$. 求证: $f(m,n) \leqslant 2^{mn}$,并讨论等号何时成立.

6. (第 36 届莫斯科数学奥林匹克试题)有 n 盏灯和 n 个开关,每个开关有两种不同的状态,当 n 个开关作一切状态的组合时,指示灯则相应出现一切"亮""灭"的组合,且指示灯的"亮""灭"组合唯一取决于开关状态的组合.此外,每改变一个开关的状态,都恰好改变一盏灯的"亮""灭"(有可能两个开关改变同一盏灯的亮灭).求证:每一盏灯的亮灭都唯一地取决于 n 个开关的一种闭合状态.

7. (第 53 届莫斯科数学奥林匹克试题)信号盘上有 64 个灯泡,各个灯泡都由互不相同的一个按钮控制,每一次启动,可以使某些按钮同时揿动(每次启动后灯泡全部熄灭),为弄清各个灯泡分别由哪个按钮控制,问至少要启动多少次?

8. 今有 n 盏灯,每盏灯都被一个开关单独控制,开关依次编为 $1, 2, \cdots, n$ 号,现进行如下 n 个操作 $T_1, T_2, \cdots, T_n$,其中第 j 次操作 T_j 的意义为编号与 j 互质的开关都拉动一次.已知 $n = 2015$,且最初 n 个灯都是亮的,试问 n 次操作后,第 100 号灯是亮还是灭的?

9. 以正 n 边形的顶点为顶点的三角形中,包含正 n 边形的中心的三角形有多少个(不包括中心在三角形的边上的情形)?

10. m 个相同的白珍珠,n 个相同的黑珍珠串成一串(直线段),有多少不同的方法? 其中 $A_1 A_2 \cdots A_t$ 与 $A_t A_{t-1} \cdots A_1$ 看作同一串珍珠.

11. m 个相同的白珍珠和 2 个相同的黑珍珠串成一圈(旋转,翻转后重合的看作同一个圈),问共有多少不同的珍珠圈?

12. 由 4 行 4 列方格构成了一个 4×4 的正方形,沿方格的边将 4×4 正方形剪开成两块,使得每块都含有 8 个方格,其中的每个方格都至少与本块中的一个方格有公共边,且两块的形状相同. 如果某种剪法与另一种剪法剪出来的图形相同,则认为它们是同一种剪法,求不同剪法的种数.

13. 有 $2n$ 个人排队买戏票,每人限购一张. 票价为 5 元. 有 n 个人持 10 元币,n 个人持 5 元币,排成一列依次购票,售票员未带零钱,问有多少种不造成找钱困难的排队方法?

14. (原创题) 有 $p+q$ 个零件,已知其中有 p 个为正品,q 个为次品,现随机地逐一检查,求恰好在检查第 $r(q < p < r < p+q)$ 个零件时查出了所有次品的概率.

15. (2004 年全国高中数学联赛试题) 设三位数为 $n = \overline{abc}$,若以 a, b, c 为三条边的长可以构成一个等腰(含等边)三角形,则这样的三位数 n 有多少个?

16. (1997 年全国高中数学联赛试题) 设 $ABCDEF$ 为正六边形,一只青蛙开始在顶点 A 处,它每次可随意地跳到相邻两顶点之一. 若在 5 次之内跳到 D 点,则停止跳动;若 5 次之内不能到达 D 点,则跳完 5 次也停止跳动,那么这只青蛙从开始到停止,可能出现的不同跳法共有多少种?

17. (2001 年全国高中数学联赛试题) 在一个正六边形的 6 个区

域栽种观赏植物(见图1.23),要求同一块中种同一种植物,相邻的两块种不同的植物.现有4种不同的植物可供选择,则有几种栽种方案?

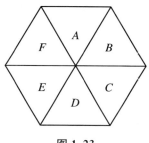

图 1.23

18. 有49个选手参加数学竞赛,共有3个题,每题得分可以是0到7的整数,求证:从中可以找出2位选手A,B,其中A每题的得分不少于B的得分.

19. 设有n位网球手参加只进行双打的比赛,要使每个选手都恰与任一别的选手比赛一次,对怎样的n,比赛可以进行?

20. 将$1,2,\cdots,n$排成一排,除首项外,每一个项都与它前面的某个项相差1,求排列的个数.

21. 边长为整数,周长为$2n(n\geqslant 4,n\in \mathbf{Z})$的两两不全等的不等边三角形共有多少个?

22. 某车站有m个入口,每个入口每次只能进一个人,问某个时间段的n个人进站,有多少不同的进站方式?其中,当两个人进同一个入口时,先后顺序不同看作不同的进站方式.

习题 1 解答

1. 令四位数对应一个要素列(a_1,a_2,a_3,a_4),其中a_i是四位数的第i位上的数字.

依题意，$a_1 = 1$，注意到 a_1, a_2, a_3, a_4 中有 2 个相同，有两种情况：一是 a_2, a_3, a_4 中有一个与 a_1 相同，其余两个是不为 1 的互异数字；二是 a_2, a_3, a_4 中有 2 个相同，其余一个是不为 1 及该数的数字．

对于前者，在 a_2, a_3, a_4 中取一个为 1，有 C_3^1 种方法，余下两个数在非 1 的 9 个数字中取两个排列，有 P_9^2 种方法，从而共有 $C_3^1 P_9^2 = 216$ 种方法．

对于后者，在 a_2, a_3, a_4 中取 2 个作为相同的数，有 C_3^2 种方法，这 3 个数字的两个不同值在非 1 的 9 个数字中选取，有 C_9^2 种方法，这 3 个数字（其中恰有两个重复数字）的排列有 $\dfrac{P_3^3}{2}$ 种方法，从而共有 $C_3^2 C_9^2 \dfrac{P_3^3}{2} = 216$ 种方法．

因此，符合题意的四位数共有 $216 + 216 = 432$ 个．

2. 每一条路线由 $2n$ 步确定，每一步对应左右上下中的一个运动方向，因此，每一条路径都是由"左右上下"4 个字构成的长为 $2n$ 的排列．由于最终回到出发点，从而左、右在排列中出现的次数相等，上、下在排列中出现的次数也相等．设左、右各出现 k 次（$k = 0, 1, 2, \cdots, n$），则上、下各出现 $n - k$ 次，注意到"左"和"上"一共出现 n 次，于是先在 $2n$ 个位置中选 n 个排"左"或"上"，有 C_{2n}^n 种方法（先整体安排，这一步不易想到，目的是使求和中出现常数因子 C_{2n}^n，可以提到求和符号外面），再在这选定的 n 个位置中选 k 个排"左"，有 C_n^k 种方法，最后在另外 n 个位置中选 k 个排"右"，有 C_n^k 种方法，但 $k = 0, 1, 2, \cdots, n$，于是，合乎条件的路径数为

$$\sum_{k=0}^{n} C_{2n}^n (C_n^k)^2 = C_{2n}^n \sum_{k=0}^{n} (C_n^k)^2 = (C_{2n}^n)^2$$

3. 最短路线只能从 $m \times n$ 棋盘的左下角顶点 A 走到两个棋盘的公共顶点，然后再走到 $p \times q$ 棋盘的右上角顶点 B．

先考虑从 $m \times n$ 棋盘的左下角顶点 A 走到两个棋盘的公共顶

点的最短路线,每一条这样的最短路线,都对应一个长为 $m+n$ 的"右"和"上"两个字排成的排列,其中"右"表示相应的一步是向右走的,"上"表示相应的一步是向上走的.

从 $m+n$ 项中选出 n 项排"上",有 C_{m+n}^{n} 种方法,从而从 A 走到两个棋盘的公共点的最短路线有 C_{m+n}^{n} 条. 类似地,从两个棋盘的公共点走到 B 的最短路线有 C_{p+q}^{p} 条,从而共有 $C_{m+n}^{n} C_{p+q}^{p}$ 条合乎要求的最短路线.

4. 方程变为 $(x+y)(x-y)=2^5 3^2 5^3$. 因为 $(x+y)(x-y)=2^5 3^2 5^3$ 为偶数,又 $x+y, x-y$ 同奇偶,所以 $x+y, x-y$ 同为偶数. 令 $x+y=2a, x-y=2b(a,b$ 为整数$)$,可得 $x=a-b, y=a+b$. 令 $a-b>0, a+b>0$,两式相加得 $2a>0$,即 $a>0$. 又 $x+y, x-y$ 同号,所以 a,b 同号,于是 $a>b>0$. 反之,若 a,b 为整数,且 $a>b>0$,则由 $x+y=2a, x-y=2b$,得 $x=a-b, y=a+b$,所以 x, y 为正整数. 于是,原方程的正整数解 (x,y) 的个数等价于关于 a, b 的方程 $ab=2^3 3^2 5^3$ 满足 $a>b$ 的正整数解 (a,b) 的个数. 因为 $2^3 3^2 5^3 = ab < a^2$,所以 $a > \sqrt{9000} = 30\sqrt{10}$,于是,原方程的正整数解的个数就是 9000 的大于 $30\sqrt{10}$ 的正因数的个数. 又 $9000 = 2^3 3^2 5^3$ 的正因数有 $(3+1)(2+1)(3+1)=48$ 个,而大于 $30\sqrt{10}$ 的正因数与小于 $30\sqrt{10}$ 的正因数一一对应,所以大于 $30\sqrt{10}$ 的正因数的个数与小于 $30\sqrt{10}$ 的正因数的个数相等,都是 24 个,故原方程共有 24 个正整数解.

5. 一条路径等价于将棋盘的 mn 个格划分为可空的两组:路径左边或上边的格为一组,这样的格记为 A;路径右边或下边的格为另一组,这样的格记为 B(图 1.24). 由于分组中,每个格可属于其中任何一个组,有两种选择,从而分组的方法数为 2^{mn} 个. 显然,不同的路径对应不同的分组,但反过来,每一个分组未必对应一条路径,所以

$f(m,n) \leqslant 2^{mn}$. 最后,当 $\min\{m,n\}=1$ 时,任何一个分组都对应一条路径,从而映射为满射,此时 $f(m,n)=2^{mn}$.

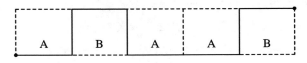

图 1.24

当 $\min\{m,n\}>1$ 时,$f(m,n)<2^{mn}$. 实际上,考察棋盘中的一个 2×2 的正方形,若将它的两个对角的格分为同一组(图 1.25),此时,不存在相应的路径,故等号当且仅当 $\min\{m,n\}=1$ 时成立.

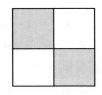

图 1.25

6. 首先,因为每改变一个开关的状态,都恰好改变一盏灯的"亮""灭",从而每个开关恰好控制一盏灯.若有两个开关控制了同一盏灯,则 n 个开关最多控制了 $n-1$ 盏灯,从而有一盏灯无法改变亮灭,即有一个 n 盏灯的亮灭状态不能由开关的状态给出,与题意矛盾,故每一盏灯的亮灭都唯一地取决于一个 n 开关的状态.

7. 先用适当的记号描述操作:每次操作对应一个长为 64 的 0,1 排列(从"行"看):其中亮的灯前记上 1,灭的灯前记上 0.启动 r 次,则得到 r 个长为 64 的 0,1 排列,而每盏灯则对应一个长为 r 的 0,1 排列(从"列"看).

长为 r 的 0,1 排列共有 2^r 个,要使 64 盏灯对应的排列不同,必须 $2^r \geqslant 64$,所以 $r \geqslant 6$. 其次,将 64 个按钮依次编号为 $0,1,2,\cdots,63$,将这些号码用二进制表示为 $000000,000001,000010,\cdots,111111$,每盏灯也安排一个长为 6 的排列记数,开始每盏灯前的排列都是 6 个 0.

我们这样来安排 6 次启动:第 $k(1\leqslant k\leqslant 6)$ 次启动中揿动所有第 k 位数字为 1 的按钮,并把亮的灯的第 k 个分量更改为数 1,于是,6 次启动后,每个灯都对应一个二进制 6 位数,编号与这个 6 位数相同的开关就是控制此盏灯的开关,故启动的最少次数为 6.

8. 经过 n 次操作后,每个灯都对应一个开关拉动的次数,灯的亮灭取决于它被拉动的次数为偶数还是奇数. 对于第 100 号灯,操作 2015 次以后对应开关拉动的次数是 $1,2,3,\cdots,2015$ 中与 100 互质的数的个数 $\varphi(2015,100)$.

因为

$$100 = 2^2 \cdot 5^2$$

$$\varphi(2015,100) = 2015 - \left[\frac{2015}{2}\right] - \left[\frac{2015}{5}\right] + \left[\frac{2015}{2\times 5}\right]$$

$$= 2015 - 1007 - 403 + 201 = 806$$

所以第 100 号灯开关了 806 次,仍为亮.

9. 记合乎条件的三角形有 x_n 个,则由 1.1 节例 5 可知,当 n 为奇数时,令 $n = 2k+1$,有

$$x_{2k+1} = \frac{1}{6}k(k+1)(2k+1)$$

当 n 为偶数时,易知 $x_4 = 0, x_6 = 2$.

一般地,令 $n = 2k$,固定一个顶点(个体),设为 A,并按逆时针方向将其余的顶点依次记为 $B_1, B_2, \cdots, B_{k-1}, M, C_{k-1}, C_{k-2}, \cdots, C_2, C_1$,设正多边形的中心为 O.

令 $B = \{B_1, B_2, \cdots, B_{k-1}\}, C = \{C_1, C_2, \cdots, C_{k-1}\}$,则 $\triangle APQ$ 包含中心 O 等价于 P,Q 分别属于集合 B,C 且 $PB_{k-1}C_{k-1}Q$ 弧上已知点的个数不多于 $k-1(P,Q$ 除外),即 $\triangle PB_iC_j$ 含中心 O 等价于 $i+j \geqslant k+1 (1 \leqslant i,j \leqslant k-1)$.

因为满足 $i+j \geqslant k+1 (1 \leqslant i,j \leqslant k-1)$ 的有序对有

$$1 + 2 + \cdots + (k-2) = \frac{1}{2}(k-1)(k-2)$$

个(实际上,当 $i = t$ 时,j 可取 $k+1-t, k+2-t, \cdots, k-1$ 这 $t-1$ 个值,有 $t-1$ 个有序对,再令 $t = 1,2,\cdots,k-1$ 即得),于是,以 A 为

顶点之一的合乎条件的三角形有$(k-1)(k-2)$个.

同样,以其他顶点为顶点之一的合乎条件的三角形亦有$\frac{1}{2}(k-2)(k-1)$个,再注意到每个三角形有3个顶点,计数3次,从而合乎条件的三角形有$2k \times \frac{1}{2}(k-2)(k-1) \times \frac{1}{3} = \frac{1}{3}k(k-2)(k-1)$个.

综上所述,当 n 为奇数时,
$$x_n = \frac{1}{24}(n^3 - n)$$

当 n 为偶数时,
$$x_n = \frac{1}{24}n(n-2)(n-4)$$

10. 排列由 $m+n$ 颗珍珠构成,它对应一个由白珍珠组成的主元要素列.

如果珍珠串是有序的,则问题很简单:在 $m+n$ 个位置选 m 个位置排白珍珠即可.但不计顺序时,有的串被计数两次,即两个不同排列实质上是同一串珍珠.是否每一串珍珠都被计数了两次?否!那些"对称"的珍珠串只被计数一次,如果有 x 串对称的珍珠串,则合乎条件的珍珠串有 $\frac{1}{2}(C_{m+n}^{m} + x)$ 个.

定义:对于一个珍珠串,如果所有距两端等距离的两个珍珠都同色,则称之为对称的珍珠串.设对称的珍珠串有 x 个,而合乎条件的珍珠串有 A 个,则

(1)当 m,n 都为奇数时,$x = 0, A = \frac{1}{2}C_{m+n}^{m}$.

(2)当 m 为奇数,n 为偶数时,由于有奇数个白珍珠,从而对称珍珠串的中心是白珍珠,由对称性,我们只需安排中心的某一侧的白

珠位置,这等价于安排中心一侧的黑珍珠位置. 中心的一侧只有 $\frac{1}{2}(m+n-1)$ 个位置,从中选出 $\frac{n}{2}$ 个位置排黑珍珠,有 $C_{(m+n-1)/2}^{n/2}$ 种方法,得 $x=C_{(m+n-1)/2}^{n/2}$,于是 $A=\frac{1}{2}[C_{m+n}^{n}+C_{(m+n-1)/2}^{n/2}]$.

(3) 当 n 为奇数,m 为偶数时,同上可知,$A=\frac{1}{2}[C_{m+n}^{m}+C_{(m+n-1)/2}^{m/2}]$.

(4) 当 m,n 都为偶数时,由对称性,我们只需安排中心的某一侧的白珍珠位置. 中心的一侧只有 $\frac{m+n}{2}$ 个位置,从中选出 $\frac{m}{2}$ 个位置排黑珍珠,有 $C_{(m+n)/2}^{m/2}$ 种方法,得 $x=C_{(m+n)/2}^{m/2}$,于是 $A=\frac{1}{2}[C_{m+n}^{m}+C_{(m+n)/2}^{m/2}]$.

11. 排列由 $m+2$ 颗珍珠构成,它对应一个由 2 颗黑珍珠组成的主元要素列 (P,Q).

将两个黑珍珠 P,Q 用线段连接,设它的一侧有 x 个白珍珠,另一侧有 y 个白珍珠 $(x+y=m)$,则问题等价于方程:$x+y=m$ 的满足 $0 \leqslant x \leqslant y$ 的整数解的个数. 显然 x 可取 $0,1,2,\cdots,[\frac{m}{2}]$,有 $[\frac{m}{2}]+1$ 种取法,从而有 $[\frac{m}{2}]+1$ 个合乎条件的珍珠圈.

注:如果将该问题推广为 m 个相同的白珍珠和 n 个相同的黑珍珠串成一圈(旋转、翻转后重合的看作同一个圈),问共有多少不同的珍珠圈? 则问题有相当的难度. 希望读者能深入探索.

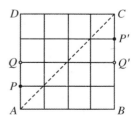

图 1.26

12. 不妨设剪痕的一个端点在纵向边 AD 上,则由对称性,剪痕在 AD 边上的端

点只有如图 1.26 所示的 P,Q 两个位置.

注意到剪痕关于对角线 AC 对称,所以另一个端点只能是 BC 边上的 P',Q'.我们将折痕上横向的边记为 H,纵向的边记为 Z,则有如下情形:

(1) 当剪痕为折线 PP' 时,由树图可知,有 $HHHZHHZHHH$,$HHZZHH$,$HZHHZH$,$HZZHZZHZZH$ 四种.

(2) 当剪痕为折线 QQ' 时,由树图可知,有 $HHHH$,$HZHZZHZH$ 两种.

于是合乎条件的剪法有 $4+2=6$ 种(图 1.27).

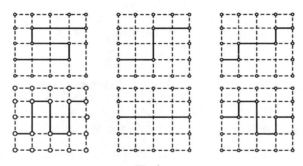

图 1.27

另解:利用方格树图,由图 1.28 可知,合乎条件的剪法共有 6 种.

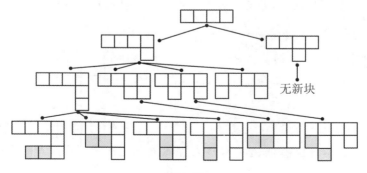

图 1.28

1 要 素 列

13. 对于 $2n$ 个人的一种排队,令其对应一个要素列 $(x_1, x_2, \cdots, x_{2n})$,其中 x_i 是第 i 个人所持有的钱数,$x_i = 5$ 或 10 ($i = 1, 2, \cdots, 2n$).

显然,所谓"不造成找钱困难",是指每个 x_i 之前(包括 x_i),其中为 5 的项的个数不少于为 10 的个数.

因为排列是否合乎要求,只涉及两类数谁多谁少,从而可将为 5 的一类数记为 1,为 10 的一类数记为 -1,则要素列 $(x_1, x_2, \cdots, x_{2n})$ 变成了 ± 1 的排列.

这样一来,排列不造成找钱困难等价于对任何正整数 k ($1 \leqslant k \leqslant 2n$),要素列的前 k 项的和 S_k 都不小于 0.

因为排列是否合乎条件,由每一个 S_k ($1 \leqslant k \leqslant 2n$) 的符号确定,于是,我们将要素列各项的序号 k 与相应的部分和 S_k ($1 \leqslant k \leqslant 2n$) 搭配,则得到如下的复合要素列:

$$((x_1, S_1), (x_2, S_2), \cdots, (x_{2n}, S_{2n})) \qquad (*)$$

现在,我们可借助几何直观来考察上述复合要素列满足的条件. 将 (k, S_k) 看成是直角坐标系中的点,则排队合乎要求,等价于其对应的复合要素列 $(*)$ 中的 $2n$ 个点都在 x 轴上或上方. 由 1.3 节例 2 的结论,合乎条件的排列方式共有 $\dfrac{C_{2n}^{n-1}}{n}$ 种.

14. 问题等价于:从 $1, 2, \cdots, p$ 及 $-1, -2, \cdots, -q$ 中随机地选取 r 个数排成一排,求得到的是满足下列条件的排列的概率. 或者排列包含 q 个负数,且最后一个数是负数(此时至多包含 $p-1$ 个正数);或者排列包含 p 个正数,且最后一个数是正数(此时至多包含 $q-1$ 个负数).若第 r 个位置排负数,则排该位置有 C_q^1 种方法,剩下的 $q-1$ 个负数都排在前 $r-1$ 个位置,有 A_{r-1}^{q-1} 种方法,剩下 $r-q$ 个位置在 p 个正数中取 $r-q$ 个排列,有 A_p^{r-q} 种方法. 若第 r 个位置排正数,则排该位置有 C_p^1 种方法,剩下的 $p-1$ 个正数都排在前

$r-1$ 个位置,有 A_{r-1}^{p-1} 种方法,剩下 $r-p$ 个位置在 q 个负数中取 $r-p$ 个排列,有 A_q^{r-p} 种方法. 又从 $p+q$ 个数中选取 r 个数的排列有 A_{p+q}^r 个,从而所求概率为 $\dfrac{C_q^1 A_{r-1}^{q-1} A_p^{r-q} + C_p^1 A_{r-1}^{p-1} A_q^{r-p}}{A_{p+q}^r}$.

15. 当三角形为正三角形时,其边长可取 $\{1,2,\cdots,9\}$ 中任何一个值,所以这样的三位数的个数为 $n_1 = C_9^1 = 9$.

当三角形为非正三角形的等腰三角形时,其对应一个要素列 (a,b),其中 a,b 分别是等腰三角形的底边长与腰长.

若 $a < b$,则要素列 (a,b) 唯一确定一个底边长与腰长分别为 a,b 的等腰三角形,此时的三角形有 C_9^2 个.

若 $a > b$,则要素列 (a,b) 只有在 $b < a < 2b$ 时才唯一确定一个底边长与腰长分别为 a,b 的等腰三角形. 由于满足 $a > b$ 的数对 (a,b) 有 C_9^2 个,而其中不满足 $b < a < 2b$ 的组对 (a_1,b_1) 如表 1.1 所示.

表 1.1

a_1	9	8	7	6	5	4	3	2
b_1	1,2,3,4	1,2,3,4	1,2,3	1,2,3	1,2	1,2	1	1

共有 20 种情况,故这时的等腰(非等边)三角形有 $C_9^2 - 20$ 个.

再注意到每个数对 (a,b) 可形成 C_3^2 个三位 $\overline{abc}$,从而此时的三位数有 $n_2 = C_3^2(C_9^2 + C_9^2 - 20) = 156$ 个.

综上所述,合乎条件的三位数共有 $9 + 156 = 165$ 个.

16. 青蛙跳 5(奇数)次后,只可能跳到 B,D,F(序号为偶的)三点. 青蛙顺时针方向跳 1 次记为 $+1$,逆时针方向跳 1 次记为 -1,这样,青蛙的跳动过程对应如下一个要素列:

$$(a_1, a_2, a_3, a_4, a_5) \qquad (*)$$

其中, $a_i = \pm 1 (1 \leqslant i \leqslant 5)$.

要素列满足如下条件:如果 a_1,a_2,a_3 全同号,则 a_4,a_5 缺省,得到长为 3 的排列,它对应青蛙跳 3 次后停止.

如果 a_1,a_2,a_3 不全同号,则 a_4,a_5 可在 1,-1 中任意取值,得到长为 5 的排列,对应青蛙跳 5 次后停止.

对于第一种情形,长为 3 的同号排列有 2 种.

对于第一种情形,长为 5 的排列的前三个数不同号的方法有 $2^3-2=6$ 种,后两个数选取 1,-1 有 $2^2=4$ 种方法,从而有 $6 \cdot 4 = 24$ 个排列.

综上所述,共有 $2+24=26$ 种不同的跳法.

17. 更一般地,考虑正 n 边形的 n 个区域栽种观赏植物,设共有 x_n 种合乎题目要求的种植方法.令一种栽种方案对应一个要素列 $(A_1, A_2, \cdots, A_n)$,其中字母代表相应区域种植的观赏植物品种,其中相邻的两块种的植物不同,并视 A_1 与 A_n 相邻.

先不考虑 A_1 与 A_n 所种植物品种是否相同,则 A_1 有 4 种种植方法,而 A_2 不能种与 A_1 相同的植物,有 3 种方法.同样,$A_3, A_4, \cdots, A_n$ 都有 3 种方法,从而这样得到的拟要素列 $(A_1, A_2, \cdots, A_n)$(其中 A_1 与 A_n 种植的植物可能相同)共有 $4 \cdot 3^{n-1}$ 个.

现在考虑其中 A_1 与 A_n 种植的植物相同的拟要素列的个数,此时,将 A_1 与 A_n 合并看成是一个块,则恰好是正 $n-1$ 边形的 $n-1$ 个区域栽种观赏植物的方法数,有 x_{n-1} 种,于是 $x_n = 4 \cdot 3^{n-1} - x_{n-1}$.

因为 $x_1 = 4$,所以 $x_2 = 4 \cdot 3 - x_1 = 8$,$x_3 = 4 \cdot 3^2 - x_2 = 24$,$x_4 = 4 \cdot 3^3 - x_3 = 84$,$x_5 = 4 \cdot 3^4 - x_4 = 240$,$x_6 = 4 \cdot 3^5 - x_5 = 732$.

18. 对于一个选手的得分,令其对应一个要素列 (a,b,c) ($0 \leqslant a,b,c \leqslant 7$),其中 a,b,c 分别表示该选手在第 1~3 题中的得分.

记 49 个选手对应的要素列为 (a_i, b_i, c_i) ($i=1,2,\cdots,49$),在直角坐标系中,标记格点 (a_i, b_i) ($0 \leqslant a_i, b_i \leqslant 7, i=1,2,\cdots,49$),并记

为红点.

这样,每个选手都对应一个红点.

若有两个红点重合,则对应的两个选手在前两题中的得分完全一样,合乎条件,不管第 3 题得分如何,这两名选手都合乎要求.

此外,将所有 49 个红点 (a_i, b_i) 归入如下 8 个集合 $A_0, A_1, A_2, \cdots, A_7$,其中第 i 个集合 A_i 由直角 $(0, i) \to (7-i, i) \to (7-i, 7)$ 上的格点构成 $(0 \leqslant i \leqslant 7)$(如图 1.29).

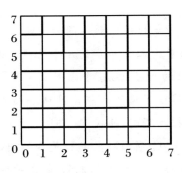

图 1.29

显然,有
$$|A_4| + |A_5| + |A_6| + |A_7| \leqslant 16$$
其中,$|A_i|$ 表示抽屉 A_i 中格点的个数.

于是,去掉小抽屉 A_4, A_5, A_6, A_7 后,剩下的抽屉 A_0, A_1, A_2, A_3 中至少有 $49 - 16 = 33$ 个格点.由抽屉原理,必有一个抽屉中有 9 个红点,记其中的 9 个红点为

$(a_1, b_1), (a_2, b_2), \cdots, (a_9, b_9) \quad (a_1 \leqslant a_2 \leqslant \cdots \leqslant a_9)$

考察 $(a_1, b_1, c_1), (a_2, b_2, c_2), \cdots, (a_9, b_9, c_9)$.由于 $0 \leqslant c_i \leqslant 7$,由抽屉原理,必有 $c_i = c_j (1 \leqslant i \leqslant j \leqslant 9)$,于是,$(a_i, b_i, c_i), (a_j, b_j, c_j)$ 满足:$a_i \leqslant a_j, b_i \leqslant b_j, c_i \leqslant c_j$,它们对应的两个选手合乎要求.

19. $n = 8k + 1 (k \in \mathbf{N}^+)$.

设比赛可以进行,则对任何一个选手 A,其余的选手必须两两搭配出席与 A 为对手之一的双打比赛,所以 n 为奇数.

此外,对任何一次比赛,令其对应一个要素列 (AB,CD),其中选手 A 与 B 搭配作为比赛的一方,C 与 D 搭配作为比赛的另一方.

考察要素列 (AB,CD),它对应的这次比赛共完成了 A-C、A-D、B-C、B-D 这 4 次较量,所以各选手间较量的总次数为 4 的倍数,即 $C_n^2 = \frac{1}{2}n(n-1)$ 为 4 的倍数.

但 n 为奇数,所以 $\frac{1}{2}(n-1) = 4k$,即 $n = 8k+1$.

另外,当 $n = 8k+1$ 时,比赛确实可以进行.

实际上,当 $k=1$ 时,用正九边形的 9 个顶点表示 9 名选手 A_1,A_2,$\cdots$,A_9.

先安排 (A_1, A_2) 与 (A_3, A_5) 比赛,进行了较量的选手之间用边连接,将这些线段绕中心旋转 $\frac{2}{9}m\pi$ ($m=1,2,\cdots,8$),则得到其余 8 对选手之间的比赛,而且每条弦都恰在各图中出现一次,这是因为任何一条弦都是弦 A_2A_3、A_1A_3、A_1A_5、A_2A_5 之一.

当 $k>1$ 时,先从 $8k+1$ 个选手中选出一个人 A,再将其余的 $8k$ 个人分为 k 组,每组 8 人,然后将 A 分到各个组中,每组都变为 9 人.

由上述 $k=1$ 的情形,每组中的 9 个人之间可以按要求安排比赛.现在去掉 A(A 已和各人都进行了比赛),每组都剩下 8 个人,分成 4 对,再把这 $4k$ 对按单循环比赛安排,即每对之间恰比赛一次,比赛合乎要求.

20. 所求排列的要素列为 $(a_1, a_2, \cdots, a_n)$,其中 $a_1, a_2, \cdots, a_n$ 是 $1, 2, \cdots, n$ 的一个排列,且对任何 $j>2$,都存在 $1 \leqslant i < j$,使 $|a_i - a_j| = 1$.

考察 $a_1 = i$ 的排列,我们证明:$i-1, i-2, \cdots, 1$ 这些数在后 $n-1$ 个位置中必定是递减排列的.

先证明 $i-1$ 必排在 $i-1, i-2, \cdots, 1$ 这些数中的最前面,否则,设 $i-1, i-2, \cdots, 1$ 这些数中排在最前面的不是 $i-1$,而是 $i-t(t>1)$,那么 $i-t$ 前面的数都属于集合 $\{i, i+1, i+2, \cdots, n\}$,不可能与前面的一个项相差 1,矛盾.

同样可知,接下来 $i-2$ 必排在 $i-2, i-3, \cdots, 1$ 这些数中的最前面,如此下去,$i-1, i-2, \cdots, 1$ 这些数在排列中的顺序是递减排列的.

同样讨论可知:$i+1, i+2, \cdots, n$ 在后 $n-1$ 个位置中必定是递增排列的.

在后 $n-1$ 个位置中取 $i-1$ 个排 $i-1, i-2, \cdots, 1$ 有 C_{n-1}^{i-1} 种方法,而 $i+1, i+2, \cdots, n$ 必递增排在后 $n-1$ 个剩下的空位中,有唯一方法,故合乎要求的排列个数为

$$S_n = \sum_{i=1}^{n} C_{n-1}^{i-1} = \sum_{i=0}^{n-1} C_{n-1}^{i} = 2^{n-1}$$

21. 合乎条件的三角形对应一个要素列 (x, y, z),其中 x, y, z 是三角形三边,$x < y < z$,且 $x + y + z = 2n$.

由 $x + y > z$,得 $z \leqslant n - 1$.

设方程:

$$x + y + z = 2n \quad (\text{其中 } 1 \leqslant x < y < z \leqslant n-1) \quad ①$$

的整数解的集合为 A_n,记 $a_n = |A_n|$,任取 $(x, y, z) \in A_n (n \geqslant 5)$.

(1) 若 $y - x > 1$,则 $(x, y-1, z-1) \in A_n$,从而这样的解有 a_{n-1} 个.

(2) 若 $y - x = 1$,则方程①化为

$$2x + 1 + z = 2n \quad ②$$

其中,$z \leqslant n - 1$,即 $2x + 1 \geqslant n + 1$,等价于 $x \geqslant \dfrac{n}{2}$,于是 x

$$\geqslant \left[\frac{n+1}{2}\right].$$

$$x < y < z \Leftrightarrow z \geqslant x+2 \Leftrightarrow 3x+3 \leqslant 2n \Leftrightarrow x \leqslant \frac{2n}{3}-1$$

即 $x \leqslant \left[\frac{2n}{3}\right]-1$. 于是,$x$ 共有

$$\left[\frac{2n}{3}\right]-1-\left[\frac{n+1}{2}\right]+1 = \left[\frac{2n}{3}\right]-\left[\frac{n+1}{2}\right]$$

种取值.

而 x 确定后,z 由②唯一确定,$y=x+1$ 也由 x 唯一确定,于是这样的解有 $\left[\frac{2n}{3}\right]-\left[\frac{n+1}{2}\right]$ 个($n \geqslant 5$).

所以,当 $n \geqslant 5$ 时,有

$$a_n = a_{n-1} + \left[\frac{2n}{3}\right] - \left[\frac{n+1}{2}\right] \qquad ③$$

易知,$a_4 = a_5 = 0$,若规定 $a_0 = 1, a_1 = a_2 = a_3 = 0$,则③对所有 $n \geqslant 0, n \in \mathbf{Z}$ 成立.

注意到 $\left[\frac{2n}{3}\right] + \left[\frac{2n+1}{3}\right] + \left[\frac{2n+2}{3}\right] = 2n$,$\left[\frac{n}{2}\right] + \left[\frac{n+1}{2}\right] = n$,于是,对 $n \in \mathbf{N}$,有

$$a_{n+6} = a_{n+5} + \left[\frac{2n+12}{3}\right] - \left[\frac{n+7}{2}\right] = \cdots$$

$$= a_n + \left[\frac{2n}{3}\right] + 4 + \left[\frac{2n+1}{3}\right] + 3 + \left[\frac{2n+2}{3}\right] + 2 + \left[\frac{2n}{3}\right] + 2$$

$$+ \left[\frac{2n+1}{3}\right] + 1 + \left[\frac{2n+2}{3}\right] - \left\{\left[\frac{n+1}{2}\right] + 3 + \left[\frac{n}{2}\right] + 3\right.$$

$$\left. + \left[\frac{n+1}{2}\right] + 2 + \left[\frac{n}{2}\right] + 2 + \left[\frac{n+1}{2}\right] + 1 + \left[\frac{n}{2}\right] + 1\right\}$$

$$= a_n + 4n + 12 - (3n + 12) = a_n + n$$

令 $n = 6k + r$,则

$$a_n = a_{6(k-1)+r} + 6(k-1) + r$$

建立对应

$$= a_{6(k-2)+r} + 6(k-2) + r + 6(k-1) + r$$
$$= \cdots$$
$$= 6(k-1) + r + 6(k-2) + r + \cdots + 6 \times 1 + r + (a_r + r)$$
$$= \begin{cases} kr + 3k & (1 \leqslant r \leqslant 5) \\ 3k^2 - 3k + 1 & (r = 0) \end{cases}$$

另解 设 $\triangle ABC$ 三边为 $a > b > c$.

(1) 当 $n = 6k$ 时,由 $a < b + c$,有 $a < \dfrac{1}{2} \cdot 2n = 6k$,所以 $a \leqslant 6k - 1$.

但 $a > b > c$,所以 $a > \dfrac{2n}{3} = 4k$,所以 $a \geqslant 4k + 1$,于是 $4k + 1 \leqslant a \leqslant 6k - 1$.

设 $a = i (4k + 1 \leqslant i \leqslant 6k - 1)$,则 $b + c = 12k - i$.

由 $2b > b + c$,得

$$2b > 12k - i, \quad 2b \geqslant 2k - i + 1, \quad b \geqslant \dfrac{1}{2}(12k - i + 1)$$

所以

$$i - 1 \geqslant b \geqslant \left[\dfrac{1}{2}(12k - i + 1)\right]$$

b 有

$$i - 1 - \left[\dfrac{1}{2}(12k - i + 2)\right] + 1 = i - \left[\dfrac{1}{2}(12k - i + 2)\right]$$
$$= i - 6k - 1 - \left[-\dfrac{i}{2}\right]$$
$$= i - 6k - 1 + \left[\dfrac{i+1}{2}\right]$$

种取法.

于是,三角形的个数为

$$S_{6k} = \sum_{i=4k+1}^{6k-1} \left(\left[\dfrac{3i}{2} + \dfrac{1}{2}\right] - 6k - 1\right)$$

$$= 1+2+4+5+7+8+\cdots$$
$$+(3k-5)+(3k-4)+(3k-2)$$
$$= 1+2+\cdots+(3k-2)-(3+6+\cdots+3k-3)$$
$$= 3k^2-3k+1$$

类似计算可得

$$S_{6k+1} = 1+2+3+\cdots+(3k-2)-(2+5+8+\cdots+3k-4)$$
$$= 3k^2-2k$$

$$S_{6k+2} = 1+2+3+\cdots+(3k-1)-(1+4+7+\cdots+3k-2)$$
$$= 3k^2-k$$

$$S_{6k+3} = 1+2+3+\cdots+(3k-1)-(3+6+9+\cdots+3k-3)$$
$$= 3k^2$$

$$S_{6k+4} = 1+2+3+\cdots+3k-(2+5+8+\cdots+3k-1)$$
$$= 3k^2+k$$

$$S_{6k+5} = 1+2+3+\cdots+3k-(1+4+7+\cdots+3k-2)$$
$$= 3k^2+2k$$

综上所述,令 $n=6k+r$,则

$$a_n = \begin{cases} kr+3k & (1 \leqslant r \leqslant 5) \\ 3k^2-3k+1 & (r=0) \end{cases}$$

22. 设 m 个入口的代号为 $A_1, A_2, \cdots, A_m$,n 个人的代号为 1, $2, \cdots, n$. 对每一个投递方法,令其对应一个要素列 $(x_1, x_2, \cdots, x_m)$,其中 x_i 为进入第 i 个入口 A_i 的人的排列,$|x_1|+|x_2|+\cdots+|x_m|=n$,这里 $|x_i|$ 表示排列 x_i 的长度 $(1 \leqslant i \leqslant m)$. 但采用这样的要素列,解答非常烦琐.

我们考虑另一种要素列 $(x_1, x_2, \cdots, x_n)$,其中 x_i 为第 i 个入口以及他在该入口的排列中的位置.

先考虑 x_1 的进站方式,他可以进入 m 个入口中的任何一个,有 m 种选择. 由于其他人还没有确定入口,从而 x_1 无须考虑其在相应

入口的排列中的位置.

对于 x_2,他进站有 m 个入口选择,但当他选择与 x_1 进同一个入口时,他与 x_1 之间多一种先后顺序选择.又每一种选择都直接完成了 x_2 的进站方式的选择,从而由加法原理,x_2 共有 $m+1$ 种不同的进站方式.

对于 x_3,问题则要复杂些.如果 x_1,x_2 进入不同入口,则当 x_3 选择与 $x_i(i=1,2)$ 进同一个入口时,与 x_i 之间有两种先后顺序选择,即在该入口,x_3 与 x_i 之间多一种先后顺序选择.而其他入口只有唯一的选择,从而由加法原理,x_3 共有 $m+1+1$ 种不同的进站方式.

一般地,考虑 $x_i(i>1)$ 的进站方式,选择入口有 m 种方法,而若选择的入口包含有 $x_1,x_2,\cdots,x_{i-1}$ 中的某 t 个人时,设这 t 个人按进入该入口的顺序依次为 $x_{j_1},x_{j_2},\cdots,x_{j_t}$,其中 $j_1,j_2,\cdots,j_t \in \{1,2,\cdots,i-1\}$,则 x_i 进入该入口的顺序有 $t+1$ 种选择:可插入 $x_{j_1},x_{j_2},\cdots,x_{j_t}$ 所形成的 $t+1$ 个"空"(包括首尾两个"空")中.

假定第 j 个入口含有 $x_1,x_2,\cdots,x_{i-1}$ 中的某 t_j 个人($1\leqslant j\leqslant m$),其中 $t_j\in \mathbf{N}$,且

$$t_1+t_2+\cdots+t_m=i-1$$

则 x_i 在第 $j(1\leqslant j\leqslant m)$ 个入口中有 t_j+1 种先后顺序的选择,从而由加法原理,x_j 进站共有

$$\sum_{j=1}^{m}(x_j+1)=m+\sum_{j=1}^{m}x_j=m+i-1$$

种不同的方法.

注意到 $i=1$ 时,上述结论也成立,从而令 $i=1,2,\cdots,n$,由乘法原理,共有

$$m\times(m+1)\times(m+2)\times\cdots\times(m+n-1)=\mathrm{P}_{m+n-1}^{n}$$

种不同的进站方式.

另解 将问题分解为如下两个步骤.

（1）先确定每一个入口进多少个人.

（2）将 n 个人按前述确定的人数分配方案安排到各个入口,并确定同一个入口的人的进站顺序.

先考虑第一步,设第 $i(1\leqslant i\leqslant m)$ 个入口安排 x_i 个人进入,则
$$x_1 + x_2 + \cdots + x_m = n \qquad (*)$$
其中,$x_i \in \mathbf{N}$.

因为方程 $(*)$ 的自然数解的个数为 $C_{m+n-1}^{m-1} = C_{m+n-1}^{n}$,于是,完成第一个步骤有 C_{m+n-1}^{n} 种方法.

再考虑第二步,对任何一个按确定好了的各入口人数方案 $(x_1, x_2, \cdots, x_m)$ 安排任意的进站方式,其中 $x_i(1\leqslant i\leqslant m)$ 表示第 i 个入口进入的人数,设第 i 个入口进入的 x_i 个人按先后顺序组成的排列为 $A_i(1\leqslant i\leqslant m)$,则对 $i = 2, 3, \cdots, m$,将排列 A_i 接在排列 A_{i-1} 的后面,便得到一个由 n 个人组成的全排列.

反之,对 n 个人组成的任意一个全排列,让其前 x_1 个人按排列好的顺序进第一个入口,接下来的 x_2 个人按排列好的顺序进第二个入口……最后 x_m 个人按排列好的顺序进第 m 个入口,得到一个按确定好了的各入口人数方案 $(x_1, x_2, \cdots, x_m)$ 进行的一个进站方式.

由此可见,第二步骤的方法数就是 n 个人的全排列数,为 $n!$.

最后由乘法原理,不同的进站方式共有 $C_{m+n-1}^{n} \cdot n! = P_{m+n-1}^{n}$ 种.

2 生成元

本章介绍一种对应方法,建立计数对象与其"生成元"之间的对应.

所谓生成元,就是按照一定的规则,生成计数对象的要素的一些元素. 显然,为了计算有关对象的个数,只需建立计数对象与"生成元"之间的对应,进而计算生成元的个数.

一般说来,生成元由题给的原始元素组成,因而计算生成元的个数比计算所求对象的个数要容易一些.

一级生成元

如果由生成元通过一次简单的对应,就能找到所求的计数对象,则称这样的生成元为"一级生成元".

寻找计数对象的"一级生成元"是比较容易的,它往往只需考察计数对象的任意一个要素,思考该要素如何由题给条件中的那些原始元素确定.

我们先看一个简单的问题.

例1 在 $m \times m$ 的方格棋盘中,各单位正方形的顶点称为格点,各单位正方形的边所在的直线称为格线. 试问:共有多少个以格点为顶点,其边平行于格线的矩形? 这些矩形的面积的和是多少?

分析与解 我们称格点为顶点,其边平行于格线的矩形为标准矩形.考察任意一个计数对象:标准矩形 $ABCD$,构成标准矩形的要素列是它的 4 个顶点 A,B,C,D(图 2.1).进一步发现,其最简要素列是其相对的两个顶点 A,C.

现在,我们来考虑格点 A,C 由怎样的原始元素确定.考察点 A,因为 A 是格点,它显然是一条横向格线与一条纵向格线的交点,所以,要确定点 A,只需选定一条横向格线与一条纵向格线.同样,要确定点 C,只需选定另一条横向格线与一条纵向格线.

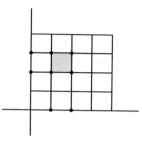

图 2.1

由此可见,标准矩形被 2 条横向格线与 2 条纵向格线唯一确定.

反之,对任意 2 条横向格线与 2 条纵向格线,它们相交都唯一确定一个标准矩形.于是,标准矩形的集合与 2 条横向格线、2 条纵向格线的"4 线组"的集合可建立一一对应.

因为有 $n+1$ 条横向格线,从而取 2 条横向格线有 $C_{n+1}^2 = \frac{1}{2}n(n+1)$ 种方法.同样,取 2 条纵向格线有 $C_{m+1}^2 = \frac{1}{2}m(m+1)$ 种方法,所以"4 线组"共有 $\frac{1}{4}mn(m+1)(n+1)$ 个,即标准矩形为 $\frac{1}{4}mn(m+1)(n+1)$ 个.

下面计算所有标准矩形的面积的和 S.

考察任意一个标准矩形,设它的横向边长为 $a(1 \leqslant a \leqslant n)$,纵向边长为 $b(1 \leqslant b \leqslant m)$,则其面积为 ab.

考察该标准矩形在棋盘的两条相邻边上的投影,得到一条横向长为 a 的线段和一条纵向长为 b 的线段.这样,每一个标准矩形都与

一个线段对 (a,b) 建立了一一对应. 于是，所有标准矩形的面积的和为

$$S = \sum_{a,b} ab$$

其中，a 跑遍棋盘横向边上的所有格点线段，b 跑遍棋盘纵向边上的所有格点线段.

先固定线段 a，则以 a 为横向边的所有标准矩形的面积的和为

$$S_a = \sum_b ab = a\sum_b b$$

其中，b 跑遍棋盘纵向边上的所有格点线段.

当 $b=1$ 时，棋盘纵向边上的长为 1 的格点线段有 m 条，合并同类项，这些线段对 $\sum_b b$ 的贡献为 m.

当 $b=2$ 时，棋盘纵向边上的长为 2 的格点线段有 $m-1$ 条，合并同类项，这些线段对 $\sum_b b$ 的贡献为 $2(m-1)$.

一般地，当 $b=j(1\leqslant j\leqslant m)$ 时，棋盘纵向边上的长为 j 的格点线段有 $m-j+1$ 条，合并同类项，这些线段对 $\sum_b b$ 的贡献为 $j(m-j+1)$. 所以

$$\sum_b b = \sum_{j=1}^m j(m-j+1) = \sum_{j=1}^m \left[(m+1)j - j^2\right]$$

$$= (m+1)\sum_{j=1}^m j - \sum_{j=1}^m j^2$$

$$= \frac{1}{2}m(m+1)^2 - \frac{1}{6}m(m+1)(2m+1)$$

$$= \frac{1}{6}m(m+1)(m+2)$$

现在，再令 a 跑遍棋盘横向边上的所有格点线段，同样有

$$\sum_a a = \frac{1}{6}n(n+1)(n+2)$$

于是所有标准矩形的面积的和为

$$S = \sum_{a,b} ab = \sum_a S_a = \sum_a \left(a \sum_b b\right) = \left(\sum_a a\right)\left(\sum_b b\right)$$

$$= \frac{1}{6}m(m+1)(m+2) \cdot \frac{1}{6}n(n+1)(n+2)$$

$$= \frac{1}{36}mn(m+1)(n+1)(m+2)(n+2)$$

$$= C_{m+2}^3 C_{n+2}^3$$

例 2 设 n 是给定的正整数,若凸 n 边形的任何 3 条对角线都不交于多边形内部的同一点,试问:多边形的 n 条边和所有对角线共交成多少个三角形?

分析与解 我们称由多边形的边和对角线交成的三角形为标准三角形.考察任意一个计数对象:标准 $\triangle ABC$,构成标准三角形的要素是它的 3 条边.

现在,我们考虑边 AB,BC,CA 由怎样的原始元素确定.考察边 AB,因为 AB 在多边形的一条对角线上,从而 AB 所在的直线恰好通过多边形的 2 个顶点.

同样,边 BC,CA 所在的直线也恰好通过多边形的 2 个顶点.于是,标准三角形的 3 条边所在的直线共通过多边形的 6 个顶点.

但上述 6 个顶点不一定互异,其中可能有顶点是重合的,需要分情况讨论.

设标准三角形的 3 条边所在直线共通过多边形的 r 个互异的顶点,这 r 个顶点构成一个"子 r 边形"($3 \leqslant r \leqslant 6$).

(1) 当 $r=3$ 时,每一个此类标准三角形都对应唯一一个"3 顶点组",反之,每一个"3 顶点组"都对应唯一一个此类标准三角形,于是,此类标准三角形共有 C_n^3 个.

(2) 当 $r=4$ 时,每一个此类标准三角形都对应唯一一个"4 顶点组",反之,每一个"4 顶点组"都形成一个"子四边形",每个"子四边形"的4条边与2条对角线交成的4个三角形都是此类标准三角形,于是,每一个"4顶点组"都对应4个此类标准三角形,所以此类标准三角形共有 $4C_n^4$ 个.

(3) 当 $r=5$ 时,每一个此类标准三角形都对应唯一一个"5顶点组",反之,每一个"5顶点组"都形成一个"子五边形",每个"子五边形"的5条对角线交成的5个三角形都是此类标准三角形(图2.2),于是,每一个"5顶点组"都对应5个此类标准三角形,所以此类标准三角形共有 $5C_n^5$ 个.

(4) 当 $r=6$ 时,每一个此类标准三角形都对应唯一一个"6顶点组",反之,每一个"6顶点组"都形成一个"子六边形",每个"子六边形"的3条主对角线(对角线每侧都有六边形的2个顶点)交成的唯一一个三角形是此类标准三角形(图2.3),于是,每一个"6顶点组"都对应唯一一个此类标准三角形,所以此类标准三角形共有 C_n^6 个.

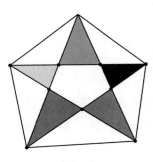

图 2.2

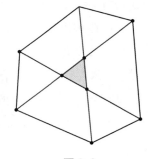

图 2.3

综上所述,所有合乎条件的三角形共有 $C_n^3 + 4C_n^4 + 5C_n^5 + C_n^6$ 个.

例3 设 n 是给定的正整数,若凸 n 边形的任何3条对角线都不交于多边形内部的同一点,试问:多边形的 $C_n^2 - n$ 条对角线共交成多少个三角形?

分析与解 我们称由多边形的3条对角线交成的三角形为标准

三角形. 考察任意一个计数对象: 标准 $\triangle ABC$, 显然, 构成标准三角形的要素是它的3条边.

考察边 AB, 它所在的直线恰好通过多边形的2个顶点. 于是, 标准三角形的3条边所在的直线共通过多边形的6个顶点. 设其中有 r 个互异的顶点, 这 r 个顶点构成一个"子 r 边形"($3 \leqslant r \leqslant 6$).

(1) 当 $r = 3$ 时, 子三边形任何两个相邻顶点之间至少间隔多边形的一个顶点. 为了计算这样的子三边形的个数, 我们先证明如下的引理.

引理 在圆周上依次有 n 个点 $A_1, A_2, \cdots, A_n$. 以其中 k 个点为顶点作凸 k 边形, 但多边形的任何两个相邻的顶点至少被 A_i 中 s 个点隔开, 则这样的多边形的个数为 $\dfrac{n}{k} C_{n-ks-1}^{k-1}$.

该引理的证明见 4.1 节例 2.

取 $k = 3, s = 1$, 得合乎要求的"子三边形"个数为 $\dfrac{n}{3} C_{n-4}^{2}$, 而每个子三边形都是此类标准三角形, 所以此类标准三角形有 $\dfrac{n}{3} C_{n-4}^{2}$ 个.

(2) 当 $r = 4$ 时, 子四边形任何两个相邻顶点之间至少间隔多边形的一个顶点. 在上述引理中取 $k = 4, s = 1$, 得合乎要求的"子四边形"个数为 $\dfrac{n}{4} C_{n-5}^{3}$, 而每个子四边形都对应 4 个此类标准三角形, 所以此类标准三角形有 $n C_{n-5}^{3}$ 个.

(3) 当 $r = 5$ 时, 容易知道此类标准三角形共有 $5 C_n^5$ 个.

(4) 当 $r = 6$ 时, 容易知道此类标准三角形共有 C_n^6 个.

综上所述, 所有合乎条件的三角形共有 $\dfrac{n}{3} C_{n-4}^{2} + n C_{n-5}^{3} + 5 C_n^5 + C_n^6$ 个.

例 4(第 16 届韩国数学奥林匹克试题) 设 m, n 是给定的互质的正整数, $6 \leqslant 2m < n$, 在圆周上给定 n 个不同的点, 从某个点 P 开

始,按逆时针方向找到 P 后面的第 m 个点 Q,连线段 PQ,然后从 Q 出发,按逆时针方向找到 Q 后面的第 m 个点 R,连线段 QR,如此下去,直至不能产生新的线段为止,用 k 表示这些线段的非端点的交点个数.

对 n 个点的任何位置,求 k 的最大值 $F(m,n)$.

分析与解 先用一些记号来描述这些线段.

将 n 个点记为 $A_1, A_2, \cdots, A_n$,不妨设从点 A_1 开始连线段,那么所连线段经过的点依次为 $A_1, A_{m+1}, A_{2m+1}, A_{3m+1}, \cdots, A_{(n-1)m+1}, A_{nm+1}, \cdots$,其中下标按模 n 理解(大于 n 的数换成关于模 n 的余数).

因为 $(m,n)=1$,所以 $1, m+1, 2m+1, \cdots, (n-1)m+1$ 构成模 n 的完系,它们两两互不同余,从而 $A_1, A_{m+1}, A_{2m+1}, A_{3m+1}, \cdots, A_{(n-1)m+1}$ 是 n 个互异的点,而 A_{nm+1} 与 A_1 重合,所以恰连有 n 条线段.

(1) 考察任何一个交点 P,它必定是两条线段 l_1 与 l_2 的交点,令 P 对应于这样的生成元:线段对 (l_1, l_2).

为了得到 $k \leqslant F(m,n)$,只需上述对应不是多对一的,这一要求显然满足,因为两条线段最多只有一个交点,从而不同的交点必然对应不同的线段对.

为了使等号能够成立,我们需要 B 中没有剩余元素,即每个线段对 (l_1, l_2) 都对应一个交点,但这一要求未必满足(未必有交点)!

下面分类讨论.什么情况下线段对没有交点?——其中一条线段的两个端点位于另一条线段的同一侧(且是有点较多的那一侧)!

为了叙述问题方便,我们给出定义:对任何一条线段 l,称有点个数较少的一侧为 l 的内侧,另一侧称为 l 的外侧,其中 l 的端点既不属于内侧,也不属于外侧.(因为 $n > 2m$,所以每条线段将圆周分为的两部分中,一部分弧上的点的个数少于另一部分弧上的点的个数.)

现在,我们重新定义线段对为"相交"线段对(l_1, l_2),其中一条线段的两个端点位于另一条线段的不同侧.

进一步思考发现,对任何一条线段 l,只要另一条线段有一个端点在 l 的内侧,则这两条线段必定相交.

固定线段 l,考察所有含 l 的相交线段对(l, l'),则 l' 必有一个端点在 l 的内侧.反之,对 l 的内侧的一个已知点可引出两条与 l 相交的线段,由于 l 的内侧有 $m-1$ 个已知点,从而含有固定线段 l 的相交线段对(l, l')有 $2(m-1)$ 个.

注意到 l 可取遍 n 条线段,从而相交线段对(l, l')有 $2n(m-1)$ 个.

但相交线段对(l, l')含有 2 条线段,被计算 2 次,所以不同的相交线段对(l, l')有 $n(m-1)$ 个.

由于不同的交点对应不同的相交线段对,从而 $k \leqslant n(m-1)$.

下面需要找到 n 个点的一种分布,使 $k = n(m-1)$,这 n 个点的分布使上述对应不是一对多的,最容易想到的是 n 个点均匀分布.

当 n 个点均匀分布时,每条线段到中心 O 的距离相等,设距离为 d,则以 O 为圆心,以 d 为半径的圆 O 与所有线段都相切.

反设某个交点 P 对应两组不同的相交线段对,则这两组不同的相交线段对至少有 3 条不同线段,这 3 条线段都过点 P,从而点 P 引出了圆 O 的 3 条不同切线,矛盾.

所以,上述对应不是一对多的,从而是一一对应,故 $k = n(m-1)$.

综上所述,k 的最大值 $F(m, n) = n(m-1)$.

例 5(原创题) 设 $X = \{1, 2, \cdots, 2010\}$,对 X 的任意非空子集 A,定义 $S(A)$ 为 A 中各元素的和,记 $M = \{A \mid S(A) \equiv 1 \pmod{67}, A \subseteq X\}$,求 $|M|$.

分析与解 称 $S(A)$ 为 A 的和,对 X 的任意一个子集 $A = \{i_1, i_2,$

$\cdots, i_r\}$,为构造 A 的和 $S(A)$,想到构造如下同底数幂的乘积:

$$x^{i_1} \cdot x^{i_2} \cdot \cdots \cdot x^{i_r} = x^{i_1+i_2+\cdots+i_r} = x^{S(A)}$$

再由多项式乘法法则可知,上述 $x^{S(A)}$ 是以下多项式:

$$f(x) = (1+x)(1+x^2)\cdots(1+x^{2010})$$
$$= a_0 + a_1 x + a_2 x^2 + \cdots + a_m x^m$$

的展开式中的某一个项.

对 X 的任一个子集 $A = \{i_1, i_2, \cdots, i_r\}$,它对应 $f(x)$ 的展开式中合并同类项前的一个项 $x^{i_1+i_2+\cdots+i_r} = x^{S(A)}$,于是,$X$ 的所有和为 q 的子集的个数,就是 $f(x)$ 的展开式中 x^q 的系数 a_q,所以

$$|M| = a_1 + a_{67+1} + a_{67\times 2+1} + \cdots$$

因为

$$x^{66} f(x) = x^{66}(1+x)(1+x^2)\cdots(1+x^{2010})$$
$$= a_0 x^{66} + a_1 x^{67} + a_2 x^{68} + \cdots + a_m x^{m+66} \quad (*)$$

记 $\omega = \cos\dfrac{2\pi}{67} + i\sin\dfrac{2\pi}{67}$,在 $(*)$ 式中分别令 $x = 1, \omega, \omega^2, \cdots, \omega^{p-1}$,得

$$1^{66} \cdot f(1) = a_0 + a_1 + a_2 + \cdots + a_m$$
$$\omega^{66} \cdot f(\omega) = a_0 \omega^{66} + a_1 \omega^{66+1} + a_2 \omega^{66+2} + \cdots + a_m \omega^{66+m}$$
$$(\omega^2)^{66} \cdot f(\omega^2) = a_0 (\omega^2)^{66} + a_1 (\omega^2)^{66+1}$$
$$+ a_2 (\omega^2)^{66+2} + \cdots + a_m (\omega^2)^{66+m}$$

……

$$(\omega^{66})^{66} \cdot f(\omega^{66}) = a_0 (\omega^{66})^{66} + a_1 (\omega^{66})^{66+1} + \cdots + a_m (\omega^{66})^{66+m}$$

以上各式相加,得

$$f(1) + \omega^{66} \cdot f(\omega) + (\omega^2)^{66} \cdot f(\omega^2) + \cdots + (\omega^{66})^{66} \cdot f(\omega^{66})$$
$$= 67 a_1 + 67 a_{1+67} + 67 a_{1+2\times 67} + \cdots = 67 \cdot |M| \quad (**)$$

注意到 $f(1) = 2^{2010}$,且对 $k = 1, 2, \cdots, 66$,有 $(k, 67) = 1$.

所以 $k, 2k, \cdots, 67k$ 是模 67 的完系,$\omega^k, \omega^{2k}, \cdots, \omega^{67k}$ 是 $\omega, \omega^2,$

$\cdots, \omega^{67}$ 的一个排列,因此

$(1+\omega^k)(1+\omega^{2k})\cdots(1+\omega^{67k}) = (1+\omega^1)(1+\omega^2)\cdots(1+\omega^{67}) = 2$

$$\begin{aligned}f(\omega^k) &= (1+\omega^k)(1+\omega^{2k})\cdots(1+\omega^{2010k}) \\ &= [(1+\omega^k)(1+\omega^{2k})\cdots(1+\omega^{67k})]^{30} = 2^{30}\end{aligned}$$

其中,$k=1,2,\cdots,66$,即 $f(\omega) = f(\omega^2) = \cdots = f(\omega^{66}) = 2^{30}$.

所以($**$)式变为

$$\begin{aligned}67\mid M\mid &= 2^{2010} + [\omega^{66} + (\omega^2)^{66} + \cdots + (\omega^{66})^{66}] \cdot 2^{30} \\ &= 2^{2010} + [\omega^{66} + (\omega^2)^{66} + \cdots + (\omega^{66})^{66} + (\omega^{67})^{66}] \cdot 2^{30} - 2^{30} \\ &= 2^{2010} - 2^{30}\end{aligned}$$

所以

$$\mid M\mid = \frac{1}{67}(2^{2010} - 2^{30})$$

例6(1991年全国高中数学联赛试题) 设 $S = \{1,2,\cdots,n\}$,A 为至少含有两项的、公差为正的等差数列,其项都在 S 中,且添加 S 的其他元素于 A,不管是放在数列的前面还是后面,均不能构成与 A 有相同公差的等差数列,求这种 A 的个数,这里只有两项的数列也看作等差数列.

分析与解 一个等差数列由其首项和公差唯一确定,从而可令等差数列对应一个生成元(a,d),其中 a,d 分别是等差数列的首项与公差.

由于 $a \in \{1,2,\cdots,n\}$,从而 a 有 n 种取值.但对于 a 的不同取值,相应的 d 有不同的取值方法数,需要对 a 的不同取值分类讨论.

如果 $a=i$,则依照题意,$1,2,\cdots,i-1$ 都不在数列 A 中,从而 $d \geqslant i$.

又数列至少有两项,从而 $d \leqslant n-i$,所以当 $a=i$ 时,d 有

$$n-i-(i-1) = n-2i+1$$

种取值方法.

此外,由 $i \leqslant d \leqslant n-i$,得 $2i \leqslant n$,所以 $i \leqslant \left[\dfrac{n}{2}\right]$.

因此,所求 A 的总个数为

$$\sum_{i=1}^{\left[\frac{n}{2}\right]}(n-2i+1) = (n+1)\left[\dfrac{n}{2}\right] - 2\sum_{i=1}^{\left[\frac{n}{2}\right]} i$$

$$= (n+1)\left[\dfrac{n}{2}\right] - \left(1 + \left[\dfrac{n}{2}\right]\right) \cdot \left[\dfrac{n}{2}\right]$$

$$= \left[\dfrac{n}{2}\right]\left[\dfrac{n+1}{2}\right]$$

另解 我们利用另一种形式的生成元,给出该题的如下一个简单而漂亮的解法.

一个等差数列由其相邻两项唯一确定,从而可令等差数列对应一个生成元 (a_i, a_{i+1}),其中 a_i 表示数列的第 i 项.

但遗憾的是,对于确定的数列,其生成元 (a_i, a_{i+1}) 并不唯一确定. 于是,我们需要取定数列的某种特定的相邻项,使生成元 (a_i, a_{i+1}) 唯一确定.

注意到数列 A 的所有项不可能全在集合

$$M = \left\{1, 2, \cdots, \left[\dfrac{n}{2}\right]\right\}$$

中,也不可能全在集合

$$N = \left\{\left[\dfrac{n}{2}\right]+1, \left[\dfrac{n}{2}\right]+2, \cdots, n\right\}$$

中,于是,A 中必定有两个相邻项 (a_i, a_{i+1}),使 $a_i \in M, a_{i+1} \in N$.

显然,满足上述条件的相邻项 (a_i, a_{i+1}) 唯一确定,这样便建立了合乎条件的等差数列与生成元 (a_i, a_{i+1}) $(a_i \in M, a_{i+1} \in N)$ 之间的一一对应.

因为 a_i 在 M 中选取有 $\left[\dfrac{n}{2}\right]$ 种方法,a_{i+1} 在 N 中选取有

$n - \left[\dfrac{n}{2}\right] = \left[\dfrac{n+1}{2}\right]$ 种方法,从而所求 A 的总个数为 $\left[\dfrac{n}{2}\right]\left[\dfrac{n+1}{2}\right]$.

2.2 多级生成元

如果要由生成元通过多次不同形式的对应,方能找到所求的计数对象,则称这样的生成元为"多级生成元".

例 1 将正 $\triangle ABC$ 各边 n 等分,过各边的分点作各边的平行线,试问:这些线与 $\triangle ABC$ 的边一共可交成多少个平行四边形?

分析与解 考察任意一个计数对象:平行四边形 $PQMN$(图 2.4),它的要素列为其 4 条边 PQ, QM, MN, NP.

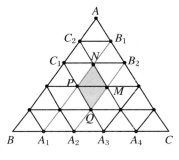

图 2.4

现在思考,如何确定该平行四边形的 4 条边,它显然是由两组平行格线相交而成.于是,平行四边形对应于两组平行线(第一次对应).

而这些平行线都是 $\triangle ABC$ 三边上对应分点的连线,于是,这些平行线又都由相应的分点确定.

设 PN 交 BC, CA 于 A_1, B_1,QM 交 BC, CA 于 A_2, B_2,PQ 交 BC, AB 于 A_3, C_1,MN 交 BC, AB 于 A_4, C_2,则平行四边形的 4 条边由点列 $(A_1, A_2, A_3, A_4, B_1, B_2, C_1, C_2)$ 确定(第二次对应).

但这样的生成元较复杂.进一步思考,可以发现,其中的点 B_1, B_2, C_1, C_2 可以去掉,用相应边的方向来代替.这样,平行四边形 $PQMN$ 由 BC 边上的点列(A_1, A_2, A_3, A_4)确定,其确定的法则是过前 2 个点作 AB 的平行线,过后 2 个点作 AC 的平行线,4 线交成平行四边形 $PQMN$.

但值得注意的是,并非每个平行四边形都对应 BC 边上的 4 个点,还有如下一些变化因素:一是这 4 个点可能有点重合,二是这 4 个点可能在 $\triangle ABC$ 的其他边上,还需要分类讨论.

先考虑这些点在 BC 边上的情形.如果平行四边形 $PQMN$ 的 4 条边所在直线与 BC 边相交于 3 个点,那么这样的平行四边形与 BC 边上的 3 个分点组成的 3 点组对应.反之,对 BC 边上的任意 3 个分点,设其依次为 A_1, A_2, A_3,过前 2 个点作 AB 的平行线,过后 2 个点作 AC 的平行线,则 4 线交成平行四边形 $PQMN$(图 2.5).由此可见,这样的平行四边形与 BC 边上的 3 点组形成一一对应,所以这样的平行四边形有 C_{n+1}^3 个.

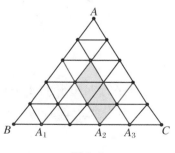

图 2.5

如果平行四边形 $PQMN$ 的 4 条边所在直线与 BC 边相交于 4 个点,那么这样的平行四边形与 BC 边上的 4 个分点(包括端点)组成的 4 点组对应.反之,对 BC 边上的任意 4 个分点,设其依次为 A_1, A_2, A_3, A_4,过前 2 个点作 AB 的平行线,过后 2 个点作 AC 的平行线,则 4 线交成平行四边形 $PQMN$. 由此可见, 这样的平行四边形与 BC 边上的 4 点组形成一一对应, 所以这样的平行四边形有 C_{n+1}^4 个.

由加法原理, 4 边所在直线都与 BC 边相交的平行四边形共有 $C_{n+1}^3 + C_{n+1}^4 = C_{n+2}^4$ 个.

最后, 由对称性, 4 条边与 $\triangle ABC$ 其他边都相交的平行四边形也是 C_{n+2}^4 个, 故合乎条件的所有平行四边形有 $3 \cdot C_{n+2}^4$ 个.

注意: 本题的答案 $3 \cdot C_{n+2}^4$ 非常简洁, 它诱发我们去寻求更简单的解法. 由 C_{n+2}^4 的组合意义, 可看成是一条"新边" $B'C'$ 上有 $n+2$ 个分点 (包括端点), 从中选取 4 个分点的组合数.

由此想到, 将原三角形网络增加"一层": 延长 AB 到 B', 使 $BB' = \dfrac{1}{n}AB$, 延长 AC 到 C', 使 $CC' = \dfrac{1}{n}AC$, 将 $\triangle ABC$ 的"n 级网络"扩充为 $\triangle AB'C'$ 的"$n+1$ 级网络"(图 2.6).

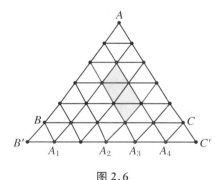

图 2.6

对于 $\triangle ABC$ 的"n 级网络"中的任意一个 4 条边都与 BC 边相交的平行四边形, 它的四条边必与 $B'C'$ 相交于 4 个不同的点, 于是, 这样的平行四边形与 $B'C'$ 边上的 4 点组形成一一对应, 所以这样的平行四边形有 C_{n+2}^4 个.

最后由对称性, 所有合乎条件的平行四边形有 $3 \cdot C_{n+2}^4$ 个.

例 2(1999 年捷克-斯洛伐克数学竞赛试题) 求所有的正整数

k,使存在一个 10 元正整数集合 M,且恰有 k 个三角形,每个三角形的三边长(不必互异)都属于 M,其中两个三角形不全等,则认为是不同的.

分析与解 考虑一般情形,假定存在 n 元正整数集合 $M=\{a_1, a_2,\cdots,a_n\}$,其中 $a_1<a_2<\cdots<a_n$,考虑如何在 M 中取 k 个三数组(3 个数中可以有相等的数)作为三角形的边长,使得到的 k 个三角形中任何两个都不全等.

三角形中任何两个都不全等是很容易做到的,只需对应的三数组两两不相同即可.现在的问题是,选取的 3 个数中可以有相等的数,如果分类讨论则过于烦琐,能否存在一种生成元,它能避免分类,直接对应我们选取的"可以有相等数"的三数组呢?

考察极端情形,假定取一个正 $\triangle ABC$,其边长 $AB=a_1$,这意味着在 M 中取 3 个相等的数 (a_1,a_1,a_1).

按照通常的习惯,如果 a_1 被选取,可在 a_1 附近添加一个记号,比如打上记号"√".但 a_1 被选取 3 次,我们便在 a_1 附近打上连续 3 个"√".为了准确描述"√"表示哪个数被选取,我们统一将"√"标注在被选取的数的左边且紧靠着被选取的数.

由此可见,对一般情况,若 M 中的数 a_i 被选取,则紧靠在 a_i 的前面(即介于 a_{i-1} 与 a_i 之间的空隙中)打上记号"√".如果 a_i 被选取 k 次,则紧靠在 a_i 的前面打上 k 个记号"√".

这样,一个选定的三角形由 3 个记号"√"添加在排列 $a_1, a_2, \cdots, a_n$ 中所得到的混合排列唯一确定,其中"√"在混合排列中都不排在 a_n 的后面.

比如,混合排列 √,√,√,$a_1,a_2,\cdots,a_n$ 对应的三角形为 (a_1,a_1,a_1),混合排列 a_1,√,√,$a_2,a_3,\cdots,a_n$ 对应的三角形为 (a_2,a_2,a_3).

注意到混合排列有 $n+3$ 个元素,占用 $n+3$ 个位置,其中√不排末尾,可在前面 $n+3$ 个位置中选 3 个位置排 √,有 C_{n+2}^3 种方法,这表明,在 M 中选取 3 数组 (x,y,z)(其中 $x\leqslant y\leqslant z$)的个数为 C_{n+2}^3,所以 $k\leqslant C_{n+2}^3$.

另一方面,考察至少有 2 边相等的三角形 (x,y,y),其中 $x\leqslant y$. 三数组 $(x,y,y)(x\leqslant y)$ 对应一个二数组 $(x,y)(x\leqslant y)$. 按以上类似的方法,在 M 中选取二数组 $(x,y)(x\leqslant y)$ 的个数为 C_{n+1}^2.

又对每一个二数组 $(x,y)(x\leqslant y)$,都存在一个以 x,y,y 为边长的三角形,所以 $k\geqslant C_{n+1}^2$.

下面证明:对给定的正整数 n,若 k 满足 $C_{n+1}^2\leqslant k\leqslant C_{n+2}^3$,则存在一个 n 元正整数集合 M,使恰有 k 个三角形,每个三角形的三边长都属于 M.

对 k 归纳. 当 $k=C_{n+1}^2$ 时,取 $M=\{a_1,a_2,\cdots,a_n\}$,其中 $a_1=1$,对 $k\geqslant 2$,有 $a_k=2a_{k-1}$,则对 M 中任意 3 个不同的数 $a_i<a_j<a_k$,有 $a_k=2a_{k-1}\geqslant a_j+a_i$,从而三数组 (a_i,a_j,a_k) 不构成三角形.

此外,对于三数组 $(a_i,a_i,a_j)(a_i<a_j)$,有 $a_j=2a_{j-1}\geqslant a_i+a_i$,从而三数组 (a_i,a_i,a_j) 不构成三角形.

于是,M 中的数构成的三角形都至少有两边相等,且只能以较长的边为腰,由上面的结论可知,这样的三角形恰有 C_{n+1}^2 个,结论成立.

构造集合 $M_r=\{a_1,a_2,\cdots,a_n\}(1\leqslant r\leqslant n)$,其中 $a_1=1$,对 $1\leqslant k\leqslant r$,有 $a_{k-1}+a_k=a_{k+1}<2a_k$,对 $r+1\leqslant k\leqslant n$,有 $a_{k+1}=2a_k$,则对 M 中任意 3 个不同的数 $a_i<a_j<a_k$,有 $a_k\geqslant a_{k-1}+a_{k-2}\geqslant a_j+a_i$,从而三数组 (a_i,a_j,a_k) 不构成三角形.

此外,对于三数组 $(a_i,a_i,a_j)(j-i\geqslant 2)$,有 $a_j<2a_{j-1}$,从而三数组 (a_i,a_i,a_j) 不构成三角形.

对于三数组 $(a_i,a_i,a_{i+1})(i>r)$,有 $a_{i+1}=2a_i$,从而三数组 (a_i,a_i,a_{i+1}) 不构成三角形. 而对于三数组 $(a_i,a_i,a_{i+1})(i\leqslant r)$,有

$a_{i+1} < 2a_i$,从而三数组(a_i, a_i, a_{i+1})构成三角形.

于是,M_r 中恰有 $C_{n+1}^2 + r$ 个三角形,注意到 $r = 1, 2, \cdots, n$,从而 k 可以取到 $C_{n+1}^2 + 1, C_{n+1}^2 + 2, \cdots, C_{n+1}^2 + n$.

如此下去,可知 k 可以取到 $C_{n+1}^2, C_{n+1}^2 + 1, C_{n+1}^2 + 2, \cdots, C_{n+1}^3$,所以结论成立.

特别地,取 $n = 10$,得本题中所求的 k 是满足 $55 \leqslant k \leqslant 220$ 的一切整数.

例 3(1990 年 IMO 中国国家集训队试题) 凸 n 边形的任意 3 条对角线不相交于形内一点,问:

(1) 这些对角线将凸 n 边形分成了多少个区域?

(2) 这些对角线被交点分成了多少条线段?

分析与解 (1) 分割成的区域的生成元是该区域的边界,而边界的生成元是凸 n 边形的对角线.

但区域与对角线的对应关系比较复杂,我们想象依次将对角线一条一条地增加,考虑每增加一条对角线能使区域数增加多少.

注意到增加一条对角线时,如果该对角线与其余已有的对角线的交点数为 a,则这 a 个交点将新增的对角线分割为 $a+1$ 段,每一个段都将原有区域一分为二,从而增加该对角线时,其区域数增加 $a+1$.

由于最开始(没有连对角线时)只有一个区域,假定增加第 i 条对角线时,该对角线与前面已有的对角线的交点个数为 a_i ($1 \leqslant i \leqslant C_n^2 - n$),则增加该对角线后区域个数增加 $a_i + 1$.故所求区域数为

$$S = 1 + \sum_{i=1}^{C_n^2 - n} (a_i + 1)$$

显然,$\sum_{i=1}^{C_n^2 - n} a_i$ 恰好为对角线在形内的交点总数,由于"交点"的生成元是凸 n 边形的 4 个顶点,从而交点总数为 C_n^4,所以区域总数为

$$S = 1 + \sum_{i=1}^{C_n^2 - n} a_i + \sum_{i=1}^{C_n^2 - n} 1 = 1 + C_n^4 + (C_n^2 - n)$$

$$= C_n^4 + C_{n-1}^2 = \frac{1}{24}(n-1)(n-2)(n^2 - 3n + 12)$$

（2）同（1），想象依次将对角线一条一条地增加，考虑每增加一条对角线能使线段数增加多少.

由于最开始（没有连对角线时）没有线段，假定增加第 i 条对角线时，该对角线与前面已有的对角线的交点个数为 $a_i(1 \leqslant i \leqslant C_n^2 - n)$，则该对角线被分为 $a_i + 1$ 段，线段数增加 $a_i + 1$. 又这 a_i 个交点在另外 a_i 条对角线上，使其中的每一条对角线上的线段数增加 1，从而线段的条数增加 $2a_i + 1$. 故所求线段数为

$$\sum_{i=1}^{C_n^2 - n}(2a_i + 1) = 2\sum_{i=1}^{C_n^2 - n} a_i + \sum_{i=1}^{C_n^2 - n} 1 = 2C_n^4 + (C_n^2 - n)$$

$$= \frac{1}{12}n(n-3)(n^2 - 3n + 8)$$

另解（原解答） 设凸 n 边形被对角线分割成的区域中，边数最多的为 m 边形. 其中三角形有 n_3 个，四边形有 n_4 个，$\cdots$，m 边形有 n_m 个，于是凸 n 边形被分成的区域个数 $S = n_3 + n_4 + \cdots + n_m$.

一方面，各区域的顶点数的总和为 $3n_3 + 4n_4 + \cdots + m \cdot n_m$.

另一方面，易知对角线在形内有 C_n^4 个交点，每个交点是 4 个区域的公共顶点（因无 3 条对角线交于形内一点）. 又凸 n 边形共有 n 个顶点，每个顶点是 $n-2$ 个区域的公共顶点，所以

$$3n_3 + 4n_4 + \cdots + m \cdot n_m = 4C_n^4 + n(n-2) \quad (*)$$

现在，我们计算各区域的各内角之总和 J.

由多边形内角和公式可知：

$$J = n_3 \cdot 180° + n_4 \cdot 360° + \cdots + n_m \cdot (m-2) \cdot 180°$$

现在考虑每个点（包括顶点与交点）对 J 的贡献：显然，原凸多边

形的 n 个顶点对 J 的贡献为 $(n-2) \cdot 180°$. 又每个交点对 J 的贡献为 $360°$, 所以

$$n_3 \cdot 180° + n_4 \cdot 360° + \cdots + n_m \cdot (m-2) \cdot 180°$$
$$= 360° \cdot C_n^4 + 180°(n-2)$$

化简, 得

$$n_3 + 2n_4 + \cdots + (m-2)n_m = 2 \cdot C_n^4 + (n-2) \quad (**)$$

$((*)-(**)) \div 2$, 得

$$S = n_3 + n_4 + \cdots + n_m = C_n^4 + \frac{1}{2}(n-1)(n-2) = C_n^4 + C_{n-1}^2$$
$$= \frac{1}{24}(n-1)(n-2)(n^2-3n+12)$$

(2) 选择每条线段的生成元为该线段的两个端点, 那么其生成元是多边形的顶点或对角线的交点.

先考虑这样的点有多少个. 由上知, 除多边形的 n 个顶点外, 在形内一共有 C_n^4 个交点.

现在考虑每个点可以生成多少线段. 显然, 并不是每个点生成的线段条数都是一样的, 上述点应分成两类来考虑.

对多边形内的每一个交点, 以它为端点的线段有 4 条, 从而一共生成 $4 \cdot C_n^4$ 条线段.

对凸 n 边形每个顶点, 以它为端点的线段有 $n-3$ 条, 于是 n 个顶点共生成 $n \cdot (n-3)$ 条线段.

但以上计数每条线段被计算了两次, 故对角线被交点分成的线段数为

$$\frac{1}{2}[4C_n^4 + n(n-3)] = 2C_n^4 + \frac{1}{2}n(n-3)$$
$$= \frac{1}{12}n(n-3)(n^2-3n+8)$$

例 4 设集合 $P = \{1,2,3,4,5\}$, 对任意 $k \in P$ 和正整数 m, 记

$f(m,k) = \sum_{i=1}^{5}\left[m\sqrt{\dfrac{k+1}{i+1}}\right]$,其中$[a]$表示不大于$a$的最大整数. 求证:对任意正整数$n$,存在$k \in P$和正整数$m$,使得$f(m,k) = n$.

分析与证明 先理解目标"对任意正整数n,存在$k \in P$和正整数m,使得$f(m,k) = n$",它的本质含义是$f(m,k)$的值跑遍所有正整数,也就是$\sum_{i=1}^{5}\left[m\sqrt{\dfrac{k+1}{i+1}}\right]$跑遍所有正整数,于是,我们只需研究和式$\sum_{i=1}^{5}\left[m\sqrt{\dfrac{k+1}{i+1}}\right]$的所有可能取值.

一般来说,对于和式$\sum_{i=1}^{n}f(i)$,可先固定i,研究代表项$f(i)$的实际意义,这是"和式估值"的常用策略.

对于本题,代表项$\left[m\sqrt{\dfrac{k+1}{i+1}}\right]$的形式比较复杂,从而采用"回索推理"的思考方法:考虑怎样才能产生$\left[m\sqrt{\dfrac{k+1}{i+1}}\right]$. 也就是说,我们需要找到其对应的生成元.

这自然联想到这样的推理:若整数$j \leqslant \dfrac{q}{p}$,则$j \leqslant \left[\dfrac{q}{p}\right]$.

于是,对于本题,可设想这样的推理:"由$j \leqslant \dfrac{m\sqrt{k+1}}{\sqrt{i+1}}$($j$为正整数),得$j \leqslant \left[\dfrac{m\sqrt{k+1}}{\sqrt{i+1}}\right]$".

由此可见,我们可这样理解$\left[\dfrac{m\sqrt{k+1}}{\sqrt{i+1}}\right]$的实际意义(生成元):它是满足不等式$j \leqslant \dfrac{m\sqrt{k+1}}{\sqrt{i+1}}$的正整数$j$的个数,也就是满足不等式$j\sqrt{i+1} \leqslant m\sqrt{k+1}$的正整数$j$的个数(对固定的$i$).

现在,令 $i=1,2,3,4,5$,可知和式 $\sum_{i=1}^{5}\left[m\sqrt{\dfrac{k+1}{i+1}}\right]$ 的意义是:在 $5\times\infty$ 点阵中,满足不等式:

$$j\sqrt{i+1}\leqslant m\sqrt{k+1} \qquad (*)$$

的格点 (i,j) 的个数.

这样,问题变为证明:对任意正整数 n,存在 $k\in P$ 和 $m\in \mathbf{N}^+$,使 $5\times\infty$ 点阵中,满足不等式 $(*)$ 的格点 (i,j) 的个数为 n.

显然,如果定义格点 (i,j) 的特征值为 $j\sqrt{i+1}$,则所有满足不等式 $(*)$ 的格点 (i,j) 中特征值最大的格点是 (k,m).

于是,要使满足不等式 $(*)$ 的所有格点 (i,j) 的个数为 n,只需特征值小于 $m\sqrt{k+1}$ 的格点的个数为 $n-1$,也就是说,将 $5\times\infty$ 点阵中所有格点 (i,j) 按特征值 $j\sqrt{i+1}$ 由小到大排序,如果任何两个不同格点 (i,j) 的特征值都不同,则设排在第 n 位的格点为 (k,m) 即可.

实际上,对任意 $i_1,i_2\in P$,$i_1\neq i_2$,$\dfrac{\sqrt{i_1+1}}{\sqrt{i_2+1}}$ 是无理数,所以当 $(i_1,j_1)\neq(i_2,j_2)$ 时,$i_1\sqrt{j_1+1}\neq i_2\sqrt{j_2+1}$,即 $5\times\infty$ 点阵中的所有格点 (i,j) 的特征值互不相同.

这样,将 $5\times\infty$ 点阵中的所有格点 (i,j) 按特征值由小到大排列,因为这样的格点有无数个,所以对任意 $n\in\mathbf{N}^+$,设排在第 n 位的格点为 (k,m),它的特征值为 $m\sqrt{k+1}$,则 $5\times\infty$ 点阵中满足 $j\sqrt{i+1}\leqslant m\sqrt{k+1}$ 的格点 (i,j) 的个数为 n.

最后证明,$5\times\infty$ 点阵中满足 $j\sqrt{i+1}\leqslant m\sqrt{k+1}$ 的格点 (i,j) 的个数为 $f(m,k)$.

先固定 i(按行计数),由 $j\sqrt{i+1}\leqslant m\sqrt{k+1}$,得 $j\leqslant\dfrac{m\sqrt{k+1}}{\sqrt{i+1}}$.

又 j 是正整数,满足上述条件的 j 的个数为 $\left[\dfrac{m\sqrt{k+1}}{\sqrt{i+1}}\right]$.

又 $i = 1,2,3,4,5$,从而 $5 \times \infty$ 点阵中满足 $j\sqrt{i+1} \leqslant m\sqrt{k+1}$ 的格点 (i,j) 的个数为 $\sum\limits_{i=1}^{5}\left[m\dfrac{\sqrt{k+1}}{\sqrt{i+1}}\right] = f(m,k)$.

故对任意 $n \in \mathbf{N}^+$,存在 $m \in \mathbf{N}^+, k \in P$,使得 $f(m,k) = n$.

当然,我们的解答比当年的"标准解答"啰唆一些,但它更易于理解.

例 5(原创题) 对于平面上若干条直线,如果某两条直线相交所成的某个角的内部没有其他直线穿过,则称这个角包含的区域为角形区域.试问:平面上正 n 边形的 n 条边所在的直线共交成多少个角形区域?

分析与解 角形区域的生成元是其边界:两条射线,而其射线的生成元则是正 n 边形的 n 条边所在的直线.我们建立这些直线与角形区域之间的对应关系.

设凸 n 边形为 $A_1, A_2, \cdots, A_n$,边 A_iA_{i+1} ($i=1,2,\cdots,n$,规定 $A_{n+1} = A_1$) 所在的直线记为 a_i,当 n 为奇数时,令 $n = 2k+1$,我们先证明:恰有一个以 a_1, a_{k+1} 为边界的角形区域.

实际上,设 a_1 与 a_{k+1} 相交于点 P,形成的 4 个区域分别记为 Ⅰ, Ⅱ, Ⅲ, Ⅳ(如图 2.7).因为 $A_1A_2\cdots A_n$ 是凸 n 边形,它必位于直线 A_1P 的同侧,也必位于直线 $A_{k+2}P$ 的同侧,从而边 A_iA_{i+1} ($i=2,3,\cdots,k$) 都在 $\triangle A_1PA_{k+2}$ 内,直线 a_i ($i=2,3,\cdots,k$) 必与 $\triangle A_1PA_{k+2}$ 的边界交于两点.又 $A_1A_2\cdots A_n$ 是凸多边形,从而直线 a_i ($i=2,3,\cdots,k$) 不与线段 A_1A_{k+2} 相交(否则分隔点 A_1, A_{k+2}),所以直线 a_i ($i=2,3,\cdots,k$) 与 a_1, a_{k+1} 的交点都在线段 PA_2, PA_{k+1} 上,于是直线 a_i 不穿过区域 Ⅰ.

如果直线 a_j ($j = k+2, k+3, \cdots, n$) 穿过区域 Ⅰ,设其与区域 Ⅰ

的边界的一个交点为 M,则 A_jM 位于 $\angle A_1A_jA_{k+2}$ 内,从而直线 a_j 分隔点 A_1,A_{k+2},这与 $A_1A_2\cdots A_n$ 是凸多边形矛盾. 于是,所有直线 $a_i(i=1,2,\cdots,n)$ 都不穿过区域 I,所以区域 I 是角形区域.

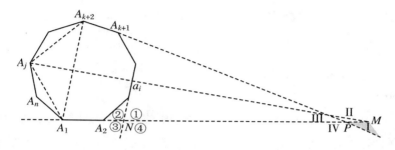

图 2.7

又直线 a_2 穿过区域 II, III, 直线 a_k 穿过区域 IV, 所以恰有一个以 a_1,a_{k+1} 为边界的角形区域.

由对称性,恰有一个以 a_1,a_{k+2} 为边界的角形区域.

对于直线 $a_i(i=1,2,\cdots,k)$, 设 a_i 与 a_1 相交于点 N, 形成的 4 个区域分别记为①,②,③,④, 则 N 在线段 A_2P 上. 此时, 直线 a_2 穿过区域②,③, 直线 a_k 穿过区域①,④, 于是不存在以 $a_1,a_i(i=1,2,\cdots,k)$ 为边界的角形区域. 由对称性, 不存在以 $a_1,a_j(j=k+3,k+4,\cdots,n)$ 为边界的角形区域.

由上面的讨论可知,恰存在 2 个以 a_1 为边界的角形区域. 由对称性,也恰存在 2 个以 $a_i(i=1,2,\cdots,n)$ 为边界的角形区域,于是共有 $2n$ 个角形区域. 又每个角形区域含有 2 条直线边界, 被计算 2 次, 所以角形区域的个数为 n.

当 n 为偶数时, 令 $n=2k$, 类似可以证明, 直线 a_1 恰与 a_k, a_{k+2} 构成 2 个角形区域, 从而角形区域的个数也为 n.

例 6(原创题) 给定正整数 $n(n>1)$, 若 A 是 $X=\{1,2,\cdots,n\}$ 的子集,满足: $|A|\geqslant 2$, 且对任何 $x,y\in A(x<y)$, 都有 $y-x\in A$,

求这样的子集 A 的个数.

分析与解 设 $A=\{a_1,a_2,\cdots,a_r\}$,其中 $1\leqslant a_1<a_2<\cdots<a_r\leqslant n$,依题意,$a_2-a_1,a_3-a_1,\cdots,a_r-a_1\in A$,又 $a_2-a_1<a_3-a_1<\cdots<a_r-a_1<a_r$,所以

$$a_2-a_1=a_1,\quad a_3-a_1=a_2,\quad \cdots,\quad a_r-a_1=a_{r-1}$$

所以

$$a_2=a_1+a_1=2a_1$$
$$a_3=a_1+a_2=a_1+2a_1=3a_1$$
$$\cdots$$
$$a_r=a_1+a_{r-1}=a_1+(r-1)a_1=ra_1$$

所以 $A=\{a_1,2a_1,\cdots,ra_1\}$.

反之,当 $A=\{a_1,2a_1,\cdots,ra_1\}$,且 $A\subseteq X$ 时,A 合乎要求.

综上所述,集合 A 合乎要求,当且仅当存在正整数 k,r,其中 $r>1,rk\leqslant n$,使 $A=\{k,2k,\cdots,rk\}$.

这样,每一个合乎条件的集合都对应一个生成元 (k,r),其中 $k,r\in \mathbf{N}^+,r>1,rk\leqslant n$.

上述对应显然是一一对应,我们来计算这样的数对 (k,r) 的个数.

固定 k,对给定的 $k(1\leqslant k\leqslant n)$,由 $rk\leqslant n$,得 $r\leqslant \dfrac{n}{k}$,又 r 为正整数,$r>1$,所以 $2\leqslant r\leqslant \left[\dfrac{n}{k}\right]$,于是 r 有 $\left[\dfrac{n}{k}\right]$ 种取值,即合乎要求的 A 有 $\left[\dfrac{n}{k}\right]-1$ 个.

又由 $rk\leqslant n$,得 $k\leqslant \dfrac{n}{r}\leqslant \dfrac{n}{2}$,但 k 为正整数,$r>1$,所以 $1\leqslant k\leqslant \left[\dfrac{n}{2}\right]$,于是合乎要求的集合 A 的个数为

$$S = \sum_{k=1}^{[\frac{n}{2}]} \left(\left[\frac{n}{k}\right] - 1\right) = \sum_{k=1}^{[\frac{n}{2}]} \left[\frac{n}{k}\right] - \left[\frac{n}{2}\right]$$

当 $n = 2$ 时,有

$$S = \left[\frac{2}{1}\right] - \left[\frac{2}{2}\right] = 1$$

当 $n = 3$ 时,有

$$S = \left[\frac{3}{1}\right] - \left[\frac{3}{2}\right] = 2$$

(注意,因为 $k \leqslant \left[\frac{n}{2}\right]$,当 $n = 2, 3$ 时,$k \leqslant \left[\frac{n}{2}\right] \leqslant \left[\frac{3}{2}\right] = 1$,从而 $\sum_{k=1}^{[\frac{n}{2}]} \left[\frac{n}{k}\right]$ 中只有一个项,不能和后面的 " $-\left[\frac{n}{2}\right]$ " 抵消!)

当 $n = 4$ 时,有

$$S = \left[\frac{4}{1}\right] + \left[\frac{4}{2}\right] - \left[\frac{4}{2}\right] = 4$$

当 $n \geqslant 4$ 时,有

$$S = \sum_{k=1}^{[\frac{n}{2}]} \left[\frac{n}{k}\right] - \left[\frac{n}{2}\right] = \left[\frac{n}{1}\right] + \left[\frac{n}{2}\right] + \sum_{k=3}^{[\frac{n}{2}]} \left[\frac{n}{k}\right] - \left[\frac{n}{2}\right]$$

$$= n + \sum_{k=3}^{[\frac{n}{2}]} \left[\frac{n}{k}\right]$$

故

$$S = \begin{cases} n - 1 & (n = 2, 3) \\ n + \sum_{k=3}^{[\frac{n}{2}]} \left[\frac{n}{k}\right] & (n \geqslant 4) \end{cases}$$

习 题 2

1. 平面上有 2007 条直线,任何两条不平行,任何三条不共点,求它们彼此交成的线段的条数。

2. 把正△ABC 各边 n 等分,过各分点在三角形内作其边的平行线段,将△ABC 完全分割成边长为 $\frac{1}{n}BC$ 的小正三角形(图2.8).求其中边长为 $\frac{1}{n}BC$ 的小菱形个数.

3. 圆周上有 $m(m\geqslant 4)$ 个点,每两点连一条弦,如果没有三条弦交于一点(端点除外),问:这些弦在圆内一共有多少个交点?

4. 正方体的 12 条棱,12 条面对角线及 4 条体对角线,在这 28 条线中,异面直线有几对?

5. 在 8×8 的方格棋盘上,每个方格分别标上数字 $1,2,\cdots,64$. 现将其中 4 个格染红色,使 4 个红格构成一个"凸"字形(图2.9),共有多少种不同的方法?

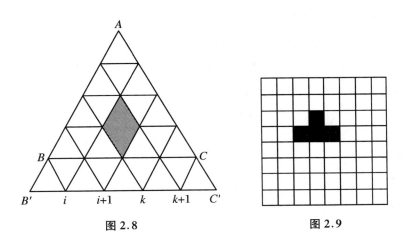

图 2.8   图 2.9

6. 有 5 个匣子,每个匣子有一把钥匙,并且钥匙不能通用. 如果随意在每一个匣内放入一把钥匙,然后把匣子全都锁上,现在允许砸开一个匣子,使得能相继用钥匙打开其余 4 个匣子,那么钥匙的放法有多少种?

7. (第 12 届加拿大数学奥林匹克试题)掷一枚硬币,每次正面出现得1分,反面出现得2分.现在,掷一枚硬币若干次,试证:其过程中恰好得 n 分的概率是 $\dfrac{1}{3}\left[2+\left(-\dfrac{1}{2}\right)^n\right]$.

8.(第11届美国数学邀请赛试题)设 $\triangle ABC$ 的顶点为 $A=(0,0)$,$B=(0,420)$,$C=(560,0)$,一个骰子的6个面分别标上两个"A",两个"B",两个"C". 从 $\triangle ABC$ 内部选出一点 $P_1=(k,m)$,重复扔骰子,依下列法则选出点 $P_2,P_3,\cdots$.

如骰子朝上的一面标记的是 $L(L\in\{A,B,C\})$,且最近选取的一个点为 P_n,那么下一个选取的点 P_{n+1} 为线段 $\overline{P_nL}$ 的中点.

已知 $P_7=(14,92)$,求 $k+m$.

9.(1982年基辅数学竞赛试题)坐标平面上倾斜角为 $0°,90°,45°,135°$ 的直线称为规范直线,给定平面上6个点,最多可以连成多少条规范直线,其中每条直线至少通过其中的两点?

10. 将正方体各棱用 $1,2,\cdots,12$ 编号,对于 $1\leqslant i<j<k\leqslant 12$,编号为 i,j,k 的线段在图中为一条折线的连续三段,试求这样的三数组 (i,j,k) 的个数的最小值.

11.(《美国数学月刊》1993年3月号问题3450)设 $T(n)$ 表示坐标平面上 $[0,n]\times[0,n]$ 内其边通过格点且斜率为 $0,\infty$ 或 ± 1 的三角形的个数,求 $T(n)$.

12.(第54届普特南数学奥林匹克试题)设 P_n 是集合 $\{1,2,\cdots,n\}$ 的所有子集的集合,并设满足下列条件:
$$f(A\cap B)=\min\{f(A),f(B)\}$$
的函数 $f:P_n\to\{1,2,\cdots,m\}$ 的个数为 $C(n,m)$.

求证:$C(n,m)=1^n+2^n+\cdots+m^n$.

13. 设 $n,t\in\mathbf{N}$,$t\leqslant n$,且 $x_i(i=1,2,\cdots,t)$ 不被 n 整除,若 $x_i+x_j\equiv 0\pmod{n}$ $(1\leqslant i<j\leqslant t)$,求数对 (i,j) 个数的最大值.

2 生 成 元

习题 2 解答

1. 任何一条线段都是由它所在直线被另外两条相交直线所截而成的,于是,任何一条线段都对应一个三线组.

反之,任何一个三线组,它们两两相交,得 3 条线段,于是,2007 条直线有 $3 \cdot C_{2007}^2 = 1003 \cdot 2005 \cdot 2007 = 4036107105$ 条线段.

2. 首先考虑边不平行于 BC 的小菱形,延长每个菱形的边顺次与 BC 相交于 4 个分点(特殊情形下,第 2 个交点与第 3 个交点重合于菱形的一个顶点). 为了便于处理,可延长 AB 到 B' 使 $BB' = \frac{1}{n}AB$,延长 AC 到 C' 使 $CC' = \frac{1}{n}AC$,并延长各平行线交线段 $B'C'$ 于 $n+2$ 个等分点,记为 $0, 1, 2, \cdots, n+1$(包括 B', C' 两个端点),于是每边不平行于 BC 的小菱形的两组对边延长后交 $B'C'$ 于 4 个不同分点 $i, i+1, k, k+1$. 反之,任给这样 4 个分点必对应一个边不平行于 BC 的小菱形,且二者有一一对应关系. 由于有序数组 $(i, i+1, k, k+1)$ $(0 \leqslant i < i+1 < k < k+1 \leqslant n+1)$ 与有序数组 $(i+1, k)$ $(1 \leqslant i+1 < k \leqslant n)$ 一一对应,故边不平行于 BC 的小菱形的个数为 C_n^2. 由对称性,所求小菱形的个数为 $3C_n^2$.

3. 交点的生成元是两条相交的弦,而两条相交的弦的生成元是圆周上的四点组,且每个四点组中的点为端点所连的弦在圆内恰有一个交点. 这样交点与圆周上的四点组之间建立了一个一一对应,所以共有 C_m^4 个交点.

4. 一对异面直线的生成元是正方体的 4 个顶点,但 4 个顶点为端点的线段并不一定是一对异面直线. 于是,我们需要去掉不构成一对异面直线那样的四点组.

现在考虑正方体的 8 个顶点中有多少个共面的四点组,每一个这样的四点组都对应该正方体的一个面,包括上下底面与 4 个侧面;或一个过其两条棱的截面. 正方体的 12 条棱有 3 个方向,每一个方

向的 4 条棱可以确定 2 个这样的截面,共有 6 个截面,连同正方体的 6 个面,可知正方体的 8 个顶点中不共面的 4 点组有 $C_8^4 - 6 - 6 = 58$ 个.

此外,当 4 个顶点不共面时,以这 4 个点为端点的不同线段对有 3 对,这是因为其中一个点可与另外 3 个点连 3 条不同的线段.所以异面直线的对数为 $3 \times 58 = 174$ 对.

5. 考察向上的"凸"形,它由一个 2×3 矩形唯一确定,而 2×3 矩形由其左下方顶点 P 唯一确定,又顶点 P 是一条横向格线与一条纵向格线的交点,由于横向格线到棋盘下方边界的距离至少为 2,从而选取一条横向格线有 $9 - 2 = 7$ 种方法.同样,选取一条纵向格线有 $9 - 3 = 6$ 种方法.于是,向上的"凸"形有 $7 \cdot 6 = 42$ 个.

由对称性,其他 3 个方向的"凸"形都有 42 个,从而所有"凸"形有 $4 \cdot 42 = 168$ 个.

6. 将 5 个匣子编号为 1,2,3,4,5.假定先砸开一个匣子 i_1,则匣子 i_1 中装的不能是自己的钥匙,不妨设匣子 i_1 中放另一个匣子 i_2 的钥匙($i_2 \neq i_1$).我们将匣子 i_1 与匣子 i_2 用一条线连接.现在再用钥匙打开匣子 i_2,则匣子 i_2 中装的不能是自己的钥匙,也不能是匣子 i_1 的钥匙,不妨设匣子 i_2 中放有另一个匣子 i_3 的钥匙($i_3 \neq i_2$),我们将匣子 i_2 与 i_3 用一条线连接.一般地,如果先打开的匣子 i_t 中放有另一个匣子 i_{t+1} 的钥匙($i_{t+1} \neq i_t$),则将匣子 i_t 与匣子 i_{t+1} 用一条线连接.显然,后面 4 个匣子能用钥匙全部打开,等价于 $i_1, i_2, \cdots, i_5$ 被线段连成一个圈.这样便建立了钥匙放法集合与 1,2,3,4,5 构成的圈之间的一一对应.由于 1,2,3,4,5 构成的圈就是 1,2,3,4,5 的圆排列,有 $4! = 24$ 个,从而放钥匙的方法有 24 种.

7. 记"能出现恰好得 n 分"为事件 A,其发生的概率为 P_n,显然,事件 A 的生成元是前若干次累计得 $n - 1$ 分,最后一次得 1 分; 或者前若干次累计得 $n - 2$ 分,最后一次得 2 分.此时的情况比较复杂,如果考虑 A 的对立事件 B:"不出现得 n 分的情况",则事件 B 的生成元是唯一的. 前若干次累计得 $n-1$ 分,最后一次得 2 分. 由于前若干次累计得 $n-1$ 分的概率为 P_{n-1},而最后一次得 2 分的概率为 $\frac{1}{2}$,于是,事件 A 的对立事件 B 发生的概率为 $\frac{1}{2}P_{n-1}$,从而事件 A 发生的概率为 $1-\frac{1}{2}P_{n-1}$,即 $P_n = 1 - \frac{1}{2}P_{n-1}$.

因为事件"恰好得 1 分"的概率为 $P_1 = \frac{1}{2}$,迭代得

$$P_n = 1 - \frac{1}{2} + \frac{1}{4} - \cdots + (-1)^n \cdot \frac{1}{2^n} = \frac{1}{3}\left[2 + \left(-\frac{1}{2}\right)^n\right]$$

8. 因为 P_7 是由 P_6 及第 6 次扔骰子朝上一面标记的点 L 确定的,从而可令 P_7 对应一个生成元 (P_6, L),其中 $L \in \{A, B, C\}$. 由此想到,我们可对 L 的每一种情况分析 P_6 的可能位置,然后期望能证明:每一个后继的点 P_{k+1} 都由它的前一个点 P_k 唯一确定. 这样,确定了每一个后继的点 P_k,便可唯一地确定 P_1.

首先注意到,因 P_1 在 $\triangle ABC$ 内,所以以后的所有点 P_k 都在 $\triangle ABC$ 内.

假定 $P_k = (x_k, y_k)$,因 P_k 在 $\triangle ABC$ 内,则有
$$0 < x_k < 560, \quad 0 < y_k < 420, \quad 0 < 420x_k + 560y_k < 420 \cdot 560$$
$$(*)$$

若掷出 A,则

$$(x_{k+1}, y_{k+1}) = P_{k+1} = \frac{1}{2}P_k = \left(\frac{x_k}{2}, \frac{y_k}{2}\right)$$

于是 P_{k+1} 所在的可能范围被限制在原三角形的 $\frac{1}{4}$ 之内(图 2.10 中的某个区域).

显然,由(*)可知,P_{k+1} 在区域 I 内,有

$$420x_{k+1} + 560y_{k+1} < \frac{1}{2} \times 420 \times 560$$

同样,若掷出 B,则 P_{k+1} 在区域Ⅱ内,有
$$y_{k+1} > 210$$

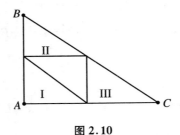

图 2.10

若掷出 C,则 P_{k+1} 在区域Ⅲ内,有
$$x_{k+1} > 280$$

所以,对 $k \geq 2$,P_k 必在区域Ⅰ,Ⅱ,Ⅲ之一内,且由它的前一点唯一确定.

例如,若 $P_k(x_k, y_k)$,位于Ⅱ内,则 P_k 必为 BP_{k-1} 的中点,这时
$$P_{k-1} = (x_{k-1}, y_{k-1}) = 2(x_k, y_k) - (0, 420) = (2x_k, 2y_k - 420)$$

所以,若 $k \geq 2$,$P_k = (x_k, y_k)$,则有

$$P_{k-1} = \begin{cases} (2x_k, 2y_k - 420) & (y_k > 210) \\ (2x_k - 560, 2y_k) & (x_k > 280) \\ (2x_k, 2y_k) & \left(420 x_k + 560 y_k < \frac{1}{2} \times 420 \times 560\right) \end{cases}$$

这样,我们可以由 P_7 推出 P_1:

$P_7 = (14, 92) \Rightarrow P_6 = (28, 184) \Rightarrow P_5 = (56, 368)$
$\Rightarrow P_4 = (112, 316) \Rightarrow P_3 = (224, 212)$
$\Rightarrow P_2 = (448, 4) \Rightarrow P_1 = (336, 8)$

故 $k + m = 336 + 8 = 344$.

9. 规范直线的生成元就是平面上给定的 6 个点,为叙述问题方便,称给定的 6 个点为红点.现在考虑红点与规范直线间的对应关

系. 对任何红点 A, 由 A 至多引出 4 条规范直线, 从而 6 个红点至多引出 24 条规范直线. 又每条规范直线至少属于 2 个红点, 从而至少计算 2 次, 于是规范直线至多有 12 条.

若共引出了 12 条规范直线, 则每个红点都恰引出了 4 条规范直线, 且每条直线在上述计数中都重复计算了 2 次, 从而每条直线上恰有 2 个红点.

用一个其边平行于坐标轴的矩形覆盖 6 个红点, 然后平移矩形的边, 使矩形边长缩小, 直至所有边上都有一个红点, 且它仍覆盖了 6 个红点.

因为每个点都引出了 $0°, 90°$ 的规范直线, 所以矩形每条边所在的直线都是规范直线, 从而每条"边"上都有 2 个红点, 4 条边上共有 8 个红点, 但只有 6 个红点, 必有 2 条边有公共的红点, 即矩形的顶点为红点.

不妨设顶点 A 为红点, 但 A 与红点相连, 至多可以连 3 条规范直线, 这是因为不能同时存在 $45°$ 和 $135°$ 的规范直线, 矛盾. 所以规范直线至多有 11 条.

如图 2.11 所示, 11 条规范直线是可能的, 故规范直线条数的最大值为 11.

10. 对于折线 $ABCD$, 称点 B, C 为它的中间点, A, B 为它的端点. 考察正方体的任意一个顶点 A, 设 A 出发的三条棱上的标数分别为 x, y, z. 不妨设 $x < y < z$.

设标数为 y 的棱连接另一个顶点 B, 由 B 引出的另两条棱的标数分别为 u, v.

如果 $y < u$, 则 (x, y, u) 为合乎条

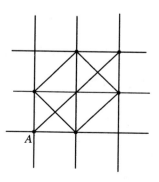

图 2.11

件的三数组.

如果 $y>u$, 则 (u,y,z) 为合乎条件的三数组.

于是, u 必与 x,y,z 中的两个数构成合乎条件的三数组.

同样, v 必与 x,y,z 中的两个数构成合乎条件的三数组.

由此可知, 以 A 为一个中间点, 至少找到两条合乎条件的折线.

于是, 8 个顶点可以找到 $8\times 2=16$ 条折线.

但每条折线含有两个中间点, 被计数两次, 于是, 至少可以找到 $\frac{1}{2}\cdot 16=8$ 条不同的合乎条件的折线, 从而有 8 个合乎条件的三数组.

另外, 如图 2.12, 我们证明它恰有 8 个合乎条件的三数组.

想象将正方体的上底面缩小然后压缩到下底面, 则得到图 2.13, 其关系更明显.

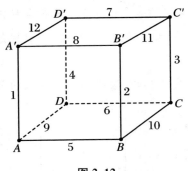

图 2.12

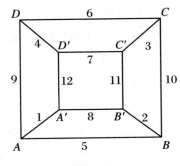

图 2.13

首先, 对于一条合乎条件的折线, 它的三条棱要么是正方体的三个方向, 要么在同一个侧面内.

由于图中同一个面正方形相对两棱的标号要么相差 1, 要么相差 3, 从而此图中的折线只能含正方体的三个方向的边, 即同一折线中的线段两两不平行.

将 12 条棱分为如下三组: $(1,2,3,4)$, $(5,6,7,8)$, $(9,10,11,$

12),则每条折线至多含每组中的一条线段.

又折线含有三条线段,从而折线恰含每组中的一条线段,于是,所有折线由下述树图给出:

```
    1           2           3           4
   8 5         8 5         7 6         7 6
 11  10     12   9       12   9      10   11
```

由此共得到 8 个三数组.

综上所述,三数组的个数的最小值为 8.

11. 将 4 个值 $0, \infty, 1, -1$ 分为两组:$\{0, \infty\}, \{-1, 1\}$,由于三角形三边的斜率只取以上 4 个值,而且不可能有两边平行,从而由抽屉原理,三边的三个斜率必包含其中一组数中的两个数,由此可见,所有三角形都为直角三角形.

进一步可知,三角形的锐角只能是直线 $y = \pm x$ 与坐标轴的夹角,从而三角形为等腰直角三角形.

于是,所有合乎条件的三角形可以分为两类:第一类,斜边的斜率为 ± 1;第二类,斜边的斜率为 0 或 ∞.

对于第一类三角形,由对称性,只需计算以 $\{(a,b), (a+k,b), (a,b+k)\}$ 为顶点集的三角形的个数 $X(n,k)$,对于第二类三角形,由对称性,只需计算以 $\left\{(a,b), (a+k,b), \left(a+\dfrac{k}{2}, b+\dfrac{k}{2}\right)\right\}$ 为顶点集的三角形的个数 $Y(n,k)$(图 2.14).

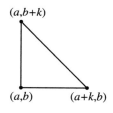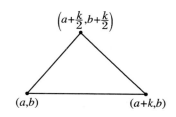

图 2.14

注意到上述三角形中都有一条边的斜率为 0,从而另外两条边的斜率只能为 ± 1 或 ∞.

又三角形的边通过格点,从而斜率为 0 的边的两个端点必为格点,这样,a, b, k 都是整数.

对于以 $\{(a,b),(a+k,b),(a,b+k)\}$ 为顶点集的三角形,必有 $0 \leqslant a \leqslant n-k, 0 \leqslant b \leqslant n-k$,于是
$$X(n,k) = (n-k+1)^2$$

对于以 $\left\{(a,b),(a+k,b),\left(a+\dfrac{k}{2},b+\dfrac{k}{2}\right)\right\}$ 为顶点集的三角形,必有 $0 \leqslant a \leqslant n-k, 0 \leqslant b \leqslant \left[n-\dfrac{k}{2}\right]$,于是
$$X(n,k) = (n-k+1)\left(\left[n-\dfrac{k}{2}\right]+1\right)$$

所以,有
$$\begin{aligned}\dfrac{1}{4}T(n) &= \sum_{k=1}^{n}(n-k+1)^2 + \sum_{k=1}^{n}(n-k+1)\left(\left[n-\dfrac{k}{2}\right]+1\right) \\ &= \sum_{i=1}^{n}i^2 + \sum_{j=1}^{\left[\frac{n}{2}\right]}(n-2j+1)(n-j+1) \\ &\quad + \sum_{j=1}^{\left[\frac{n}{2}\right]}(n-2j+2)(n-j+1)\end{aligned}$$

(其中将前一个"和"中的 $(n-k+1)$ 看作 i,将后一个"和"中的 k 分 $k=2j$ 和 $k=2j-1$ 拆开)
$$= \sum_{i=1}^{n}i^2 + \sum_{j=1}^{\left[\frac{n}{2}\right]}(n-j+1)(2n-4j+3)$$

直接展开求和,得
$$T(n) = \begin{cases} \dfrac{6n^3+9n^2+2n-1}{2} & (n \text{ 为奇}) \\ \dfrac{n(6n^2+9n+2)}{2} & (n \text{ 为偶}) \end{cases}$$

即 $T(n) = n(n+1)(3n+1) + \left[\dfrac{n^2}{2}\right]$.

12. 先假定 $f(D) = \max\limits_{A \in P_n}\{f(A)\} = t (1 \leqslant t \leqslant n)$,我们来计算此时的 f 的个数.

记 $X_n = \{1, 2, \cdots, n\}$,因为 $f(D \cap X_n) = f(D) = \min\{f(D), f(X_n)\}$,所以 $f(X_n) = f(D) = t$.

令 $A_i = X_n \setminus \{i\} (i = 1, 2, \cdots, n)$,任取一个集合 $A \in P_n$,我们证明 $f(A)$ 由生成元 $f(A_1), f(A_2), \cdots, f(A_n)$ 唯一确定.

对 $|A|$ 采用反向归纳法.

当 $|A| = n - 1$ 时,结论显然成立.

设 $|A| = n - k + 1$ 时结论成立,考察 $|A| = n - k$ 的情形.

不妨设 $A = X_n \setminus \{a_1, a_2, \cdots, a_k\}$,记 $P = X_n \setminus \{a_1, a_2, \cdots, a_{k-1}\}$,$Q = X_n \setminus \{a_2, a_3, \cdots, a_k\}$,则

$$f(A) = f(P \cap Q) = f(D) = \min\{f(P), f(Q)\}$$

所以 $f(A)$ 唯一确定.

注意到 $f(A_i) \leqslant f(D) = t$,所以 $f(A_i)$ 有 t 个取值,从而 f 有 t^n 种可能,取 $t = 1, 2, \cdots, m$,命题获证.

另解 直接对 m 归纳,显然,$(m, n) = 1$,即 $m = 1$ 时成立.

假设 $C(n, m-1) = \sum\limits_{j=1}^{m-1} j^n$,对合乎条件的 f,或者 f 恒为 1,或者存在 $A \subseteq \{1, 2, \cdots, n\}$,使 $f(A) \geqslant 2$.

记 $S = \bigcap\limits_{f(X) \geqslant 2} X$,任取一个不恒为 1 的函数 f,由条件可知:

$$f(A) \geqslant 2 \Leftrightarrow A \supseteq S$$

实际上,$f(S) = f(S) = \min\{f(X)\} \geqslant 2$.

于是,若 $A \supseteq S$,必有 $f(A) \geqslant 2$.

否则,设 $f(A) = 1$,由 $A \supseteq S$,得 $S = A \cap S$.

所以,$f(S) = f(A \cap S) = \min\{f(A), f(S)\} = 1$,与 $f(S) \geqslant 2$

矛盾.

反之,若 $f(A) \geqslant 2$,则 A 是合乎条件 $f(X) \geqslant 2$ 的 X 之一,当然有 $A \supseteq \bigcap_{f(X) \geqslant 2} X$,即 $A \supseteq S$.

下面对 S 的不同情况,讨论 f 的个数.

设 $|S| = k$,则 S 有 C_n^k 种取法,对给定的 S,当且仅当 $f(A) \geqslant 2$ 时,其余的 A' 都有 $f(A') = 1$,从而只需确定 A 的像.

$\{1, 2, \cdots, n\}$ 的满足 $A \supseteq S$ 的子集 A 的个数,即是 $\{1, 2, \cdots, n\} \setminus S$ 的子集的个数,这些子集的像属于 $\{2, 3, \cdots, m\}$,这样的 f 有 $C(n-k, m-1)$ 个. 所以,有

$$C(n, m) = 1 + \sum_{S \in P_n} C(n - |S|, m - 1)$$

$$= 1 + \sum_{k=0}^{n} C_n^k C(n-k, m-1)$$

$$= 1 + \sum_{k=0}^{n} C_n^k \sum_{j=1}^{m-1} j^{n-k} \text{(归纳假设)}$$

$$= 1 + \sum_{j=1}^{m-1} \left(\sum_{k=0}^{n} C_n^k j^{n-k} \right)$$

$$= 1 + \sum_{j=1}^{m-1} (1+j)^n = \sum_{j=1}^{m} j^n$$

13. 设数对 (i, j) 的个数为 $p(t)$,则

$$p(t)_{\max} = \begin{cases} \left[\dfrac{t^2}{4}\right] & (n \text{ 为奇}) \\ \dfrac{t(t-1)}{2} & (n \text{ 为偶}) \end{cases}$$

(1) 若 n 为偶数,令 $x_1, x_2, \cdots, x_t = \dfrac{n}{2}$,则对一切数对 (i, j) $(1 \leqslant i < j \leqslant t)$,均有 $x_i + x_j = n$,从而数对 (i, j) 共有 $C_t^2 = \dfrac{t(t-1)}{2}$ 个.

(2) 若 n 为奇数,不妨设 $1 \leqslant x_i \leqslant n-1$(否则取 $x_i \bmod n$),令 $n = 2r+1$,设满足 $1 \leqslant x_i \leqslant r$ 的 x_i 的个数为 A.

因为
$$x_i + x_j \equiv 0 \pmod{n} \iff x_j = 2r+1-x_i$$

对给定的数 A,数对 (i,j) 的最大个数为 $A(t-A)$,这是因为 x_i 可取 $[1,r]$ 中的 A 个数,由 $x_i \leqslant r$ 知,$x_j \geqslant r+1$,所以 x_j 只能在剩下的 $t-A$ 个中取值.

因为
$$A(t-A) \leqslant \left(\frac{A+t-A}{2}\right)^2 = \frac{t^2}{4}$$

且 $A(t-A)$ 为整数,所以 $A(t-A) \leqslant \left[\dfrac{t^2}{4}\right]$.

其中等号可以成立. 当 t 为偶数时,取 $x_1, x_2, \cdots, x_{t/2} = 1$,$x_{t/2+1}, x_{t/2+2}, \cdots, x_t = n-1$.

当 t 为奇数时,取 $x_1, x_2, \cdots, x_{(t-1)/2} = 1$,$x_{(t+1)/2}, x_{(t+3)/2}, \cdots, x_t = n-1$.

3 派 生 元

所谓派生元,就是计数对象派生的元素.它通常是计数对象的一个局部,或计数对象与其他对象一起搭配构成的一种新对象.因为它是由计数对象通过某种操作得到的,所以我们称之为派生元.

派生元往往比原计数对象更简单、直观,或者特征更明显,因而其个数较原对象易于计算.

3.1 减元派生

所谓减元派生,就是在原计数对象中减少一些元素,由剩下元素构成一个新的对象.

比如,"三角形"通过减元派生,可以得到"二点组"(在 3 个顶点中去掉一个顶点),也可以得到"角"(在 3 条边中去掉一条边).

例 1 某俱乐部有 $3n+1$ 名成员,对每个人,其余人中恰好有 n 个人愿与他打网球(所谓愿意是互相的:A 愿意与 B 打网球,则 B 也愿意与 A 打网球),有 n 个人愿与他下象棋,有 n 个人愿与他打乒乓球,且每两个人之间只进行一种娱乐活动.

求证:俱乐部中有 3 个人,他们之间玩的游戏三种俱全.

分析与证明 对于条件:"对每个人,其余人中恰好有 n 个人愿与他打网球,有 n 个人愿与他下象棋,有 n 个人愿与他打乒乓球",

用图的语言可表示为:3-色的完全图 K_{3n+1} 中,每个点恰引出 n 条红色边,n 条蓝色边,n 条黄色边.

这样一来,本题等价于证明:相应的 3-色完全图中存在 3 边两两异色的三角形.由此想到对合乎条件的对象(3 边两两异色的三角形)的"派生"对象(异色角)算两次.

用 $3n+1$ 个点表示 $3n+1$ 个成员,若某两个人之间愿意打网球,则在对应的点之间连一条红色边;若某两个人之间愿意下象棋,则在对应的点之间连一条蓝色边;若某两个人之间愿意打乒乓球,则在对应的点之间连一条黄色边,得到一个 3-色的 $3n+1$ 阶完全图 K_{3n+1}.

由条件可知,对每个给定的点 x,可设 x 引出了 n 条红色边,n 条蓝色边,n 条黄色边,于是以任何两色为边的异色角都有 $C_n^1 \cdot C_n^1 = n^2$ 个,所以以 x 为顶点的异色角的个数为 $C_3^2 \cdot n^2 = 3n^2$,因此异色角的总数为

$$S = 3n^2(3n+1)$$

另一方面,设其中有 x 个三边全不同色的三角形,则有 $C_{3n+1}^3 - x$ 个三边不全异色的三角形.

每个三边全不同色的三角形有 3 个异色角,每个三边不全异色的三角形至多有 2 个异色角,于是

$$S \leqslant 3x + 2(C_{3n+1}^3 - x) = 2C_{3n+1}^3 + x$$

所以

$$3n^2(3n+1) = S \leqslant 2C_{3n+1}^3 + x$$

解得

$$x \geqslant 3n^2(3n+1) - 2C_{3n+1}^3 = n(3n+1) > 1$$

命题获证.

例 2(1998 年俄罗斯数学奥林匹克试题) 给定凸 $n(n>3)$ 边形,其中无 4 个顶点共圆.如果其中 3 个顶点确定的圆覆盖凸 n 边形

的所有顶点,则称之为凸 n 边形的覆盖圆.过凸 n 边形 3 个连续顶点的覆盖圆称之为 A 类覆盖圆,过凸 n 边形 3 个两两不相邻顶点的覆盖圆称之为 B 类覆盖圆.

求证:A 类覆盖圆比 B 类覆盖圆的个数多 2.

分析与证明 设 A 类覆盖圆、B 类覆盖圆的个数分别为 x,y,我们要证明

$$x - y = 2 \tag{1}$$

除 A,B 两类覆盖圆外,还有第三类覆盖圆,所以定义恰过凸 n 边形 2 个相邻顶点的覆盖圆为 C 类覆盖圆,其个数为 z.

A,C 两类覆盖圆有共同点:过 2 个连续顶点,于是可建立覆盖圆与"连续顶点对"的对应.

考察相邻两个顶点 A,B,则其他点都在直线 AB 的同侧.又无 4 顶点共圆,从而存在唯一的顶点 C,使 $\angle ACB$ 最小(图 3.1),此时圆 ACB 为覆盖圆.

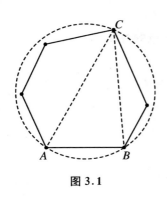

图 3.1

反之,对相邻两个顶点 A、B,若圆 ACB 为覆盖圆,则 $\angle ACB$ 是 AB 对其他顶点张角最小者,于是,每个相邻顶点组对应唯一一个覆盖圆,n 个相邻顶点组得到 n 个覆盖圆.

上述 n 个覆盖圆包含了所有的 A,C 类圆,且没有 B 类圆,但每个 A 类圆被计算 2 次(一个 A 类圆包含 2 个相邻顶点组),所以

$$2x + z = n \tag{2}$$

还要考察 B 类覆盖圆,它的特点是过 2 个不相邻的顶点,进一步发现,任何覆盖圆都过 2 个不相邻的顶点,于是,考察不相邻两个顶点 A,B,则其他点分布在直线 AB 的两侧.

因为无 4 顶点共圆,可在每一侧分别找到唯一的顶点 C_1, C_2,使 $\angle AC_1B, \angle AC_2B$ 是同一侧张角中最小者,那么,过 A, B 的覆盖圆一定是圆 AC_1B、圆 AC_2B 之一.

易知,当 $\angle AC_1B + \angle AC_2B > \pi$ 时,圆 AC_1B、圆 AC_2B 都是覆盖圆,当 $\angle AC_1B + \angle AC_2B < \pi$ 时,圆 AC_1B、圆 AC_2B 都不是覆盖圆.

实际上,当 $\angle AC_1B + \angle AC_2B > \pi$ 时,考察圆 AC_1B(图 3.2),它覆盖了 C_1 所在的那一侧的所有顶点,而对于 C_1 所在的那一侧的任一顶点 P,因为 $\angle APB > \angle AC_2B$,所以

$$\angle AC_1B + \angle APB > \angle AC_1B + \angle AC_2B > \pi$$

所以,点 P 在圆 AC_1B 内,即圆 AC_1B 是覆盖圆,同理,圆 AC_2B 是覆盖圆.

当 $\angle AC_1B + \angle AC_2B < \pi$ 时,考察圆 AC_1B(图 3.3),有 C_2 不在圆 AC_1B 内,这是因为:在圆周上取一点 P(P 与 C_2 在 AB 的同侧),有

$$\angle AC_1B + \angle AC_2B < \pi = \angle AC_1B + \angle APB$$

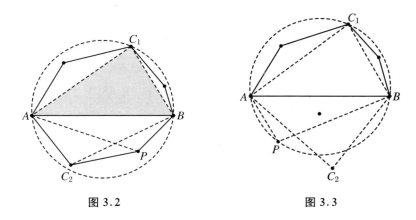

图 3.2　　　　　　　　图 3.3

因此 $\angle AC_2B < \angle APB$,所以圆 AC_1B 不是覆盖圆,同样圆

AC_2B 都不是覆盖圆.

于是,圆 AC_1B、圆 AC_2B 是覆盖圆,等价于 $\angle AC_1B + \angle AC_2B > \pi$,这又等价于"对分布在直线 AB 不同侧的任何两顶点 P,Q,都有 $\angle APB + \angle AQB > \pi$".

对于满足这样条件的不相邻两顶点 A,B,称直线 AB 是一条好对角线.

对任何一条对角线 AB,如果是好的,则对应 2 个过 A,B 两点的覆盖圆,否则没有过 A,B 两点的覆盖圆.这样的覆盖圆包含了所有类型的覆盖圆(每个覆盖圆都有好对角线),且 A,B,C 类圆分别被计算 $1,3,2$ 次(A,B,C 类圆分别有 $1,3,2$ 条好对角线).

设共有 N 条好对角线,则有 $2N$ 个覆盖圆,于是

$$x + 3y + 2z = 2N \tag{3}$$

由(2),(3),消去 z(目标不含 z),得

$$3(x - y) = 2(n - N)$$

于是目标(1)变为 $N = n - 3$.

容易发现任何两条好对角线不相交,否则,设 AB 与 CD 相交,那么由于 AB 是好对角线,所以 $\angle ACB + \angle ADB > \pi$(图 3.4).

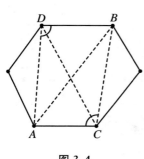

图 3.4

同理,$\angle DAC + \angle CBD > \pi$,于是,四边形 $ACBD$ 的内角和大于 2π,矛盾.

由于不相交的对角线共有 $n-3$ 条(共有 $n-2$ 个剖分三角形,有 $3(n-2)$ 条边,设有 t 条对角线,它们都被计算 2 次,n 条边,它们都被计算 1 次,所以 $2t + n = 3(n-2)$,得 $t = n-3$),于是 $N \leqslant n-3$.

至此,我们只需证明:

$$N \geqslant n - 3 \tag{*}$$

首先注意一个事实:凸 n 边形至少有一个覆盖圆,于是至少有一

条好对角线,所以 $N \geq 1$.

下面对 n 归纳.当 $n=4$ 时,$N \geq 1 = 4-3 = n-3$,结论成立.

设结论(*)对小于 n 的正整数成立,考虑 n 的情形.

因为 $N \geq 1$,不妨设 AB 是凸 n 边形的好对角线,并设 AB 将凸 n 边形分割为一个凸 k 边形 P 和一个凸 $n-k+2$ 边形 Q(图 3.5).

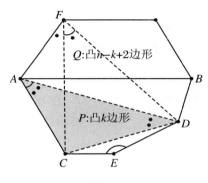

图 3.5

由归纳假设,P 至少有 $k-3$ 条"局部 P"的好对角线,Q 至少有 $n-k-1$ 条"局部 Q"的好对角线,我们证明这些"局部"好对角线都是凸 n 边形的好对角线(**).

用反证法.假定凸 k 边形 P 中有一条 P 的好对角线 CD,使 CD 不是凸 n 边形的好对角线,那么,存在 P 的顶点 E 和 Q 的顶点 $F(E,F$ 不能同时属于 P,因为 CD 是 P 的好对角线),使

$$\angle CED + \angle CFD < \pi$$

显然 $\{C,D\} \neq \{A,B\}$(最容易疏漏之处,误以为 A,B,C,D 显然互异),不妨设 $A \notin \{C,D\}$,那么由 CD 是 P 的好对角线,有 $\angle CED + \angle CAD > \pi$,所以 $\angle CAD > \angle CFD$,因此 F 在圆 ACD 外.所以,有

$$\angle ADC > \angle AFC \qquad (4)$$

如果 $B = D$,则 F 在圆 ACB 外,$\angle AFB + \angle ACB < \pi$,与"$AB$ 是

凸 n 边形的好对角线"矛盾,所以 $B\neq D$.

同样可知,F 在圆 BDC 外,有
$$\angle BDC+\angle BFC<\pi \quad\quad\quad (5)$$
所以,有
$$\begin{aligned}\angle AFB+\angle ADB&=(\angle AFC+\angle CFB)+\angle ADB\\&<(\angle ADC+\angle CFB)+\angle ADB \quad (\text{利用了}(4))\\&=(\angle ADC+\angle ADB)+\angle CFB\\&=\angle BDC+\angle CFB<\pi \quad (\text{利用了}(5))\end{aligned}$$
与"AB 是凸 n 边形的好对角线"矛盾.

所以,凸 k 边形 P 的好对角线都是凸 n 边形的好对角线.

同理,凸 $n-k+2$ 边形 Q 的好对角线都是凸 n 边形的好对角线.

由归纳假设,有
$$N\geqslant (k-3)+(n-k-1)+1=n-3$$
命题获证.

例 3(第 47 届 IMO 试题) 正 2006 边形 P 的一条对角线称为好的,如果它的两端点将 P 的边界分成的两部分各含 P 的奇数条边.特别地,称 P 的边也是好的.

设 P 被不在 P 的内部相交的 2003 条对角线剖分为三角形,试求这种剖分图中有两条边为好边的等腰三角形个数的最大值.

分析与解 称有两条边为好边的等腰三角形为好三角形.

一种直观的想法是:由好三角形的定义,每个好三角形对应明显的派生元——两条"好边"组成的二边组.

注意到 2006 边形有 2006 条边,从而最多有 $\dfrac{2006}{2}=1003$ 个互不相交的二边组,所以最多有 1003 个好三角形.

上述计算显然存在漏洞:一方面,"好边"并不一定是 2006 边形

3 派生元

的边. 另一方面,两个不同的好三角形未必没有公共好边.

由此可见,上述推理需要进行修改:首先,尽管每个好三角形对应 2 条"好边",但我们需要将两条"好边"再对应 2006 边形的 2 条边,最后说明这样的"二边组"互不相交.

实际上,对于剖分图中的任意一个 $\triangle ABC$,正 2006 边形 P 的边界被点 A,B,C 分为 3 段,将 $A-B$ 段(按逆时针方向从 A 到 B 的弧段)所含 P 的边数记作 $m(AB)$,等等.

由于 $m(AB)+m(BC)+m(CA)=2006$ 为偶数,所以 $m(AB),m(BC),m(CA)$ 中有偶数个奇数.

如果 $\triangle ABC$ 是好三角形,则 $m(AB),m(BC),m(CA)$ 中恰有 2 个奇数,于是好三角形恰有 2 条好边,且 2 条好边是该等腰三角形的两腰(因为恰有一条边的长为偶数,它不可能是等腰三角形的腰).

考虑任一好 $\triangle ABC$,其中 $AB=AC$,按下述法则,令其一腰 AB 对应 2006 边形的一条边 α,使 α 不是其他好三角形的好边(也可能不是该好三角形的好边),以保证不同的好三角形对应的边不同:

(1) 若 AB 本身是 2006 边形的一条边,则 AC 也是 2006 边形的一条边,此时有 $\triangle ABC$ 是好三角形,取 $\alpha=AB$ 即可.

(2) 若 AB 不是 2006 边形的边,则取 2006 边形中位于 A-B 段上的一条非好的边为 α 即可. 这是可以办到的:若 A-B 段上还有别的好三角形,则任取一个这样的好三角形,将其两腰所截下的 P 的边全部去掉,去掉的 P 的边数为偶数,如此下去,直至 A-B 段上没有其他的好三角形. 由于 A-B 段上共有奇数条边,至少有一条边没有去掉,取这条边为 α 即可(图 3.6).

按同样的法则,令其腰 AC 也对应 2006 边形的一条边 β,使 β 不是其他好三

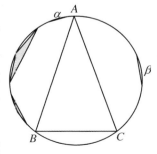

图 3.6

角形的好边.

这样,好 $\triangle ABC$ 对应一个二元集 $\{\alpha,\beta\}$,其中 α,β 是正 2006 边形 P 的 2 条不同边,且 α,β 都不是其他好三角形的好边.

对于同一剖分中的两个不同的好三角形 $\triangle ABC$ 和 $\triangle A_1B_1C_1$,它们对应的二元集分别为 $\{\alpha,\beta\},\{\alpha_1,\beta_1\}$,我们证明 $\{\alpha,\beta\}\cap\{\alpha_1,\beta_1\}=\varnothing$.

实际上,如果 $\triangle A_1B_1C_1$ 不位于 $\triangle ABC$ 的 2 个腰段,则 $\triangle A_1B_1C_1$ 位于 $\triangle ABC$ 的 B-C 段,此时,$\{\alpha,\beta\}$ 中的边在 $\triangle ABC$ 的腰段上,$\{\alpha_1,\beta_1\}$ 中的边在 $\triangle ABC$ 的 B-C 段上,所以 $\{\alpha,\beta\}$ 与 $\{\alpha_1,\beta_1\}$ 没有公共的边.

如果 $\triangle A_1B_1C_1$ 位于 $\triangle ABC$ 的某个腰段上,不妨设在 A-B 段上,则根据对应规则,α 是去掉 $\triangle A_1B_1C_1$ 的两腰段上的所有边而剩下的边,从而 α 不是 $\triangle A_1B_1C_1$ 的两腰段上的边,又 β 在 C-A 段上,更不是 $\triangle A_1B_1C_1$ 的两腰段上的边,而二元集 $\{\alpha_1,\beta_1\}$ 中的边都是 $\triangle A_1B_1C_1$ 的两腰段上的边,从而 $\{\alpha,\beta\}\cap\{\alpha_1,\beta_1\}=\varnothing$.

由此可见,任何两个好三角形对应的正 2006 边形 P 的二元集没有公共的边.

注意到 2006 条边最多有 $\dfrac{2006}{2}=1003$ 个两两无公共元的二元集,所以好三角形不多于 1003 个.

最后,设 $P=A_1A_2\cdots A_{2006}$,连对角线 $A_{2k-1}A_{2k+1}(1\leqslant k\leqslant 1003)$,其中 $A_{2007}=A_1$,得到 1003 个好三角形(图 3.7),再用 1000 条对角线将 1003 边形 $A_1A_3A_5\cdots A_{2005}$ 剖分为若干个三角形,则得到 P 的剖分图,此时恰有 1003 个好三角形.

因此,好三角形个数的最大值是 1003.

例 4(原创题) 试证:若正整数 n 含有 k 个互不相同的大于 1 的奇数因子,那么 n 恰有 k 个不同的连续分拆(分拆成至少 2 个连续正整数的和),也就是说,正整数 n 的不同连续分拆的个数等于它的大于 1 的不同奇数因子的个数.

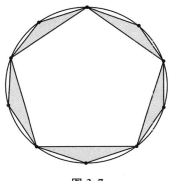

图 3.7

分析与证明 为简单起见,我们将本题的结论分拆成如下两个命题.

命题 1 正整数 n 的每一个连续分拆都是由它的某个大于 1 的奇数因子确定的.

我们证明:对 n 的任何分拆,它的最大项可以表示为 $s+\dfrac{r-1}{2}$,其中 r 是 n 的大于 1 的奇因子,而 s 是 n 的与 $2t+1$ 共轭的因子(如果正整数 n 分解为两个正整数的乘积:$n=xy$,则称 x,y 互为 n 的共轭因子).

实际上,考察 n 的任意一个分拆:
$$n=(p+1)+(p+2)+\cdots+(p+k) \quad (*)$$
其中,$p,k\in\mathbf{N},k\geqslant 2$,则
$$n=\dfrac{1}{2}k(2p+k+1)$$

现在,要将 n 写成一个奇数与另一个数的积:$n=sr$,使分拆 $(*)$ 中的最大项 $p+k=s+\dfrac{r-1}{2}$.

若 k 为大于 1 的奇数,则 $2p+k+1$ 为偶数,此时
$$n = \frac{1}{2}k(2p+k+1) = k \cdot \frac{2p+k+1}{2}$$
令
$$r = k, \quad \frac{2p+k+1}{2} = s$$
则 $n = rs$,且
$$s + \frac{r-1}{2} = \frac{2p+k+1}{2} + \frac{r-1}{2} = p+k$$

故分拆($*$)是由 n 的大于 1 的奇数因子 $r=k$ 所确定的.

若 k 为偶数,则 $2p+k+1$ 为大于 1 的奇数,此时
$$n = \frac{1}{2}k(2p+k+1) = \frac{k}{2} \cdot (2p+k+1)$$
令
$$2p+k+1 = r, \quad \frac{k}{2} = s$$
则 $n = sr$,且
$$s + \frac{r-1}{2} = \frac{k}{2} + \frac{2p+k+1-1}{2} = p+k$$

故分拆($*$)是由 n 的大于 1 的奇数因子 $r=2p+k+1$ 所确定的.

综上所述,命题 1 获证.

命题 2 正整数 n 的互不相同的大于 1 的奇数因子确定的 n 的连续分拆互不相同.

显然,要证正整数 n 的两个连续分拆不同,只需证明两个分拆所含的最大项不同,于是只需证明:对正整数 n 的两个不同的大于 1 的奇数因子 r, r',有
$$s + \frac{r-1}{2} \neq s' + \frac{r'-1}{2}$$

其中,$s = \dfrac{n}{r}, s' = \dfrac{n}{r'}$.

实际上,反设
$$s + \frac{r-1}{2} = s' + \frac{r'-1}{2} = m \qquad (*)$$

则
$$r = 2(m-s) + 1 = 2m + 1 - 2s$$
$$r' = 2(m-s') + 1 = 2m + 1 - 2s'$$

于是
$$s(2m+1-2s) = n = s'(2m+1-2s')$$

即
$$(2m+1)(s-s') = 2(s^2 - s'^2)$$

所以 $2m + 1 = 2(s+s')$,矛盾!

综合命题 1 与命题 2,原命题获证.

3.2 代换派生

假定我们的计数对象可以用一个 n 维变量 $(x_1, x_2, \cdots, x_n)$ 来刻画,根据题目的特征,作如下变量代换:
$$y_i = f_i(x_1, x_2, \cdots, x_n) \quad (i = 1, 2, \cdots, m)$$
则 n 维变量 $(x_1, x_2, \cdots, x_n)$ 对应一个 m 维变量 $(y_1, y_2, \cdots, y_m)$,我们称 m 维变量 $(y_1, y_2, \cdots, y_m)$ 是 n 维变量 $(x_1, x_2, \cdots, x_n)$ 通过变量代换得到的派生元,简称为代换派生.

如何进行变量代换,这需要根据题目的条件或解题的目标来确定,其总的原则是,通过变量代换后,得到的派生元的计数是常规的或比较容易解决的计数问题.

例1 设 $X = \{a_1, a_2, \cdots, a_n\}$,$A = \{a_{i_1}, a_{i_2}, \cdots, a_{i_k}\}$ 是 X 的 k 元子集,若 A 中的元素满足:$i_2 - i_1 > r, i_3 - i_2 > r, \cdots, i_k - i_{k-1} >$

r,则称 A 为从 n 个有序元素中取 k 个元素的线型"限距 r"的组合,简称为 n 个有序元素的"k 元线型限距 r 组合".试证:n 个有序元素的 k 元线型限距 r 组合的个数(简称线型限距 r 组合数)为 $C_{n-(k-1)r}^{k}$.

分析与证明 问题可简化为从 $\{1,2,\cdots,n\}$ 中取 k 个数 $i_1,i_2,\cdots,i_k$,使 $i_2-i_1>r, i_3-i_2>r,\cdots,i_k-i_{k-1}>r$.

为了将间距为 r 的 k 数组 $(i_1,i_2,\cdots,i_k)$ 转化为任意的互异的 k 数组 $(j_1,j_2,\cdots,j_k)$,可采用代换派生技巧,令

$$j_1 = i_1, \quad j_2 = i_2 - r, \quad j_3 = i_3 - 2r, \quad \cdots, \quad j_k = i_k - (k-1)r$$

则

$$(i_1,i_2,\cdots,i_k) \to (j_1,j_2,\cdots,j_k)$$

这样,限定条件:

$$i_2 - i_1 > r, \quad i_3 - i_2 > r, \quad \cdots, \quad i_k - i_{k-1} > r$$

转化为

$$j_1 < j_2 < \cdots < j_k$$

注意到 $j_k \leqslant i_k - (k-1)r \leqslant n-(k-1)r$,所以,$(j_1,j_2,\cdots,j_k)$ 是从 $\{1,2,\cdots,n-(k-1)r\}$ 中取 k 个数的组合.

反之,对 $\{1,2,\cdots,n-(k-1)r\}$ 的一个 k 元组合 $\{j_1,j_2,\cdots,j_k\}$,令

$$i_1 = j_1, \quad i_2 = j_2 + r, \quad i_3 = j_3 + 2r, \quad \cdots, \quad i_k = j_k + (k-1)r$$

则 $(i_1,i_2,\cdots,i_k)$ 是 $(1,2,\cdots,n)$ 的 k 元限距 r 的组合.

于是,上述映射为一一映射,故所求的合乎条件的组合 A 有 $C_{n-(k-1)r}^{k}$ 个.

例 2 设 $X = \{a_1,a_2,\cdots,a_n\}$,$A = \{a_{i_1},a_{i_2},\cdots,a_{i_k}\}$ 是 X 的 k 元子集,若 A 中的元素满足:$i_1 > r, i_2 - i_1 > r, i_3 - i_2 > r, \cdots, i_k - i_{k-1} > r$,则称 A 为从 n 个有序元素中取 k 个元素的环型"限距 r"的组合,简称为 n 个有序元素的"k 元环型限距 r 组合".试证:n 个有

3 派 生 元

序元素的 k 元环型限距 r 组合的个数(简称环型限距 r 组合数)为 C_{n-kr}^{k}.

分析与证明 问题可简化为从 $\{1,2,\cdots,n\}$ 中取 k 个数 $i_1, i_2, \cdots, i_k$，使 $i_1 > r, i_2 - i_1 > r, i_3 - i_2 > r, \cdots, i_k - i_{k-1} > r$.

同样采用代换派生技巧，令

$$j_1 = i_1 - r, \quad j_2 = i_2 - 2r, \quad j_3 = i_3 - 3r, \quad \cdots, \quad j_k = i_k - kr$$

则

$$(i_1, i_2, \cdots, i_k) \to (j_1, j_2, \cdots, j_k)$$

这样，限定条件：

$$i_1 > r, \quad i_2 - i_1 > r, \quad i_3 - i_2 > r, \quad \cdots, \quad i_k - i_{k-1} > r$$

转化为

$$0 < j_1 < j_2 < \cdots < j_k$$

注意到 $j_k \leqslant i_k - kr \leqslant n - kr$，所以，$(j_1, j_2, \cdots, j_k)$ 是从 $\{1, 2, \cdots, n-kr\}$ 中取 k 个数的组合.

反之，对 $\{1, 2, \cdots, n-kr\}$ 的一个 k 元组合 $\{j_1, j_2, \cdots, j_k\}$，令

$$i_1 = j_1 + r, \quad i_2 = j_2 + 2r, \quad i_3 = j_3 + 3r, \quad \cdots, \quad i_k = j_k + kr$$

则 $(i_1, i_2, \cdots, i_k)$ 是 $(1, 2, \cdots, n)$ 的 k 元环型限距 r 的组合.

于是，上述映射为一一映射，故合乎条件的组合 A 有 C_{n-kr}^{k} 个.

例 3 给定正整数 n, m, t，求方程 $a_1 + a_2 + \cdots + a_m = n$ 的满足 $a_1 + a_2 \geqslant t, a_2 + a_3 \geqslant t$ 的正整数解 $(a_1, a_2, \cdots, a_m)$ 的个数.

分析与解 原方程变为

$$(a_1 + a_2) + (a_2 + a_3) + a_4 + \cdots + a_m = n + a_2$$

$$(a_1 + a_2 - t + 1) + (a_2 + a_3 - t + 1) + a_4 + \cdots + a_m = n + a_2 - 2t + 2$$

令 $x = a_1 + a_2 - t + 1, y = a_2 + a_3 - t + 1, r = a_2$，则 $x \geqslant 1, y \geqslant 1, r \geqslant 1$，方程变为

$$x + y + a_4 + a_5 + \cdots + a_m = r + n - 2t + 2 \qquad (*)$$

这样,问题变成求方程(*)的正整数解的个数.但需要注意,其中 $r=a_2$ 非常数,应先固定 r 分类讨论求方程(*)的正整数解.

对于方程(*)的正整数解 $(x, y, a_4, a_5, \cdots, a_m, r)$,由
$$x = a_1 + a_2 - t + 1, \quad y = a_2 + a_3 - t + 1, \quad r = a_2$$
得 $a_2 = r, a_1 = x + t - 1 - a_2, a_3 = y + t - 1 - a_2$.但它们未必都是正整数,必须满足 $t - 1 - a_2 \geqslant 0$,即 $r \leqslant t - 1$,于是需对 r 分类讨论.

先估计 r 的"总范围":可用的条件是
$$n = a_1 + a_2 + \cdots + a_m$$
估计的工具是以下的"平凡不等式":
$$a_i \geqslant 1 (1 \leqslant i \leqslant n), \quad a_1 + a_2 \geqslant t, \quad a_2 + a_3 \geqslant t$$
一方面,由 $a_i \geqslant 1 (1 \leqslant i \leqslant n)$,得
$$n = a_1 + a_2 + \cdots + a_m = r + (a_1 + a_3 + a_4 + \cdots + a_m)$$
$$\geqslant r + (m - 1)$$
所以 $r \leqslant n + 1 - m$.

另一方面,由 $a_1 + a_2 \geqslant t, a_2 + a_3 \geqslant t$,得
$$n + r = a_1 + a_2 + \cdots + a_m + r$$
$$= (a_1 + a_2) + (a_3 + a_2) + a_4 + \cdots + a_m$$
$$\geqslant 2t + (m - 3)$$
所以
$$r \geqslant 2t - n + m - 3$$
因此
$$2t - n + m - 3 \leqslant r \leqslant n + 1 - m$$
由此可见 $m \leqslant n - t + 2$.

(1) 当 $m > n - t + 2$ 时,不存在合乎条件的正整数解.

(2) 当 $m \leqslant n - t + 2$ 时,若 $r \leqslant t - 1$,则方程(*)的一个正整数解对应原方程的一个合乎条件的正整数解.而对固定的 r,方程
$$x + y + a_4 + a_5 + \cdots + a_m = r + n - 2t + 2$$

的正整数解的个数为 $C_{r+n-2t+1}^{m-2}$,所以相应的正整数解的个数为

$$\sum_{r=2t-n+m-3}^{t-1} C_{r+n-2t+1}^{m-2} = C_{n-t+1}^{m-1}$$

若 $r \geq t$,则 $a_1 + a_2 \geq t, a_2 + a_3 \geq t$ 都显然满足,只需求原方程满足 $a_2 \geq t$ 的正整数解.将原方程变形为

$$a_1 + (a_2 - t + 1) + \cdots + a_m = n - t + 1$$

它的正整数解 $(a_1, a_2 - t + 1, \cdots, a_m)$ 的个数为 C_{n-t}^{m-1}.

所以原方程合乎条件的正整数解的个数为 $C_{n-t+1}^{m-1} + C_{n-t}^{m-1}$.

例 4(1990 年中国数学奥林匹克试题) 设 x 为自然数,一串自然数 $x_0 = 1, x_1, x_2, \cdots, x_{t-1}, x_t = x$ 满足:$x_{i-1} | x_i, x_{i-1} < x_i (i = 1, 2, \cdots, t)$,则称 $\{x_0, x_1, x_2, \cdots, x_{t-1}, x_t\}$ 为 x 的一条因子链,t 称为长度,用 $L(x), R(x)$ 分别表示 x 的最长因子链的长度和最长因子链的条数.

对于 $x = 5^k \times 31^m \times 1990^n$($k$、$m$、$n$ 为自然数),求 $L(x), R(x)$.

分析与解 本题表面上很吓人,但只要弄清"链"的定义以及"因子链"何时最长,本题则迎刃而解.

当然,直接判断因子链何时最长,不易获解,但通过变量代换,使之转化为最长的无限定条件的自然数排列,则问题一目了然.

实际上,对 x 的一条因子链 $\{x_0, x_1, \cdots, x_t\}$,令 $y_i = \dfrac{x_i}{x_{i-1}}$,则 y_i 是大于 1 的自然数,且 $x_i = y_1 y_2 \cdots y_i$,于是 $y_1 y_2 \cdots y_t = x_t = x$,所以,$x$ 的一条因子链对应着 x 的一个分解式:

$$\{x_0, x_1, \cdots, x_t\} \to \{y_1, y_2, \cdots, y_t\}$$

其中,$y_1 y_2 \cdots y_t = x$.

反之,对 x 的一个分解式 $x = y_1 y_2 \cdots y_t$,令 $x_i = y_1 y_2 \cdots y_i$($i = 1, 2, \cdots, t$),则 $\{x_0 = 1, x_1, \cdots, x_t\}$ 是 x 的一个因子链.

对 x 的两条不同的因子链 $\{x_0, x_1, \cdots, x_t\}, \{u_0, u_1, \cdots, u_s\}$,设它们分别对应 x 的一个分解式:

$$x = y_1 y_2 \cdots y_t, \quad x = v_1 v_2 \cdots v_s$$

如果 $s \neq t$，则 $\{y_0, y_1, \cdots, y_t\}$，$\{v_0, v_1, \cdots, v_s\}$ 不同.

如果 $s = t$，则必存在一个 i，使 $x_i \neq u_i$，不妨设 i 是其中下标最小的. 因为 $x_0 = 1 = u_0$，从而 $i \geq 1$，由 i 的最小性，有 $x_{i-1} = u_{i-1}$，于是

$$y_i = \frac{x_i}{x_{i-1}} = \frac{x_i}{u_{i-1}} \neq \frac{u_i}{u_{i-1}} = v_i$$

从而 $\{y_0, y_1, \cdots, y_t\}$，$\{v_0, v_1, \cdots, v_s\}$ 也不同，所以上述对应是一一对应.

要使因子链最长，只需分解式中因子的个数最多. 注意到

$$x = 5^k \times 31^m \times 1990^n = 2^n \times 5^{k+n} \times 31^m \times 199^n$$

显然，当 x 的分解式中所有因子是 n 个 2，$k+n$ 个 5，m 个 31，n 个 199 的一个排列时，其因子的个数最多，所以

$$L(x) = n + (k+n) + m + n = k + m + 3n$$

$$R(x) = \frac{(k+m+3n)!}{n! n! m! (k+n)!} \quad \text{（含有重复元素的排列）}$$

3.3 分解派生

所谓分解派生，就是将当前的计数对象按一定的规则分解为若干个新对象的组合.

当一个对象通过分解派生变成若干个新的对象后，其结构发生了变化或表现出新的特点，利用这些特点，往往能找到新的计算方法.

例 1 设 m, n 是给定的正整数，试证：方程 $x_1 + x_2 + \cdots + x_n = m$ 的正整数解 $(x_1, x_2, \cdots, x_n)$ 的个数为 C_{m-1}^{n-1}.

分析与证明 考察方程的任意一个正整数解 $(x_1, x_2, \cdots, x_n)$，将等式

3 派 生 元

$$x_1 + x_2 + \cdots + x_n = m$$

分解为

$$(\underbrace{1+1+\cdots+1}_{x_1 \text{个}1}) + (\underbrace{1+1+\cdots+1}_{x_2 \text{个}1}) + \cdots + (\underbrace{1+1+\cdots+1}_{x_n \text{个}1}) = m$$

它可以看作将 m 个 1 分成 n 组,其中第 $i(1 \leqslant i \leqslant n)$ 组有 x_i 个 1.

这样的分组可以用下述更简便的方式来表示:将 m 个 1 排成一排,然后在其中插入 $n-1$ 个 0,得到如下排列:

$$\underbrace{11\cdots1}_{x_1 \text{个}1}, 0, \underbrace{11\cdots1}_{x_2 \text{个}1}, 0, \cdots, 0, \underbrace{11\cdots1}_{x_n \text{个}1}$$

其中,共有 m 个 1,$n-1$ 个 0.

注意到任何 $x_i \neq 0$,从而任何两个 0 不连排,且 0 不排首尾.

这样的对应显然是一一对应,我们只需计算满足上述要求的 0,1 排列的个数.

因为 0 不连排,且不排首尾,只能在 m 个 1 形成的 $m-1$ 个空当中选择 $n-1$ 个空当排 0,共有 C_{m-1}^{n-1} 种方法,故方程 $x_1 + x_2 + \cdots + x_n = m$ 的正整数解的个数为 C_{m-1}^{n-1}.

例 2 设 m, n 是给定的正整数,试证:方程 $x_1 + x_2 + \cdots + x_n = m$ 的自然数解的个数为 C_{m+n-1}^{n-1}.

分析与证明 考察方程的任意一个自然数解 $(x_1, x_2, \cdots, x_n)$,将等式

$$x_1 + x_2 + \cdots + x_n = m$$

分解为

$$(\underbrace{1+1+\cdots+1}_{x_1 \text{个}1}) + (\underbrace{1+1+\cdots+1}_{x_2 \text{个}1}) + \cdots + (\underbrace{1+1+\cdots+1}_{x_n \text{个}1}) = m$$

它可以看作将 m 个 1 分成 n 组,其中第 $i(1 \leqslant i \leqslant n)$ 组有 x_i 个 1.

这样的分组可以表示为:将 m 个 1 排成一排,然后在其中插入 $n-1$ 个 0,得到如下排列:

$$\underbrace{11\cdots1}_{x_1 \text{个}1}, 0, \underbrace{11\cdots1}_{x_2 \text{个}1}, 0, \cdots, 0, \underbrace{11\cdots1}_{x_n \text{个}1}$$

其中,共有 m 个 1,$n-1$ 个 0.

注意到允许 $x_i = 0$,从而其中的 0 可以连排,也可以排首尾.

这样的对应显然是一一对应,我们只需计算满足上述要求的 0,1 排列的个数.

由于上述排列是由 m 个 1 和 $n-1$ 个 0 组成的无任何限定条件的排列,在 $m+n-1$ 个位置上取 $n-1$ 个位置排 0,有 C_{m+n-1}^{n-1} 种方法,从而这样的排列有 C_{m+n-1}^{n-1} 个,命题获证.

注 本题我们还可采代换派生的方法,将其转化为上一个问题求解.

实际上,对方程:
$$x_1 + x_2 + \cdots + x_n = m \tag{1}$$
的自然数解 $(x_1, x_2, \cdots, x_n)$,有
$$(x_1 + 1) + (x_2 + 1) + \cdots + (x_n + 1) = m + n$$
令
$$y_1 = x_1 + 1, \quad y_2 = x_2 + 1, \quad \cdots, \quad y_n = x_n + 1$$
则
$$y_1 + y_2 + \cdots + y_n = m + n \tag{2}$$
其中,$y_1, y_2, \cdots, y_n \geqslant 1$,于是 $(y_1, y_2, \cdots, y_n)$ 是方程(2)的正整数解.

对方程(1)的两个不同自然数解 $(x_1, x_2, \cdots, x_n)$,$(x_1', x_2', \cdots, x_n')$,必存在 i,使 $x_i \neq x_i'$,从而 $y_i \neq y_i'$,所以 $(y_1, y_2, \cdots, y_n)$、$(y_1', y_2', \cdots, y_n')$ 是方程(2)的两个不同正整数解.

反之,对方程(2)的正整数解 $(y_1, y_2, \cdots, y_n)$,令
$$x_1 = y_1 - 1, \quad x_2 = y_2 - 1, \quad \cdots, \quad x_n = y_n - 1$$
则 $x_1, x_2, \cdots, x_n \geqslant 0$,且 $x_1 + x_2 + \cdots + x_n = m$,于是 $(x_1, x_2, \cdots, x_n)$ 是方程(1)的自然数解.

所以方程(1)的自然数解的个数就是方程(2)的正整数解的个数,由上例,方程(2)的正整数解的个数为 C_{m+n-1}^{n-1},从而命题获证.

3.4 操作派生

如果当前的计数对象的表现形式或其结构特征不够规范,给我们的计数带来困难,则我们可对计算对象进行一定的操作,使每一个对象在给定的操作下对应一个新的对象,且新的对象的表现形式较为规范,问题也就变得简单.

例1(1994年IMO中国国家队选拔考试题) 设 $M(1994p, 7 \times 1994p)$,其中 p 为给定的质数. 求满足下列条件的格点直角三角形的个数:

(1) M 是直角三角形的顶点.

(2) 原点 O 是直角三角形的内心.

分析与解 对任何一个合乎条件的 $\triangle PMQ$,其中点 M 是给定的点,所以我们只需确定另外两个点 P, Q 的位置,于是,一个合乎条件的 $\triangle PMQ$ 对应一个二点组 (P, Q),我们只需计算二点组 (P, Q) 的个数.

点 P, Q 如何确定? 它受到两个因素的制约:一是 $MP \perp MQ$;二是原点 O 是 $\text{Rt}\triangle PMQ$ 的内心.

其中 $MP \perp MQ$ 等价于 $k_{MP} \cdot k_{MQ} = -1$,由此可得到 P, Q 的坐标满足的方程,但该方程比较复杂,造成解题的困难.

当然,这还不是最主要的困难,更为麻烦的是,将条件"原点 O 是 $\text{Rt}\triangle PMQ$ 的内心"转化为 P, Q 的坐标满足的另一方程则更为复杂.

造成上述困难的原因,是直线 MP, MQ 的位置不太规范,不难想象,如果这两条直线都是经过原点的直线,则 k_{MP}, k_{MQ} 的计算就非常简单. 由此想到,通过适当的操作,将 M 点"变成"原点即可.

设 OM 的中点为 Q,则点 M, O 关于点 Q 对称,于是,以 Q 为中心作对称变换,则 P,Q 的对应点分别为 A,B,则二点组 (P,Q) 对应二点组 (A,B). 显然,这一对应是一一对应(图 3.8).

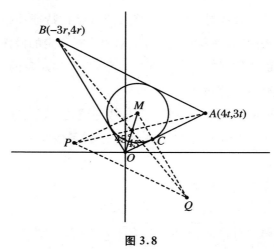

图 3.8

下面计算二点组 (A,B) 的个数.

因为 $M(1994p, 7 \times 1994p)$,直线 OM 的斜率 $\tan\beta = 7$,所以直线 OA 的斜率:

$$\tan\alpha = \tan(\beta - 45°) = \frac{\tan\beta - 1}{1 + \tan\beta} = \frac{3}{4}$$

所以直线 OB 的斜率为 $-\dfrac{4}{3}$.

由此可设 $A(4t,3t), B(-3r,4r)(t>0, r>0)$. 由于 A,B 为格点,$4t, 3t, 3r, 4r$ 都是正整数,且 $OA = 5t, OB = 5r$.

令二点组 $(A(4t,3t), B(-3r,4r))$ 对应二数组 (t,r),其中 $t = 4t - 3t, r = 4r - 3r$ 都是正整数.

下面求正整数对 (t,r) 的个数,先求 t,r 满足的充分必要条件,使 $\triangle AOB$ 的内心为 M.

设 $\triangle OAB$ 的内切圆半径为 R,则上述条件等价于

$$OA + OB - AB = 2R$$
$$OM = \sqrt{2}R \ (\triangle OCM \text{ 是等腰直角三角形})$$

于是,有
$$2R = \sqrt{2}OM = \sqrt{2} \times 1994p \times \sqrt{1^2 + 7^2} = 10p \times 1994$$

将上式及 $OA = 5t, OB = 5r, AB = 5\sqrt{t^2 + r^2}$ 代入 $OA + OB - AB = d$,得
$$5\sqrt{t^2 + r^2} = 5t + 5r - 10p \times 1994$$
即
$$\sqrt{t^2 + r^2} = t + r - 2p \times 1994$$
所以
$$t^2 + r^2 = (t + r)^2 - 4p \times 1994 \times (t + r) + 4p^2 \times 1994^2$$
即
$$(t - 3988p)(r - 3988p) = 2p^2 \times 1994^2 = 2^3 \times 997^2 \times p^2$$
即
$$\left(t - \frac{d}{5}\right)\left(r - \frac{d}{5}\right) = 2^3 \times 997^2 \times p^2$$

由于 $5t = OA > d, 5r = OB > d$,所以合乎条件的三角形的个数为 $2^3 \times 997^2 \times p^2$ 的正因子的个数.

当 $p \neq 2, 997$ 时,有 $(3+1)(2+1)(2+1) = 36$ 个解.

当 $p = 2$ 时,有 $(5+1)(2+1) = 18$ 个解.

当 $p = 997$ 时,有 $(3+1)(4+1) = 20$ 个解.

例 2(原创题) 给定正整数 n,求同时满足下列条件的 n 元数组 $(x_1, x_2, \cdots, x_n)$ 的个数:

(1) $x_i^2 = 1 \ (i = 1, 2, \cdots, n)$.

(2) 对任何正整数 $t \ (1 \leqslant t \leqslant n)$,有 $x_1 + x_2 + \cdots + x_t \geqslant 0$.

分析与解 设合乎条件的数组个数为 P_n,我们先证明:

$$P_{2k} = 2P_{2k-1}$$

实际上,设$(x_1, x_2, \cdots, x_{2k})$合乎条件,则对任何正整数$t(1 \leqslant t \leqslant 2k-1)$,有

$$x_1 + x_2 + \cdots + x_t \geqslant 0$$

于是,数组$(x_1, x_2, \cdots, x_{2k-1})$有$P_{2k-1}$个.

注意到$x_i \equiv 1 \pmod 2$,所以$x_1 + x_2 + \cdots + x_{2k-1}$为奇数.所以$x_1 + x_2 + \cdots + x_{2k-1} > 0$.

于是$x_{2k} = 1, -1$都满足$x_1 + x_2 + \cdots + x_{2k} \geqslant 0$,所以$P_{2k} = 2P_{2k-1}$.

其次,我们证明:

$$P_{2k+1} = 2P_{2k} - Q_{2k}$$

其中Q_{2k}是满足:

$$x_i^2 = 1 \quad (i = 1, 2, \cdots, 2k)$$

且对任何正整数$t(1 \leqslant t \leqslant 2k)$,

$$x_1 + x_2 + \cdots + x_t \geqslant 0$$
$$x_1 + x_2 + \cdots + x_{2k} = 0$$

都成立的数组$(x_1, x_2, \cdots, x_{2k})$的个数.

实际上,设$(x_1, x_2, \cdots, x_{2k+1})$合乎条件,则对任何正整数$t(1 \leqslant t \leqslant 2k)$,有

$$x_1 + x_2 + \cdots + x_t \geqslant 0$$

于是,数组$(x_1, x_2, \cdots, x_{2k})$有$P_{2k}$个.

如果取$x_{2k+1} = 1, -1$,则数组$(x_1, x_2, \cdots, x_{2k+1})$有$2P_{2k}$个.

但其中下面的数组不合乎条件:

$$x_1 + x_2 + \cdots + x_{2k} = 0 \quad 且 \quad x_{2k+1} = -1$$

此时的数组有Q_{2k}个,于是$P_{2k+1} = 2P_{2k} - Q_{2k}$.

下面证明:

$$Q_{2k} = \frac{1}{k+1} C_{2k}^k$$

显然,同时满足:
$$x_i^2 = 1 \quad (i = 1, 2, \cdots, 2k)$$
$$x_1 + x_2 + \cdots + x_{2k} = 0$$
的数组$(x_1, x_2, \cdots, x_{2k})$的个数为$C_{2k}^k$(在$2k$个数中取$k$个为1,其余为$-1$).

考察这些数组中不满足"对任何正整数$t(1 \leqslant t \leqslant 2k)$,$x_1 + x_2 + \cdots + x_t \geqslant 0$"的数组,取一个最小的$t(1 \leqslant t \leqslant 2k-1)$,使$x_1 + x_2 + \cdots + x_t < 0$.

由t的最小性,知
$$x_1 + x_2 + \cdots + x_{t-1} = 0, \quad x_t = -1$$
令
$$x_i' = \begin{cases} -x_i & (i > t) \\ x_i & (i \leqslant t) \end{cases}$$
则$(x_1', x_2', \cdots, x_{2k}')$是$k+1$个$-1$与$k-1$个1组成的数组,这样的数组有$C_{2k}^{k-1}$个.

反之,对任何一个由$k+1$个-1与$k-1$个1组成的数组$(x_1, x_2, \cdots, x_{2k})$,由于$-1$的个数比1的个数多两个,必存在一个最小的正整数$t(1 \leqslant t \leqslant 2k-1)$,使$x_1 + x_2 + \cdots + x_t < 0$.

令
$$x_i' = \begin{cases} -x_i & (i > t) \\ x_i & (i \leqslant t) \end{cases}$$
则$(x_1', x_2', \cdots, x_{2k}')$是$k$个$-1$与$k$个1组成的数组,且至少有一个正整数$t(1 \leqslant t \leqslant 2k-1)$,使$x_1 + x_2 + \cdots + x_t < 0$.

易知,不同的数组$(x_1, x_2, \cdots, x_{2k})$对应的像$(x_1', x_2', \cdots, x_{2k}')$不同,从而其映射为一一映射,于是不满足"对任何正整数$t(1 \leqslant t \leqslant 2k)$,$x_1 + x_2 + \cdots + x_t \geqslant 0$"的数组有$C_{2k}^{k-1}$个.

利用上面的结果,我们有

$$Q_{2k} = C_{2k}^k - C_{2k}^{k-1} = \frac{1}{k+1}C_{2k}^k$$

所以

$$P_{2k+1} = 2P_{2k} - Q_{2k} = 2P_{2k} - \frac{1}{k+1}C_{2k}^k$$

结合 $P_{2k} = 2P_{2k-1}$,利用数学归纳法,可得

$$P_{2k} = C_{2k}^k, \quad P_{2k+1} = C_{2k+1}^k$$

即 $P_n = C_n^{\left[\frac{n}{2}\right]}$.

另解 考虑 x 轴上从原点 $O(0,0)$ 出发的动点 P,P 每一步都在数轴上移动一个单位长度.

考察 P 移动 n 步且不经过负半轴上的点的路径,我们建立这样的路径与题设数组 $(x_1, x_2, \cdots, x_n)$ 之间的一一对应:

当 $x_i = 1$ 时,P 的第 i 步向右走.

当 $x_i = -1$ 时,P 的第 i 步向左走.

这样,$x_1 + x_2 + \cdots + x_t \geqslant 0$ 等价于 P 不经过负半轴上的点.

下面计算这样的路径的条数.

设 P 移动 n 步以后到达点 $(p, 0)$,由于每一步都改变 P 所在点的(坐标)奇偶性,从而 p 与 n 同奇偶.

令 $n - p = 2k$,则 $p = n - 2k$,这表明 P 移动 n 步以后只能到达形如 $(n - 2k, 0)$ 的点 $\left(k = 0, 1, 2, \cdots, \left[\frac{n}{2}\right]\right)$.

我们证明:

点 P 出发后在 x 轴上走 n 步到达点 $(n - 2k, 0)$

且 P 不通过 x 负半轴上的点的不同路径数为 $C_n^k - C_n^{k-1}$ （ $*$ ）

实际上,若允许 P 通过 x 负半轴上的点,那么,设从 O 到达 $(n-2k, 0)$,有 p 步向右走,q 步向左走,则

$$p + q = n, \quad p - q = n - 2k$$

解得 $p = n - k, q = k$.

于是,在 n 步中选取 k 步向左走,有 C_n^k 种方法.

再考察上述走法中通过 x 轴负半轴上的点的走法,对这样的一种走法(简称坏走法),必定在某一步到达点 $M(-1,0)$.

设经过 i 步以后第一次到达点 $M(-1,0)$,我们设想一个点 Q,Q 从 $(-2,0)$ 出发,Q 的前 i 步走的路线与 P 的路线关于直线 $x=-1$ 对称,后面的路线与 P 相同,则 Q 作从 $(-2,0)$ 到 $(n-2k,0)$ 的无其他限定条件的在 x 轴上的运动,它有 $n+1-k$ 步向右,$k-1$ 步向左,其方法数为 C_n^{k-1},结论(*)获证.

由于 $k=0,1,2,\cdots,\left[\dfrac{n}{2}\right]$,从而从 O 出发在 x 轴上走 n 步的好路径数为

$$\sum_{k=0}^{\left[\frac{n}{2}\right]}(C_n^k-C_n^{k-1})=C_n^{\left[\frac{n}{2}\right]}$$

即合乎条件的 n 元数组 $(x_1,x_2,\cdots,x_n)$ 的个数为 $C_n^{\left[\frac{n}{2}\right]}$.

例3(原创题) 设 n 为正奇数,M 是 n 个非零复数的集合,对 M 的任何子集 A,定义 $S(A)$ 为 A 中各数的和,其中规定 $S(\varnothing)=0$.

设 A 是 M 的一个子集,如果对 M 的任何子集 X,有 $|S(A)|\geqslant|S(X)|$,则称 A 为 M 的一个最大子集(简称"大集"),求 M 的大集个数的最大值.

分析与解 首先,子集个数是有限的,从而大集一定存在.

每个复数对应一个从原点出发的向量,考察大集对应向量的特征.设 A 是一个大集,$S(A)$ 对应的向量也用 $S(A)$ 表示,因为 A 中不能再增加向量,于是,不能有向量与 $S(A)$ 夹角不大于 $90°$,所以,作与 $S(A)$ 垂直的直线 l,则 A 具有如下性质:

(1) 直线 l 的包含 $S(A)$ 一侧的向量都属于 A.

否则,假定有一个向量 p_1 不属于 A(图3.9),那么,令 $A'=A\cup\{p_1\}$,因为 p_1,$S(A)$ 的夹角为锐角,有

$$|S(A')| = |p_1 + S(A)| > |S(A)|$$

这与 $S(A)$ 的模最大矛盾.

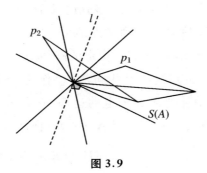

图 3.9

(2) 直线 l 的不包含 $S(A)$ 一侧的向量都不属于 A.

否则,假定有一个向量 p_2 属于 A,那么,令 $A' = A \setminus \{p_2\}$,因为 p_2, $S(A)$ 的夹角为钝角,有

$$|S(A')| = |S(A) - p_2| > |S(A)|$$

这与 $S(A)$ 的模最大矛盾.

(3) 直线 l 上不含任何向量.

否则,直线 l 上含有向量 p,令

$$A' = \begin{cases} A \cup \{p\} & (\text{当 } p \notin A) \\ A \setminus \{p\} & (\text{当 } p \in A) \end{cases}$$

则由斜边大于直角边,得

$$|S(A')| = |S(A) \pm p| > |S(A)|$$

这与 $S(A)$ 的模最大矛盾.

利用 A 的上述特征,我们给出如下定义:

考察所有非零向量所在的直线,这些直线至多将平面划分为 $2n$ 个角形区域,从而最多有 n 对对顶角. 过原点 O 作一条直线 l,使 l 不过其中任何向量(经过一对对顶角区域),称位于 l 一侧的所有向量构成的集合为 M 的一个"半集",l 称为划分线(图 3.10).

显然,每条划分线得到 2 个半集,且每条划分线对应一对对顶角区域(通过某个对顶角区域的所有划分线都对应相同的 2 个半集),所以半集的个数不多于 $2n$.

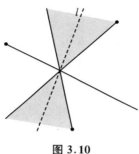

图 3.10

对 M 的任何子集 A,由上面的讨论可知,当 $|S(A)|$ 最大时,A 必为半集.

因为至多有 $2n$ 个半集,所以至多有 $2n$ 个大集.

另一方面,单位圆周上 n 等分点对应的复数构成的集合恰有 $2n$ 个大集.

实际上,设单位圆周上 n 等分点对应的向量按逆时针方向为 $OA_i (i=1,2,\cdots,n)$,则 $2n$ 个半集为

$$P_i = \{OA_i, OA_{i+1}, \cdots, OA_{i+k}\}$$
$$Q_i = \{OA_{i+k+1}, OA_{i+k+2}, \cdots, OA_n\} \quad (i=1,2,\cdots,n)$$

其中,$k = \left[\dfrac{n}{2}\right]$.

因为

$$OA_1 + OA_2 + \cdots + OA_n = 0$$

所以

$$S(P_i) = -S(Q_i), \quad |S(P_i)| = |S(Q_i)| \quad (i=1,2,\cdots,n)$$

又对

$$r < t, \quad S(P_t) = S(P_r)\mathrm{e}^{\mathrm{i}(t-r)\theta}$$

其中 $\theta = \dfrac{2\pi}{n}$,所以 $|S(P_t)| = |S(P_r)|$,所以 $2n$ 个半集的模都相等.

又大集一定存在,且为某个半集,所以每一个半集都是大集,从而有 $2n$ 个大集.

综上所述,当 n 为奇数时,大集个数的最大值为 $2n$.

例 4(2006 年 IMO 中国国家集训队测试题) 给定正整数 m,n,将 $m \times n$ 棋盘上的 mn 个 1×1 方格交替地染成红蓝两色(有公共边的任两个方格不同色,左下角方格为红色),此时从左下到右上的对角线被染成一些红、蓝线段(每条线段与它所在的方格同色),试求所有红色线段的长度之和.

分析与解 本题原来的解答较烦琐,我们给出一种新的解法,它不仅简单,而且很好地揭示了问题的本质:对于 $a \times b$ 棋盘,其中 $\gcd(a,b) = 1$,如果将对角线 ab 等分,则红线段长度比蓝线段长度恰好多一个等分单位.

注意,我们这里采用了对红色段与蓝色段进行分拆的操作技巧:将对角线 ab 等分.这种做法的好处是:原来每个红色段与蓝色段长度不尽相等,而对角线 ab 等分后,每个段(包括红色段与蓝色段)都恰好包含若干个等分段,而每个等分段的长度都相等,所以只需计算有多少个红色等分段.

先考虑 $a \times b$ 棋盘,其中 $\gcd(a,b) = 1$.

(1) a,b 均为大于 1 的奇数.

将对角线 ab 等分,记第 i 等分的线段为 d_i(其中 $i = 1, 2, \cdots, ab$),i 除以 a,b 的最小正余数分别为 p_i,q_i.容易证明,当且仅当 $p_i + q_i$ 为偶数时,d_i 为红色.

实际上,当 d_i 的右端点不在格线上时,d_i 与 d_{i+1} 同色.此时,有

$$p_{i+1} = p_i + 1, \quad q_{i+1} = q_i + 1$$

同时成立,所以
$$p_i + q_i \equiv p_{i+1} + q_{i+1} \pmod{2}$$

当 d_i 的右端点在格线上时,d_i 与 d_{i+1} 异色. 此时,有
$$p_{i+1} = p_i + 1 \quad (p_i, p_{i+1} \text{ 不同奇偶})$$
$$q_{i+1} = 1, \quad q_i = b \quad (q_i, q_{i+1} \text{ 同为奇})$$

或者,有
$$q_{i+1} = q_i + 1 \quad (q_i, q_{i+1} \text{ 不同奇偶})$$
$$p_{i+1} = 1, \quad p_i = a \quad (p_i, p_{i+1} \text{ 同为奇})$$

于是,有
$$p_i + q_i \equiv 1 + p_{i+1} + q_{i+1} \pmod{2}$$

所以,当且仅当 $p_i + q_i$ 与 $p_{i+1} + q_{i+1}$ 同奇偶时,d_i 与 d_{i+1} 同色. 又 d_1 为红色,$p_1 + q_1 = 2$ 为偶,所以当且仅当 $p_i + q_i$ 为偶时,d_i 为红色.

对任何数对 (s,t),其中 $s \in \{1,2,\cdots,a\}$,$t \in \{1,2,\cdots,b\}$,因为 $(a,b) = 1$,由中国剩余定理,都有唯一的 $i \in \{1,2,\cdots,ab\}$,使 $i \equiv s \pmod{a}$,且 $i \equiv t \pmod{b}$.

由于 a,b 为奇数,所以:

$\{1,2,\cdots,a\}$ 中共有 $\dfrac{a+1}{2}$ 个奇数,$\dfrac{a-1}{2}$ 个偶数.

$\{1,2,\cdots,b\}$ 中共有 $\dfrac{b+1}{2}$ 个奇数,$\dfrac{b-1}{2}$ 个偶数.

所以,使 s,t 同奇偶的数对 (s,t) 的个数为
$$\frac{b+1}{2} \cdot \frac{a+1}{2} + \frac{b-1}{2} \cdot \frac{a-1}{2} = \frac{ab+1}{2}$$

于是共有 $\dfrac{ab+1}{2}$ 条等分线段为红色.

而每条等分线段的长度为 $\dfrac{\sqrt{a^2+b^2}}{ab}$,所以

$$S_{红} = \frac{ab+1}{2} \cdot \frac{\sqrt{a^2+b^2}}{ab} = \frac{ab+1}{2ab}\sqrt{a^2+b^2}$$

一般地，对 $m \times n$ 棋盘，设 $(m,n) = d$，令 $m = ad, n = bd$，则 $\gcd(a,b) = 1$.

由上面的结果，在 $a \times b$ 棋盘中，有

$$S_{红} = \frac{ab+1}{2} \cdot \frac{\sqrt{a^2+b^2}}{ab} = \frac{ab+1}{2ab}\sqrt{a^2+b^2}$$

所以，在 $m \times n$ 棋盘中，有

$$\begin{aligned}\overline{S}_{红} &= dS_{红} = d \cdot \frac{ab+1}{2ab}\sqrt{a^2+b^2} \\ &= \frac{ab+1}{2ab}\sqrt{(ad)^2+(bd)^2} \\ &= \frac{(ad)(bd)+d^2}{2(ad)(bd)}\sqrt{(ad)^2+(bd)^2} \\ &= \frac{\sqrt{m^2+n^2}}{2mn}((m,n)^2+mn)\end{aligned}$$

其中，(m,n) 是 m 与 n 的最大公因数.

(2) ab 为偶数.

此时，a,b 一奇一偶，每个 $a \times b$ 棋盘对角线的中点是某个方格一边的中点，对角线上的各线段关于中点对称分布且颜色相反，故两色线段总长度相等.

此时，$S_{红} = \frac{\sqrt{m^2+n^2}}{2}$.

综上可得，当 m 与 n 含素因子 2 的方次不同时，$S_{红} = \frac{\sqrt{m^2+n^2}}{2}$.

当 m 与 n 含素因子 2 的方次相同时，$S_{红} = \frac{\sqrt{m^2+n^2}}{2mn}((m,n)^2+mn)$，其中 (m,n) 是 m 与 n 的最大公因数.

例 5 有 n 个小球,将它们任意分成两堆,求出这两堆小球数量的乘积,再将其中一堆任意分成两堆,求出这两堆小球数量的乘积,如此下去,每次都任选一堆,将这堆任意分成两堆,求出这两堆数量的乘积,直到不能再分为止.求证:无论怎样分堆,所有乘积的和不变.

分析与解 记分拆中所有乘积的和为 S,先考察特例.当 $n=2$ 时,分拆方式是唯一的,$S=1$.

当 $n=3$ 时,分拆方式本质上也是唯一的:第一次分拆将球分成 1 和 2 两部分,对应的乘积为 2.第二次分拆将球数量为 2 的堆分成 1 和 1 两部分,对应的乘积为 1.于是,$S=2+1=3$.

当 $n=4$ 时,分拆有两种方式.

第一种方式:第一次分拆将球分成 1 和 3 两部分,对应的乘积为 3.第二次分拆将球数量为 3 的堆分成 1 和 2 两部分,对应的乘积为 2.第三次分拆将球数量为 2 的堆分成 1 和 1 两部分,对应的乘积为 1.于是,$S=3+2+1=6$.

我们用一个图形来描述上述分拆过程,其中空心点表示该次分拆中没有被拆分的球,而实心点表示该次分拆中被拆分的球(图 3.11).

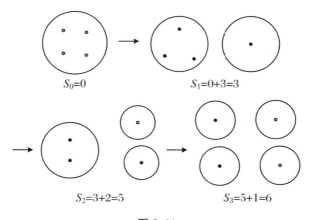

图 3.11

现在考虑,如何继续用图形描述第 i 次分拆后对应乘积的和 S_i?显然,每次分拆后,S 的增量是两组实心点数的乘积.

假定新分拆的两组中各有 a,b 个点,则该分拆产生的乘积为 ab.

将 a,b 分别理解为 C_a^1,C_b^1,则 $ab = C_a^1 C_b^1$,能否将 $C_a^1 C_b^1$ 对应某种几何对象的个数呢?

注意到 C_a^1 表示在有 a 个点的堆中取一个点,C_b^1 表示在有 b 个点的堆中取一个点,我们将这两个点用一条线段连接,则 $C_a^1 C_b^1$ 就表示两组点构成的完全两部分图 $K_{a,b}$ 中边的数量.

现在,我们用 4 个球的另一种方式来检验上述对应的正确性:第一次分拆将球分成 2 和 2 两部分,对应的乘积为 4. 第二次分拆是将其中一个球数量为 2 的堆分成 1 和 1 两部分,对应的乘积为 2. 第三次分拆是将另一个球数量为 2 的堆分成 1 和 1 两部分,对应的乘积为 1. 于是,$S = 4 + 1 + 1 = 6$.

上述分拆过程可用图 3.12 表示,其中实边表示某次分拆新增的边,而虚边表示某次分拆前已有的边.

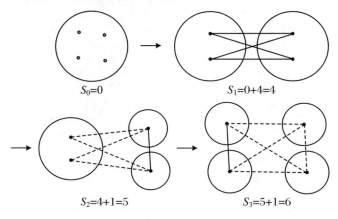

图 3.12

由上可以猜想,对一般的正整数 n,有 $S = C_n^2$.

实际上,最开始所有点都在同一堆,没有边,而每一次分拆是将当前完全两部分图中的某一个部分点集分拆为两个部分,这两个部分之间的点连的边是新增加的边,而原有的边在新的完全两部分图中仍然存在.

于是,每次分拆产生的乘积就是新增加的边的数目,所有乘积的和就是所有边的总数.

当分拆到不能再分时,位于同一堆中的球对都必须分拆到两个不同的堆,而且每一个球对都恰被分拆一次,即每两个点恰连一条边,从而边的总数为 C_n^2,这就是所求的所有乘积的和,它与分拆的方式无关.

例 6 我们称 $\{1,2,3,\cdots,2n\}$ 的一个排列具有性质 P,如果至少有一个 i,使 $i \leqslant 2n-1$,且 $|x_i - x_{i+1}| = n$. 求证:对任何自然数 n,具有性质 P 的排列多于不具有性质 P 的排列.

分析与证明 当 $n=1$ 时,两个排列 $(1,2)$ 与 $(2,1)$ 都具有性质 P,结论成立.

当 $n > 1$ 时,对任何一个不具有性质 P 的排列 $y = (y_1, y_2, \cdots, y_{2n})$,在各 y_i 中,必恰有一个与 y_1 相差 n,设为 y_k.

现对 P 进行如下操作:将 y_1 移动到 y_k 与 y_{k+1} 之间,得到一个新的排列:
$$x = (y_2, y_3, \cdots, y_k, y_1, y_{k+1}, y_{k+2}, \cdots, y_{2n}) = (x_1, x_2, \cdots, x_{2n})$$
则 x 中恰有一个 i,使 $|x_i - x_{i+1}| = n$.

此时,我们称排列 x 恰有一个 i 具有性质 P.

这样一来,我们建立了不具有性质 P 的排列与恰有一个 i 具有性质 P 的排列之间的一个映射 f.

对任何两个不具有性质 P 的排列:
$$y = (y_1, y_2, \cdots, y_{2n})$$

$$z = (z_1, z_2, \cdots, z_{2n})$$

不妨设

$$|y_1 - y_k| = n, \quad |z_1 - z_t| = n$$

在上述对应 f 下,它们分别对应排列:

$$u = (y_2, y_3, \cdots, y_k, y_1, y_{k+1}, y_{k+2}, \cdots, y_{2n})$$
$$v = (z_2, z_3, \cdots, z_t, z_1, z_{t+1}, z_{t+2}, \cdots, z_{2n})$$

那么,当 $k = t$ 时,由 $y \neq z$,得 $u \neq v$. 当 $k \neq t$ 时,不妨设 $1 \leqslant k < t$,如果 $u = v$,则

$$(y_2, y_3, \cdots, y_k) = (z_2, z_3, \cdots, z_k)$$
$$(y_{t+1}, y_{t+2}, \cdots, y_{2n}) = (z_{t+1}, z_{t+2}, \cdots, z_{2n})$$
$$(y_1, y_{k+1}, y_{k+2}, \cdots, y_{t-1}, y_t) = (z_{k+1}, z_{k+2}, \cdots, z_t, z_1)$$

因为 $|z_1 - z_t| = n$,所以 $|y_t - y_{t-1}| = n$,这与 $y = (y_1, y_2, \cdots, y_{2n})$ 不具有性质 P 矛盾,所以 $u \neq v$.

于是,上述映射是单射,这样,恰有一个 i 具有性质 P 的排列不少于不具有性质 P 的排列.

注意到 $1, n+1, 2, n+2, \cdots, n, 2n$ 在 $n > 1$ 时是至少有两个 i 具有性质 P 的排列,因而具有性质 P 的排列比不具有性质 P 的排列至少多 1 个,命题获证.

例 7 在一直线上有 k 个点,对每两个点 A, B,以 AB 为直径作圆,每个圆染 n 色之一,如果任何两个相外切的圆所染颜色都不同,求证:$k \leqslant 2^n$(其中 k 个已知点不染色).

分析与证明 本题的关键,是"外切"这一几何条件(位置关系)不便直接用于估计直线上点的个数,但可方便用于"构造":寻找具有反面性质的对象——两个相外切的同色圆,由此导出矛盾,从而宜采用反证法.

假设 $k > 2^n$,我们需找到两个相切的同色圆.

如何让"点"与"圆"发生联系呢?我们需要通过"外切"条件,建立点与圆之间的某种对应.

任取其中一个圆,设它为红色,其直径为 AB,我们考察能否找到一个圆,同时满足如下两个条件:

(1) 与圆 AB 外切;(2) 与圆 AB 同色.

先找满足条件(1)的圆,由对称性,不妨限定在圆 AB 的左边找,然后在这些圆中找到一个同时还满足条件(2)的圆.

位于圆 AB 的左边且满足条件(1)的圆有何特点?由于这些圆的直径都在给定的直线上,从而这些都与圆 AB 相切于点 A (图 3.13).

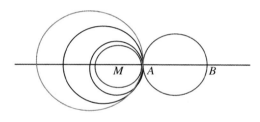

图 3.13

我们略去与圆 AB 相切这一位置关系,仅用这些圆与点 A 的位置关系来代替,即可发现,上述圆的特征等价于那些圆过点 A 且位于 A 的左边.这样,我们可令点 A 对应这样一个派生集合:$f(A) = \{$过 A 且位于 A 左边的圆$\}$.

再注意到,我们关心的并不是 $f(A)$ 中那些圆本身,而是这些圆的颜色,希望这些圆的颜色中有一种颜色与圆 AB 的颜色相同.

由此想到将上述派生集合修改为 $g(A) = \{$过 A 且位于 A 左边的圆的颜色$\}$,然后证明圆 AB 的颜色属于该集合即可.

特别地,若点 A 的左边没有圆,则规定 $g(A) = \varnothing$.

下面证明,一定存在两点 A, B(其中点 A 位于点 B 的左边),使圆 AB 的颜色 $\in g(A)$.

注意到圆 AB 的颜色必定属于 $g(B)$，所以，圆 AB 的颜色 $\in g(A)$ 的一个充分条件是 $g(A) = g(B)$.

注意到共有 n 种颜色，而 $g(A)$ 都是这 n 种颜色集的子集，从而 $g(A)$ 最多有 2^n 种不同的可能(各种颜色属于或不属于 A).

若 $k > 2^n$，则必有两个点 A,B(其中点 A 位于点 B 的左边)，使 $g(A) = g(B)$.

考察以 AB 为直径的圆，由于圆 AB 过 B 且在 B 的左边，从而圆 AB 的颜色 $\in g(B) = g(A)$.

这样，根据 $g(A)$ 的定义，必有一个过 A 且在 A 左边的圆 M 与圆 AB 同色，但圆 M 与圆 AB 互相外切，矛盾，故 $k \leqslant 2^n$.

例 8 如果自然数集 $\mathbf{N}$ 可以划分为 n 个子集 $A_1, A_2, \cdots, A_n$，满足以下条件：

(1) 对任何 $1 \leqslant i < j \leqslant n$，有 $A_i \cap A_j = \varnothing$.

(2) $A_1 \cup A_2 \cup \cdots \cup A_n = \mathbf{N}$.

(3) 对任何 $x, y \in \mathbf{N}, x \neq y$，若 x 可由 y 划去两个相邻的相同数码或两个相邻的相同数码串而得到，则 x, y 属于同一个子集.

求 n 的所有可能取值.

分析与解 首先注意条件(3)中给出的操作具有明显的"不变性"：因为每次操作都是将一些数字成对地划去，从而每一个自然数在操作中其各个数字在该自然数中出现的次数的奇偶性不变.

我们考虑哪些数必定在同一个子集 $A_i (1 \leqslant i \leqslant n)$ 中. 从简单的数开始，期望由此发现一般规律.

先考虑一位数，显然，任何两个一位数都可能属于不同的子集. 这是因为，当 $a \neq b$ 时，一位数 a 中的数字 a 出现 1(奇数)次，而一位数 b 中的数字 a 出现 0(偶数)次，从而一位数 a 和 b 不可能由同一个数经过若干次(3)中的操作得到.

进而考虑两位数 $\overline{ab}(a \neq 0)$，如果 $a = b \neq 0$，则易知，所有形如 $\overline{aa}$

($a \neq 0$)的数都属于同一子集. 因为当 $a \neq b$ 时, $\overline{aa}$ 可由 $\overline{aabb}$ 划去后面两个 b 得到, $\overline{bb}$ 可由 $\overline{aabb}$ 划去前面两个 a 得到, 所以 $\overline{aa}$, $\overline{bb}$ 都与 $\overline{aabb}$ 属于同一集合.

如果 $a \neq b (a, b \neq 0)$, 则也容易发现, $\overline{ab}$ 与 $\overline{ba}$ 属于同一个子集.

实际上, $\overline{ab}$ 可由 $\overline{abbaba}$ 划去后面两个相同的字符串 ba 而得到, 所以 $\overline{ab}$ 与 $\overline{abbaba}$ 属于同一个子集; 又 $\overline{ba}$ 可由 $\overline{abbaba}$ 划去前面两个 b, 得到 $\overline{aaba}$, 再划去前面两个 a 得到, 所以 $\overline{ba}$ 与 $\overline{abbaba}$ 属于同一个子集.

进而可知, $\overline{a_1 a_2 \cdots a_i ab b_1 b_2 \cdots b_j}$ 与 $\overline{a_1 a_2 \cdots a_i ba b_1 b_2 \cdots b_j}$ 属于同一个子集, 因为它们都与 $\overline{a_1 a_2 \cdots a_i abbabab_1 b_2 \cdots b_j}$ 属于同一子集.

由此可见, 对于任何一个自然数 x, 交换 x 的某两个相邻的数码得到的数与 x 属于同一个子集.

注意到交换 x 的某两个位置上的数码可通过反复交换相邻两个位置上的数码来实现, 所以, 交换 x 的任何两个位置上的数码后得到的数都与 x 属于同一个子集.

现在, 对每一个自然数 x 进行如下操作 T: 先通过有限次交换数码位置, 使相同数字都相邻, 然后将每相邻两个相同的数字都划去.

这样, 如果 x 的每一个数码都出现偶数次, 则经过操作 T 后, x 的数字全部都被划去. 此时, x 所在集合中的每一个数在操作 T 下其数字都被划去. 于是, 我们可令 x 所在的子集 A_0 与空集 $\varnothing$ 对应.

如果 x 至少有一个数码出现奇数次, 则每个出现奇数次的数码经操作 T 后都变成只出现 1 次, 而出现偶数次的数码都被划去. 这样, x 变成由若干个互异数字排列而成的数. 我们称此时的数为自然数 x 的"最简表示".

显然, x 所在集合中的每一个数在操作 T 下得到的"最简表示"本质上都是一样的, 其所含的数字相同, 至多只是排列顺序不同而已. 于是, 可令 x 所在集合 A_i 对应一个由其中数的"最简表示"中的

数字构成的集合,该集合显然是$\{0,1,2,\cdots,9\}$的一个非空子集.

这样一来,我们建立了自然数集 $\mathbf{N}$ 划分成的 n 个子集 $A_1, A_2, \cdots, A_n$ 与$\{0,1,\cdots,9\}$的子集之间的一个对应.

显然,对任何两个不同的子集,其中数的"最简表示"是不同的,从而它们对应$\{0,1,\cdots,9\}$的子集是不同的,即上述对应是一个单射.

因为$\{0,1,\cdots,9\}$的子集共有 $2^{10} = 1024$ 个,所以 $n \leqslant 1024$.

下面证明 $n = 1024$ 合乎要求. 实际上,考察$\{0,1,\cdots,9\}$的所有 1024 个子集 $M_1, M_2, \cdots, M_{1024}$,不妨设其中 $M_{1024} = \varnothing$.

对$\{0,1,\cdots,9\}$的任意一个非空子集 $M_i (1 \leqslant i \leqslant 1023)$,设 $M_i = \{j_1, j_2, \cdots, j_{f(i)}\}$,令 $j_1, j_2, \cdots, j_{f(i)}$ 都出现奇数次而其他数字都出现偶数次的数做成一个集合 $A_i (1 \leqslant i \leqslant 1023)$,这样便得到 1023 个集合. 最后,令所有数字都出现偶数次的数组成一个集合 A_{1024},则集合 $A_1, A_2, \cdots, A_{1024}$ 是合乎要求的划分,所以 $n = 1024$ 合乎要求. 此外 $n = 1$ 合乎要求,此时 $\mathbf{N}$ 本身就是合乎要求的划分.

最后证明,对任何 $1 \leqslant n \leqslant 1024$,$n$ 都合乎要求.

实际上,对于 $2 \leqslant n \leqslant 1023$,先构造上述的 1024 个集合 $A_1, A_2, \cdots, A_{1024}$,然后将后面 $1024 - n + 1$ 个集合合并成一个集合,便得到如下 n 个合乎要求的集合:

$$A_1, A_2, \cdots, A_{n-1}, A_n \cup A_{n+1} \cup \cdots \cup A_{1024}$$

综上所述,所有合乎要求的正整数 n 为 $1, 2, \cdots, 1024$.

例 9 已知 $x_i^2 = 1 (1 \leqslant i \leqslant 2n)$,并且

$$x_1 + x_2 + \cdots + x_i \geqslant 0 \quad (1 \leqslant i \leqslant 2n - 1) \qquad ①$$

$$x_1 + x_2 + \cdots + x_{2n} = 0 \qquad ②$$

求满足上述条件的数组 $(x_1, x_2, \cdots, x_{2n})$ 的个数.

分析与解 我们称合乎条件的数组为好数组,先考察好数组 $(x_1, x_2, \cdots, x_{2n})$ 中各数的取值.

由条件,$x_1, x_2, \cdots, x_{2n}$ 都是 1 或 -1. 再由②知,其中恰好有 n 个

1,n 个 -1.

我们称满足条件②(不管其是否满足条件①)的由 1 和 -1 组成的数组为拟好数组,由于在 $2n$ 个数中取 n 个数为 1,另 n 个数为 -1,共有 C_{2n}^n 种方法,于是拟好数组共有 C_{2n}^n 个.

下面考虑拟好数组 $(x_1,x_2,\cdots,x_{2n})$ 中有多少不符合条件①,我们称这样的数组为次好数组,并设次好数组的个数为 t_n.

考察任意一个次好数组 $(x_1,x_2,\cdots,x_{2n})$,其中一定存在正整数 $s(s\leqslant n)$,满足:

(1) $x_1+x_2+\cdots+x_{2s-2}=0$.

(2) $x_{2s-1}=-1$.

并设 s 是这样的正整数中最小的,称 s 是次好数组 $(x_1,x_2,\cdots,x_{2n})$ 的最小分界下标.

定义如下对应:

$$f:(x_1,\cdots,x_{2s-1},x_{2s},\cdots,x_{2n})\to(-x_1,\cdots,-x_{2s-1},x_{2s},\cdots,x_{2n})$$

该对应是将次好数组 $(x_1,x_2,\cdots,x_{2n})$ 中前 $2s-1$ 个项都换成其相反数,其中 s 是次好数组的最小分界下标.

这样,在上述对应下,每个次好数组都对应一个由 $n+1$ 个 1,$n-1$ 个 -1 组成的有序数组.

反之,对于任何一个由 $n+1$ 个 1,$n-1$ 个 -1 组成的有序数组 $(x_1,x_2,\cdots,x_{2n})$,由于 1 的个数多于 -1 的个数,必然存在一个最小的正整数 s,满足

$$x_1+x_2+\cdots+x_{2s-1}=1$$

将 $(x_1,\cdots,x_{2s-1},x_{2s},\cdots,x_{2n})$ 变为 $(-x_1,\cdots,-x_{2s-1},x_{2s},\cdots,x_{2n})$,就得到一个由 n 个 1,n 个 -1 组成的次好有序数组.

所以,上述对应 f 是一一对应.

因为由 $n+1$ 个 1,$n-1$ 个 -1 组成的有序数组 $(x_1,x_2,\cdots,x_{2n})$ 的个数为 C_{2n}^{n+1},从而 $t_n=C_{2n}^{n+1}$.

因此，好数组的个数为 $C_{2n}^n - C_{2n}^{n+1} = \dfrac{1}{n+1} C_{2n}^n$.

例10 设 $F = \{A_1, A_2, \cdots, A_k\}$ 是 X 的子集族，满足：对其中任何 r 个子集，它们的交非空，而其中任何 $r+1$ 个子集，它们的交为空集. 求证：

(1) $|X| \geqslant C_k^r$.

(2) $|X| \geqslant |A_i| + C_{k-1}^r (1 \leqslant i \leqslant k)$.

(3) $|A_i| \geqslant C_{k-1}^{r-1} (1 \leqslant i \leqslant k)$.

分析与证明 (1) 要证明 X 中元素个数不少于 C_k^r，注意到 C_k^r 的意义是从 k 个子集中取出 r 个子集的方法数. 于是我们只需建立 F 的 r 子集组与 X 的元素之间的一个单射.

实际上，对 F 中的任意 r 个子集，考察其派生元：这 r 个子集的交，记为 J. 由题给条件，J 非空，必有一个元素 $x \in J$. 令该 r 子集组与 J 的一个元素 x 对应. 如果 J 中有多个元素，则任取其中一个元素即可，这样便建立了 F 的 r 子集组与 X 的元素之间的一个对应.

下面证明此对应是一个单射. 否则，若 F 的某 r 个子集的交 J_1 与另 r 个子集的交 J_2 对应同一个元素 x，即 $x \in J_1, x \in J_2$，那么，$x \in (J_1 \cap J_2)$.

但 $J_1 \cap J_2$ 是 F 中至少 $r+1$ 个子集的交，与任何 $r+1$ 个子集的交为空集矛盾. 所以上述对应为单射.

因为 F 的 r 子集组有 C_k^r 个，所以，$|X| \geqslant C_k^r$.

若不等式等号成立，则上述映射为一一映射，即 F 中任何 r 个子集的交都是单元集.

(2) 为证 $|X| \geqslant |A_i| + C_{k-1}^r$，我们先将其转化为与(1)中不等式的相同形式：

$$|X| - |A_i| \geqslant C_{k-1}^r$$

因为 A_i 是 X 的子集，有 $|X| - |A_i| = |X \setminus A_i|$，我们只需

3 派 生 元

$X\backslash A_i$ 中的元素个数不少于 C_{k-1}^r. 注意到 C_{k-1}^r 的意义: 从 $k-1$ 个子集中取出 r 个子集的方法数. 但子集族 F 中有 r 个子集, 需要去掉一个子集, 显然由目标的表现形式容易想到去掉 A_i 即可. 于是, 只需建立 $F\backslash\{A_i\}$ 的 $r-1$ 子集组与 $X\backslash A_i$ 的元素之间的一个单射.

实际上, 对每一个 $i(1\leqslant i\leqslant k)$, 考察 $F\backslash\{A_i\}$ 中的任何 r 个子集, 它们的交 J 非空, 必有一个元素 $x\in J$. 令该 r 子集组与 J 的一个元素 x 对应.

易知, x 不属于 A_i. 否则, x 是 F 的 $r+1$ 个子集的交中的元素, 矛盾. 于是, $x\in X\backslash A_i$.

下面证明此对应是一个单射. 否则, 若 $F\backslash\{A_i\}$ 的某 r 个子集的交 J_1 与另 r 个子集的交 J_2 对应同一个元素 x, 即 $x\in J_1, x\in J_2$, 那么, $x\in(J_1\bigcap J_2)$.

但 $J_1\bigcap J_2$ 是 F 中至少 $r+1$ 个子集的交, 与任何 $r+1$ 个子集的交为空集矛盾.

因为 $F\backslash\{A_i\}$ 的 r 子集组有 C_{k-1}^r 个, 所以, $|X\backslash\{A_i\}|\geqslant C_{k-1}^r$, 即 $|X|-|\{A_i\}|\geqslant C_{k-1}^r$.

(3) 要证明 $|A_i|\geqslant C_{k-1}^{r-1}$, 即 A_i 中元素个数不少于 C_{k-1}^{r-1}. 注意到 C_{k-1}^{r-1} 的意义: 从 $k-1$ 个子集中取出 $r-1$ 个子集的方法数. 但子集族 F 中有 r 个子集, 需要去掉一个子集, 同上可知去掉 A_i 即可. 于是, 只需建立 $F\backslash\{A_i\}$ 的 $r-1$ 子集组与 A_i 的元素之间的一个单射.

实际上, 对每一个 $i(1\leqslant i\leqslant k)$, 考察 $F\backslash\{A_i\}$ 中的任意 $r-1$ 个子集, A_i 与这 $r-1$ 个子集所构成的 r 个子集的交 J 非空, 必有一个元素 $x\in J$, 令该 r 子集组与 J 的一个元素 x 对应.

显然, x 既属于 A_i, 又属于 $F\backslash\{A_i\}$ 的 $r-1$ 子集组的交, 即每一个 $F\backslash\{A_i\}$ 的 $r-1$ 子集组都对应 A_i 的一个元素 x.

下面证明此对应是一个单射. 否则, 若有 $F\backslash\{A_i\}$ 的某 $r-1$ 个子集与 A_i 的交 J_1 和另 $r-1$ 个子集与 A_i 的交 J_2 对应同一个元素 x,

即 $x \in J_1$,且 $x \in J_2$,那么,$x \in (J_1 \cap J_2)$.

但 $J_1 \cap J_2$ 包含 $F \backslash \{A_i\}$ 中至少 r 个子集的交,连同 A_i,有至少 $r+1$ 个子集的交非空,矛盾.

因为 $F \backslash \{A_i\}$ 的 $r-1$ 子集组有 C_{k-1}^{r-1} 个,所以 $|A_i| \geq C_{k-1}^{r-1}$.

注 本题的结论是很有用的,它可作为我们解答某些问题的引理,我们举几个例子.

例 11(1971 年波兰数学奥林匹克试题) 为了保管保险柜,问最少应给保险柜加多少把锁,才能使得某 11 个管理员中,任何 5 个人的钥匙打不开保险柜,而任何 6 个人的钥匙可以打开保险柜,其中不同的锁需要不同的钥匙打开.

分析与解 先改造条件:任何 5 个人的钥匙打不开保险柜,等价于存在大家公共的打不开的锁,再将其转化为任何 5 个子集的交非空(存在公共元素).

而任何 6 个人的钥匙可以打开保险柜,等价于没有大家公共的打不开的锁,再将其转化为任何 6 个子集的交为空集. 于是,每个子集 A_i 应是第 i 人打不开锁的集合(不存在公共元素).

设保险柜上的锁的集合为 X,令

$$A_i = \{\text{第 } i \text{ 个人打不开的锁}\} \quad (i = 1, 2, \cdots, 11)$$

由题意,任何 5 个子集 A_i 的交非空,任何 6 个子集 A_i 的交为空集. 由上面的结论,有 $|X| \geq C_{11}^5 = 462$.

若 $|X| = C_{11}^5 = 462$,先将 X 中 462 把锁分别编号为 $x_1, x_2, \cdots, x_{462}$,再将 11 个子集 $A_1, A_2, \cdots, A_k$ 中每取其中 5 个构成的 $C_{11}^5 = 462$ 个 5-子集组编号为 $\Omega_1, \Omega_2, \cdots, \Omega_{462}$.

现在,将第 $i (1 \leq i \leq 462)$ 把锁 x_i "放入"子集组 Ω_i 的每一个子集(5 个子集)中,即锁 x_i 恰好是 Ω_i 对应的 5 个人打不开的锁,这只需将第 i 把锁配 6 把钥匙,将其分给第 i 组外的其他 6 个人. 由此得到如下构造:

将 462 把锁分别编号为 $x_1, x_2, \cdots, x_{462}$,将 11 个人中每取其中 5 个构成的 $C_{11}^5 = 462$ 个五人组编号为 $\Omega_1, \Omega_2, \cdots, \Omega_{462}$,将第 $i(1 \leqslant i \leqslant 462)$ 把锁 x_i 配 6 把钥匙,将其分给第 i 组 Ω_i 外的其他 6 个人,我们证明这样的方案合乎条件.

首先,每个五人组 Ω_i 都没有第 $i(1 \leqslant i \leqslant 462)$ 把锁 x_i 的钥匙,从而打不开保险柜;其次,由于每把打不开的锁都恰属于 5 个人,从而对任何 6 个人,必定能打开保险柜.

综上所述,$|X|$ 的最小值为 462.

例 12(第 13 届莫斯科数学奥林匹克试题) 能否在城市中开设 10 条公共汽车线路,使对其中任何 8 条线路,都至少有一个车站不在其中任何一条线路上,而对任何 9 条线路,则连通城市的所有车站.

分析与解 本题只要构造出合乎条件的线路即可,利用上面的结论,构造不难实现.

先改造条件:任何 8 条线路,都至少有一个车站不在其中任何一条线路上,这等价于存在"公共的"不在线路上的车站,现将其转化为任何 8 个子集的交非空(存在公共元素,这个公共元素为不在线路上的车站).

而将"任何 9 条线路连通城市的所有车站"转化为任何 9 个子集的交为空集,这等价于不存在"公共的"不在线路上的车站(不存在公共元素,这个公共元素为不在线路上的车站).

于是,每个子集 A_i 应是第 i 条线路不能达到的车站的集合($i = 1, 2, 3, \cdots, 10$).

设共有 n 个车站,车站的集合记为 $X(|X| = n)$.用 A_i 表示第 i 条线路不能达到的车站的集合($i = 1, 2, 3, \cdots, 10$).那么,任何 8 个子集的交非空,任何 9 个子集的交为空集.

由上面的结论,有
$$n = |X| \geqslant C_{10}^8 = 45$$

$$36 = C_9^7 \leqslant |A_i| \leqslant |X| - C_9^8 = |X| - 9$$

取 $|X| = 45$,则

$$36 = C_9^7 \leqslant |A_i| \leqslant |X| - C_9^8 = |X| - 9 = 45 - 9 = 36$$

所以 $|A_i| = 36(i = 1, 2, \cdots, 10)$.

这表明,每条线路恰有 36 个车站不能通过,也即每条线路上恰有 $45 - 36 = 9$ 个车站.

由 10 条线路,每条线路上有 9 个车站,容易得到如下构造:

用 10 条直线代表 10 条线路,令这些直线中,任何 2 条都相交,任何 3 条不共点,则这些直线共有 45 个交点,在每个交点处设一个车站,则共有 45 个车站,且每条直线与其他 9 条直线相交,有 9 个交点,从而每条直线上有 9 个车站,下面证明这种构造合乎条件.

首先,任取 9 条直线,等价于在 10 条直线中任意去掉一条直线,而每个交点都在两条不同的直线上,去掉一条直线,该直线上的交点必在剩下的某条直线上,从而任 9 条直线都经过所有 45 个交点.

其次,任取 8 条直线,等价于在 10 条直线中任意去掉 2 条直线,而这两条直线的交点不在所取的 8 条直线中的任何一条上,否则,有 3 条直线交于同一个点,从而 10 条直线的不同交点个数少于 45,矛盾,所以任何 8 条直线不通过所有交点.

例 13 给定两个自然数 $r, k (2 \leqslant r \leqslant k-1)$,求证:存在 k 个自然数,其中任何 r 个都不互质,任何 $r+1$ 个互质.

分析与证明 本题应将"互质"与"不互质"转化集合是否相交的问题.

设 $a_1, a_2, \cdots, a_k$ 是 k 个合乎条件的自然数,那么,对任何 $1 \leqslant i_1 < i_2 < \cdots < i_r \leqslant k$,有

$$(a_{i_1}, a_{i_2}, \cdots, a_{i_r}) \neq 1 \Leftrightarrow a_{i_1}, a_{i_2}, \cdots, a_{i_r} \text{ 有公共的质因数}$$

这需要转化为

对任何 $1 \leqslant i_1 < i_2 < \cdots < i_r \leqslant k$,有 $A_{i_1} \cap A_{i_2} \cap \cdots \cap A_{i_r} \neq \varnothing$

3 派生元

$$\Leftrightarrow A_{i_1}, A_{i_2}, \cdots, A_{i_r} \text{ 有公共元}$$

由此可见，A 中的"元素"应定义为 a 的所有质因数，于是定义：

$$A_i = \{a_i \text{ 的质因数}\} (1 \leqslant i \leqslant k)$$

在上述定义下，显然有

对任何 $1 \leqslant i_1 < i_2 < \cdots < i_r < i_{r+1} \leqslant k$

有 $(a_{i_1}, a_{i_2}, \cdots, a_{i_{r+1}}) = 1$

$\Leftrightarrow$ 对任何 $1 \leqslant i_1 < i_2 < \cdots < i_r < i_{r+1} \leqslant k$

有 $A_{i_1} \cap A_{i_2} \cap \cdots \cap A_{i_{r+1}} = \varnothing$

所以 $A_1, A_2, \cdots, A_k$ 是 r-均匀相交子集族.

现在的问题是，a_i 并不知道，而是要反过来由 r-均匀相交子集族 $A_1, A_2, \cdots, A_k$ 来定义 a_i，即找到 $a_i = f(A_i)$.

考察特例：当 $a_1 = 120 = 2^3 \cdot 3 \cdot 5$ 时，$A_1 = \{2, 3, 5\}$. 而反过来，当 $A_1 = \{2, 3, 5\}$ 时，并不能确定 $a_1 = 120 = 2^3 \cdot 3 \cdot 5$.

为简单起见，可假定所构造的每个数 a_i，其质因数分解式中各质因数的次数都是 1. 此时，有

A_i 是 a_i 的所有质因数的集合

$\Leftrightarrow a_i$ 是 A_i 中各数的积（A_i 由质数构成）

这样，令 $a_i = \pi(A_i)$（表示所有 A_i 的积）即可得到合乎要求的 k 个数.

令 $X = \{p_1, p_2, \cdots, p_{C_k^r}\}$，其中 $p_i (i = 1, 2, \cdots, C_k^r)$ 是互异质数. 下面由这 C_k^r 个质数来构造合乎题目要求的 k 个数，为此，先由 $p_1, p_2, \cdots, p_{C_k^r}$ 构造如下 k 个集合 $A_1, A_2, \cdots, A_k$.

将 $A_1, A_2, \cdots, A_k$ 构成 C_k^r 个子集组（每组 r 个子集）编号为 $\Omega_1, \Omega_2, \cdots, \Omega_{C_k^r}$，再令第 i 个质数 $p_i (i = 1, 2, \cdots, C_k^r)$ 恰属于第 i 个子集组 Ω_i 中的每一个集合，则 p_i 恰属于其中的 r 个集合.

上述构造得到的集合 $A_1, A_2, \cdots, A_k$ 具有这样的性质：任何 r 个集合的交非空，任何 $r+1$ 个集合的交为空集. 实际上，对其中任何 r 个

集合,设它们是第 $i(1\leqslant i\leqslant C_k^r)$ 个 r-子集组 Ω_i 中的集合,由构造过程可知,这 r 个集合都含有质数 p_i,从而其交非空;对其中任何 $r+1$ 个集合,若其交不是空集,则其交中的质数属于 $r+1$ 个集合,矛盾.

现在,令 a_j 为 $A_j(j=1,2,\cdots,k)$ 中所有质数之积,下面证明 $a_1,a_2,\cdots,a_k$ 合乎题目要求.

实际上,对任何 r 个数:$a_{t_1},a_{t_2},\cdots,a_{t_r}$,因为对应的 r 个集合 $A_{t_1},A_{t_2},\cdots,A_{t_r}$ 的交非空,设 $p\in A_{t_1}\cap A_{t_2}\cap\cdots\cap A_{t_r}$,即 $p\mid a_{t_1}$,$p\mid a_{t_2},\cdots,p\mid a_{t_r}$,所以 $(a_{t_1},a_{t_2},\cdots,a_{t_r})\neq 1$;而对其中任何 $r+1$ 个数:$a_{t_1},a_{t_2},\cdots,a_{t_{r+1}}$,若 $(a_{t_1},a_{t_2},\cdots,a_{t_{r+1}})\neq 1$,则有质数 p,使 $p\mid a_{t_1},p\mid a_{t_2},\cdots,p\mid a_{t_{r+1}}$,从而 $p\in A_{t_1}\cap A_{t_2}\cap\cdots\cap A_{t_{r+1}}$,与 $A_{t_1}\cap A_{t_2}\cap\cdots\cap A_{t_{r+1}}=\varnothing$ 矛盾.

3.5 派生排列

在有些计数问题中,计数对象涉及的若干元素都具有某两种状态之一:或者是状态 A,或者是状态 B,此时,我们可以定义某个元素属于状态 A 时,称该元素是被取定的,而元素属于状态 B 时,称该元素是被舍弃的.我们用 1 表示取定,0 表示舍弃,则每个元素都对应一个数字 0 或 1,这样,所有元素便对应一个由数字 0,1 组成的排列.

特别地,对 $X=\{a_1,a_2,\cdots,a_n\}$ 的 k 元组合 A,令其对应一个长为 n 的 k 元排列:$(p_1,p_2,\cdots,p_n)$,其中当 $a_j\in A$ 时,排列的第 $j(1\leqslant j\leqslant k)$ 个位置上的数 $p_j=1$,否则 $p_j=0$,而"k 元"的意义是指排列中恰有 k 个 1.

显然,$X=\{a_1,a_2,\cdots,a_n\}$ 的 k 元组合与长为 n 的 k 元 0,1 排列形成一一对应.

例 1 求证:$C_n^k=C_n^{n-k}$.

分析与证明 因为 C_n^k 表示 $X=\{a_1,a_2,\cdots,a_n\}$ 的 k 元组合的

个数,对 $\{a_1,a_2,\cdots,a_n\}$ 的一个 k 元组合 $\{a_{i_1},a_{i_2},\cdots,a_{i_k}\}$,令其对应一个长为 n 的含有 k 个 1 的 0,1 排列 $(x_1,x_2,\cdots,x_n)$,其中 $x_i\in\{0,1\}$,且 $i\in\{i_1,i_2,\cdots,i_k\}$ 时,$x_i=1$,否则 $x_i=0$.

现在只需计算长为 n 的含有 k 个 1 的 0,1 排列的个数.

因为长为 n 的含有 k 个 1 的 0,1 排列中有 n 个位置,从中选取 k 个位置排 1,有 C_n^k 种方法,从而长为 n 的 k 元 0,1 排列有 C_n^k 个.

另一方面,长为 n 的含有 k 个 1 的 0,1 排列中有 n 个位置,从中选取 $n-k$ 个位置排 0,有 C_n^{n-k} 种方法,从而长为 n 的 k 元 0,1 排列有 C_n^{n-k} 个.

故 $C_n^k=C_n^{n-k}$.

例 2 设 $X=\{a_1,a_2,\cdots,a_n\}$,$A=\{a_{i_1},a_{i_2},\cdots,a_{i_k}\}$ 是 X 的 k 元子集,若 A 中的元素满足:$i_2-i_1>r$,$i_3-i_2>r$,$\cdots$,$i_k-i_{k-1}>r$,则称 A 为从 n 个有序元素中取 k 个元素的线型"限距 r"的组合,简称为 n 个有序元素的"k 元线型限距 r 组合".试证:n 个有序元素的 k 元线型限距 r 组合的个数(简称线型限距 r 组合数)为 $C_{n-(k-1)r}^k$.

分析与证明 在 3.2 节中用代换派生给出了本题的一个解法,今采用派生排列解之.设 $A=\{a_{i_1},a_{i_2},\cdots,a_{i_k}\}$ 是 n 个有序元素 $a_1,a_2,\cdots,a_n$ 的 k 元线型限距 r 组合,令其对应一个长为 n 的 k 元线型限距 r 的 0,1 排列 $(p_1,p_2,\cdots,p_n)$,其中当 $a_j\in A$ 时,排列的第 $j(1\leqslant j\leqslant k)$ 个位置上的数 $p_j=1$,否则 $p_j=0$.

其中"k 元"是指 0,1 排列中恰有 k 个 1,"线型限距 r"是指排列的每相邻两个 1 之间至少有 r 个 0.

显然,n 个有序元素的 k 元线型限距 r 组合与长为 n 的 k 元线型限距 r 的 0,1 排列形成一一对应.

对于一个长为 n 的 k 元线型限距 r 的 0,1 排列 $(p_1,p_2,\cdots,p_n)$,在每相邻两个 1 之间都去掉 r 个 0,我们称剩下的数按原来的

顺序构成的排列为原排列的"线型 r-隐距列".

显然,"线型 r-隐距列"的长度为 $n-(k-1)r$.

反之,对任何一个长为 $n-(k-1)r$ 的"线型 r-隐距列",在每相邻两个1之间都添加 r 个0,则得到一个长为 n 的 k 元线型限距 r 的 0,1 排列.

于是,长为 n 的 k 元线型限距 r 的 0,1 排列与长为 $n-(k-1)r$ 的"线型 r-隐距列"形成一一对应.

由上可知,我们只需计算长为 $n-(k-1)r$ 的"线型 r-隐距列"的个数.

注意到"线型 r-隐距列"是 $n-(k-1)r-k$ 个 0 与 k 个 1 的任意排列,排列中 0 与 1 的位置没有任何限定.于是,在 $n-(k-1)r$ 个位置中选取 k 个排 1,共有 $C_{n-(k-1)r}^{k}$ 种方法,所以合乎条件的组合 A 有 $C_{n-(k-1)r}^{k}$ 个.

例3 设 $X=\{a_1,a_2,\cdots,a_n\}$,$A=\{a_{i_1},a_{i_2},\cdots,a_{i_k}\}$ 是 X 的 k 元子集,若 A 中的元素满足:$i_1>r, i_2-i_1>r, i_3-i_2>r,\cdots, i_k-i_{k-1}>r$,则称 A 为从 n 个有序元素中取 k 个元素的环型"限距 r"的组合,简称为 n 个有序元素的"k 元环型限距 r 组合".试证:n 个有序元素的 k 元环型限距 r 组合的个数(简称环型限距 r 组合数)为 C_{n-kr}^{k}.

分析与证明 在3.2节中用代换派生给出了本题的一个解法,今采用派生排列解之.设 $A=\{a_{i_1},a_{i_2},\cdots,a_{i_k}\}$ 是 n 个有序元素 $a_1,a_2,\cdots,a_n$ 的 k 元环型限距 r 组合,令其对应一个长为 n 的 k 元线型限距 r 的 0,1 排列 $(p_1,p_2,\cdots,p_n)$,其中当 $a_j\in A$ 时,排列的第 $j(1\leqslant j\leqslant k)$ 个位置上的数 $p_j=1$,否则 $p_j=0$.

其中"k 元"是指 0,1 排列中恰有 k 个 1,"环型限距 r"是指排列的每相邻两个 1 之间至少有 r 个 0,且第一个 1 前面至少有 r 个 0.

显然,n 个有序元素的 k 元环型限距 r 组合与长为 n 的 k 元环

型限距 r 的 $0,1$ 排列形成一一对应.

对于一个长为 n 的 k 元环型限距 r 的 $0,1$ 排列 $(p_1, p_2, \cdots, p_n)$,在每相邻两个 1 之间都去掉 r 个 0,并在第一个 1 之前去掉 r 个 0,我们称剩下的数按原来的顺序构成的排列为原排列的"环型 r-隐距列".

显然,"环型 r-隐距列"的长度为 $n - kr$.

反之,对任何一个长为 $n-k$ 的"环型 r-隐距列",在每相邻两个 1 之间都添加 r 个 0,并在第一个 1 之前添加 r 个 0,则得到一个长为 n 的 k 元环型限距 r 的 $0,1$ 排列.

于是,长为 n 的 k 元环型限距 r 的 $0,1$ 排列与长为 $n-kr$ 的"环型 r-隐距列"形成一一对应.

由上可知,我们只需计算长为 $n-kr$ 的"环型 r-隐距列"的个数.

注意到"环型 r-隐距列"是 $n-kr-k$ 个 0 与 k 个 1 的任意排列,排列中 0 与 1 的位置没有任何限定.于是,在 $n-kr$ 个位置中选取 k 个排 1,共有 C_{n-kr}^{k} 种方法,所以合乎条件的组合 A 有 C_{n-kr}^{k} 个.

习 题 3

1. 将正整数 m 分拆为 $n(n \leqslant m)$ 个正整数之和,如果和式中各项的顺序不同则认为是不同的分拆,求所有的分拆种数 $f(m,n)$.

2. 将正整数 m 分拆为若干个正整数之和,如果和式中各项的顺序不同则认为是不同的分拆,求所有的分拆种数 $f(m)$.

3. 给定正整数 $n, m, s, t (s < t)$,求方程 $a_1 + a_2 + \cdots + a_m = n$ 的满足 $a_1 + a_2 \geqslant s, a_2 + a_3 \geqslant t$ 的正整数解 $(a_1, a_2, \cdots, a_m)$ 的个数.

4. 从 $m \times n$ 的棋盘中,取出一个由 3 个小方格组成的 L 形,有多少种不同取法? 这里 $m \times n$ 棋盘是指 m 条横线与 n 条竖线所构成的棋盘.

5.(第43届莫斯科数学奥林匹克试题)$m \times n$ 方格棋盘上放有 r 个格点正方形,但任何两个正方形中,一个不被另一个覆盖,求 r 的最大值.

6. 圆周上有 n 个点,A 是其中的一点,在以这些点为顶点的凸多边形中,含顶点 A 的多边形与不含顶点 A 的多边形哪个多一些,多多少?

7.(第10届美国数学邀请赛试题)在一种"咬格子"的游戏中,两名选手轮流"咬"一个由单位正方形组成的 5×7 网格.所谓"咬一口",就是一个选手在剩下的残缺棋盘中挑一个正方格子,然后去掉("吃掉")它的左侧的一条边向上延长的射线与下底边向右延长的射线所确定的象限中的全部正方形格子.如图 3.14(a)所示,有阴影的格子是选定的,吃掉的是这个有阴影的及标注"×"的四个格子(虚线部分是在这之前已被"吃掉"的).游戏的目标是要使对手"咬"最后一口.图 3.14(b)所示的是35个正方形组成的集合的一个子集,它是在"咬格子"游戏过程中可能出现的一个子集.

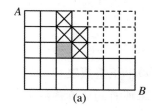 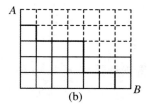

图 3.14

试问:在游戏过程中,可能出现的不同的子集总共有多少个?整个网格及空集也计算在内.

8.(2002年保加利亚国家数学奥林匹克地区级竞赛试题)设正整数 $n \geq 3$,$a_1, a_2, \cdots, a_n$ 是任意 n 个互异的实数,且其和为正数.如它的一个排列 $b_1, b_2, \cdots, b_n$ 满足:对任意的 $k = 1, 2, \cdots, n$,均有 b_1

$+ b_2 + \cdots + b_k > 0$,则称这个排列是好的,求好的排列个数的最小值.

9. 在 $n \times n$ 棋盘中,有多少其边平行于棋盘的对角线的格点长方形(非正方形)?

10. 证明:在 n 阶竞赛图 G 中,设顶点 A_i 的出度(得分)为 a_i,则 G 中共有 $C_n^3 - \sum_{i=1}^{n} C_{a_i}^2$ 个长为 3 的有向圈.

11. 求证:在 n 阶竞赛图 G 中,所有点的得分相等的充要条件是:G 共有 $\frac{1}{24}n(n+1)(n-1)$ 个长为 3 的有向圈.

12. 有 n 个人数相等的课外小组,已知其中任意 k 个小组的学生包括了全校所有学生,而任意 $k-1$ 个小组的学生不包括全校所有学生,试问:(1) 全校至少多少学生?(2) 当全校学生人数达到上述最小可能值时,每个课外活动小组有多少学生?

13. 设 $A_1, A_2, \cdots, A_r$ 是 $X = \{1, 2, 3, \cdots, 2n, 2n+1\}$ 的非空子集,其中任意两个子集的交,或者只有一个数,或者由几个相连的自然数组成.求 r 的最大值.

14. (卡普南斯基问题,Kaplansky)在直线 l 上依次有 n 个点 $A_1, A_2, \cdots, A_n$,求含其中 k 个点但无任何两个相邻点的集合 P 的个数.

15. 某个月有 30 天,某人在此月内可休息 4 天,但每两个休息日之间至少相隔 4 天,问有多少选择休息日的方法?

16. (1989 年全国高中数学联赛试题)从 $1, 2, \cdots, 14$ 中取出 3 个数 $a_1 < a_2 < a_3$,使得 $a_2 - a_1 \geq 3, a_3 - a_2 \geq 3$,问有多少个不同的三数组?

17. 联欢晚会要安排 10 个演唱节目,4 个舞蹈节目,要求每两个舞蹈节目之间至少有两个演唱节目,问有多少安排节目的方法?

18. 设 m 和 n 是大于 1 的整数,S 是一个有 n 个元素的集合,令 $A_1, A_2, \cdots, A_m$ 是 S 的子集.假定对 S 中任何两个元素 x 和 y,都存

在一个集合 A_i,使得要么 x 属于 A_i 但 y 不属于 A_i,要么 y 属于 A_i 但 x 不属于 A_i(即 x,y 中恰有一个属于 A_i). 试证:$n \leqslant 2^m$.

19.(2001 年中国数学奥林匹克试题)将周长为 24 的圆周等分成 24 段,从 24 个分点中选取 8 个点,使得其中任何两点间所夹的弧长都不等于 3 和 8,问满足要求的 8 点组有多少种不同取法? 说明理由.

20.(2009 年中国数学奥林匹克试题)凸 n 边形 P 中的每条边和每条对角线都被染为 n 种颜色中的一种颜色. 问:对怎样的 n,存在一种染色方式,使得对于这 n 种颜色中的任何 3 种不同颜色,都能找到一个三角形,其顶点为多边形 P 的顶点,且它的 3 条边分别被染为这 3 种颜色?

21.(《美国数学月刊》1993 年 6 月号问题 3459)设集合 X 满足 $|X|=n \geqslant 3$,F 是 X 的四元子集的集合,且 F 中任何两个集合至多有两个公共元素. 求证:存在一个元素个数不少于 $\sqrt[3]{6n+3}$ 的 X 的子集 S,使 S 的任何四元子集都不在 F 中.

22. 设有 n 对夫妇,$n>3$,每个人在一段时间内属于某个聊天小组,称之为团,每个人与其配偶不属于任何一个团,若已知有一人恰属于其中的两个团,且任何两个非配偶的人都恰有一次属于同一个团,求证:团的总数不少于 $2n$.

23.(第 31 届美国数学奥林匹克试题)设 S 是有 2002 个元素的集合,给定自然数 $N(0 \leqslant N \leqslant 2^{2002})$,试证:可将 S 中的元素染红色或蓝色,使 S 满足:

(1) 任何两个红子集的并为红色.

(2) 任何两个蓝子集的并为蓝色.

(3) 恰有 N 个红子集.

24. 若一个集合含有偶数个元素,则称之为偶集. 设 $M=\{1,2,\cdots,2010\}$,如果存在 M 的 k 个偶子集:$A_1,A_2,\cdots,A_k$,使对任何 $1 \leqslant i<j \leqslant k$,都有 $A_i \cap A_j$ 不是偶集,求 k 的最大值.

25. (第49届国际数学奥林匹克试题)设 n 和 k 是正整数,$k \geqslant n$,且 $k-n$ 是一个偶数. $2n$ 盏灯依次编号为 $1, 2, \cdots, 2n$,每一盏灯可以"开"和"关". 开始时,所有的灯都是"关"的. 对这些灯可进行操作,每一次操作改变其中的一盏灯的开关状态(即"开"变成"关","关"变成"开"),我们考虑长度为 k 的操作序列,序列中的第 i 项就是第 i 次操作时被改变开关状态的那盏灯的编号.

设 N 是 k 次操作后灯 $1, \cdots, n$ 是"开"的,灯 $n+1, \cdots, 2n$ 是"关"的状态的所有不同的操作序列的个数.

设 M 是 k 次操作后灯 $1, \cdots, n$ 是"开"的,灯 $n+1, \cdots, 2n$ 是"关"的,但是灯 $n+1, \cdots, 2n$ 始终没有被操作过的所有不同的操作序列的个数.

求比值 $\dfrac{N}{M}$.

习题 3 解答

1. 对于 m 的分拆: $m = x_1 + x_2 + \cdots + x_n$,等价于该方程的正整数解 $(x_1, x_2, \cdots, x_n)$ 的个数,于是 $f(m, n) = C_{m-1}^{n-1}$.

2. 对正整数 m 的一个分拆: $m = x_1 + x_2 + \cdots + x_k$. 将其中的 x_i 分拆成 x_i 个 1 的和: $1 + 1 + \cdots + 1$,对每一个分拆,中间用 0 隔开,得到一个由 m 个 1 和 $k-1$ 个 0 组成的 0, 1 排列 $A = (a_1, a_2, \cdots, a_{m+k-1})$. 其中 x_i 是 A 中从左到右第 $i-1$ 个 0 与第 i 个 0 之间的 1 的个数,且 0 不排首、尾,也不连排.

反之,对任意一个由 m 个 1 和 $k-1$ 个 0 组成的 0, 1 排列,其中 0 不排首、尾,也不连排,从左至右,令第 $i-1$ 个 0 与第 i 个 0 之间的 1 的个数为 x_i,则得到 m 的一种分拆 $(x_1, x_2, \cdots, x_k)$. 显然,当分拆不同时对应的 0, 1 排列也不同,于是,其对应是一一对应.

注意到 k 可取 $1, 2, \cdots, m$,它等价于在 m 个 1 形成的 $m-1$ 个

空当中,每个空当可排 0,也可不排 0,均有 2 种选择,从而共有 2^{m-1} 种选择,即这样的排列有 2^{m-1} 个,所以 $f(m)=2^{m-1}$.

3. 原方程变为

$$(a_1+a_2)+(a_2+a_3)+a_4+\cdots+a_m=n+a_2$$

$$(a_1+a_2-s+1)+(a_2+a_3-t+1)+a_4+\cdots+a_m$$
$$=n+a_2-s-t+2$$

令

$$x=a_1+a_2-s+1,\quad y=a_2+a_3-t+1,\quad r=a_2$$

则 $x\geqslant 1, y\geqslant 1, r\geqslant 1$,方程变为

$$x+y+a_4+a_5+\cdots+a_m=r+n-s-t+2 \quad (*)$$

注意,其中 $r=a_2$ 非常数,先固定 r 求方程 $(*)$ 的正整数解. 对于方程 $(*)$ 的正整数解 $(x,y,a_4,a_5,\cdots,a_m,r)$,由

$$x=a_1+a_2-s+1,\quad y=a_2+a_3-t+1,\quad r=a_2$$

得

$$a_2=r,\quad a_1=x+s-1-a_2,\quad a_3=y+t-1-a_2$$

但它们未必都是正整数,需对 r 分类讨论.

先估计 r 的"总范围":一方面,有

$$n=a_1+a_2+\cdots+a_m=r+(a_1+a_3+a_4+\cdots+a_m)$$
$$\geqslant r+(m-1)$$

所以 $r\leqslant n+1-m$.

另一方面,有

$$n+r=a_1+a_2+\cdots+a_m+r$$
$$=(a_1+a_2)+(a_3+a_2)+a_4+\cdots+a_m$$
$$\geqslant s+t+(m-3)$$

所以 $r\geqslant s+t-n+m-3$,故

$$s+t-n+m-3\leqslant r\leqslant n+1-m$$

由此可见

3 派生元

$$m \leqslant n + 2 - \frac{s+t}{2}$$

(1) 当 $m > n + 2 - \frac{s+t}{2}$ 时,不存在合乎条件的正整数解.

(2) 当 $m \leqslant n + 2 - \frac{s+t}{2}$ 时,分如下三种情况.

(ⅰ) 若 $r \leqslant s - 1 < t - 1$,则方程(*)的一个正整数解对应原方程的一个合乎条件的正整数解,而对固定的 r,方程

$$x + y + a_4 + a_5 + \cdots + a_m = r + n - s - t + 2$$

的正整数解的个数为 $C_{r+n-s-t+1}^{m-2}$,所以相应的正整数解的个数为

$$\sum_{r=s+t-n+m-3}^{s-1} C_{r+n-s-t+1}^{m-2} = C_{n-t+1}^{m-1}$$

(ⅱ) 若 $s \leqslant r < t$,则 $a_1 + a_2 \geqslant s$ 显然满足,只需求原方程满足 $a_2 + a_3 \geqslant t$ 的解,于是,原方程变为

$$a_1 + (a_2 + a_3) + a_4 + \cdots + a_m = n$$
$$a_1 + (a_2 + a_3 - t + 1) + a_4 + \cdots + a_m = n - t + 1$$
$$a_1 + y + a_4 + \cdots + a_m = n - t + 1$$

$$(**)$$

当 r 固定时,对于方程(**)的正整数解 $(a_1, y, a_4, a_5, \cdots, a_m)$,由 $y = a_2 + a_3 - t + 1, r = a_2$,得 $a_2 = r, a_3 = y + t - 1 - a_2$,有 $a_3 \in \mathbf{N}^+$,于是 $(a_1, a_2, \cdots, a_m)$ 是合乎条件的解.

方程(**)正整数解 $(a_1, y, a_4, a_5, \cdots, a_m)$ 的个数为 C_{n-t}^{m-2},再注意到 $r = s, s+1, \cdots, t-1$,所以此时方程的正整数解的个数为

$$\sum_{r=s}^{t-1} C_{n-t}^{m-2} = (t-s) C_{n-t}^{m-2}$$

(ⅲ) 若 $r \geqslant t$,则 $a_1 + a_2 \geqslant s, a_2 + a_3 \geqslant t$ 都显然满足,只需求原方程满足 $a_2 \geqslant t$ 的正整数解,将原方程变形为

$$a_1 + (a_2 - t + 1) + \cdots + a_m = n - t + 1$$

它的正整数解$(a_1, a_2-t+1, \cdots, a_m)$的个数为$C_{n-t}^{m-1}$.

所以合乎条件的正整数解的个数为

$$C_{n-t+1}^{m-1} + (t-s)C_{n-t}^{m-2} + C_{n-t}^{m-1} = 2C_{n-t+1}^{m-1} + (t-s-1)C_{n-t}^{m-2}$$

4. 对每种取法,都有一个点与它对应,这个点就是所取 L 形中三个小方格的公共点,它是棋盘上横线与竖线的交点,且不在棋盘的边界上. 每个点对应于 4 种不同取法,这 4 种取法构成一个"田"字形. 而每个"田"字形都有唯一的中心. 即映射 f:"田"字形→"田"字形中心是棋盘上由小方格组成的"田"字集合到棋盘内横线与竖线的交点集(不包括边界上的点)的一一映射.

显然棋盘内横线与竖线的交点有$(m-2)(n-2)$个,所以,共有$4(m-2)(n-2)$种不同取法.

5. $r_{\max} = mn$. 一个正方形对应于一个右上方的顶点,这些点都是棋盘中不在左边界线及下边界线上的格点,这样的格点共有 mn 个. 其次,上述映射是单射,实际上,若两个正方形 A, B 对应同一个格点P,不妨设$S_A > S_B$,那么 A 覆盖了 B,矛盾. 所以 $r \leqslant mn$. 最后,mn 个单位正方形显然合乎条件,故 $r_{\max} = mn$.

6. 对任何一个含点 A 的多边形,令其对应一个派生元:由多边形去掉 A 得到的多边形. 但为了保证去掉一个点 A 后多边形至少有 3 条边,应先限定去掉点 A 之前多边形的边数大于3,即先考虑非三角形(边数至少为 4)的多边形.

取定任意一个点 A,在所有多边形中,记含顶点 A 的多边形的集合为P,记 P 中边数大于3(非三角形)的多边形的集合为P',又设不含顶点 A 的多边形的集合为Q. 那么,对任何 $x \in Q$,在 x 的基础上加入顶点A,则得到 P' 中的一个多边形. 反之,对 P' 中的任何一个多边形y,去掉 y 中的顶点 A,则得到 Q 中的一个多边形,且对 P' 中两个不同的多边形,分别加入点 A 后得到的多边形仍不同,所以上述对应是一一对应,所以$|P'| = |Q|$. 又 $P \backslash P' = \{$含顶点 A 的三角

形$\}$,因此,含顶点 A 的多边形比不含顶点 A 的多边形多 C_{n-1}^2 个.

7. 根据游戏规则,每次"吃"剩下的图形有如下特点:从左到右,各列的方格数不增.因为如某一方格被"吃",那么它右面和上面的格子全部被"吃".于是每次剩下的图形从 A 到 B 的上边界是一条由 7 段横线与 5 段竖线组成的折线,且它是不增的;反之,每一条这样的折线也对应一块"吃"剩下的方格集.而这样的折线共有 $C_{12}^5 = 792$ 种不同情形,游戏过程中可能出现的不同的子集总共有 792 个.

8. 考察最坏情形,使 $b_1 + b_2 + \cdots + b_k \geqslant 0$ 很难满足,这只需负数尽可能多,最多可以达到 $n-1$ 个.于是,取 $a_2, \cdots, a_n$ 均为负数,只有 $a_1 = -a_2 - \cdots - a_n + 1$ 为正,此时对任何一个好的排列$(b_1, b_2, \cdots, b_n)$,均有 $b_1 = a_1$,而 $b_2, \cdots, b_n$ 可以是 $a_2, \cdots, a_n$ 的任意排列,故此时有$(n-1)!$个好的排列.

下面证明至少有$(n-1)!$个好的排列.注意到$(n-1)!$是将 $a_1, a_2, \cdots, a_n$ 按逆时针方向排在圆周上的不同圆排列的个数,我们先证明每一个圆排列对应一个好排列.为方便,称好排列的首项为好数,我们只需证明每个圆排列中必存在一个好数.实际上,由于共有$(n-1)!$个圆排列,而每个圆排列至少对应一个好排列,且不同的圆排列对应的好排列是不同的,故至少有$(n-1)!$个好的排列.

综上所述,所求最小值为$(n-1)!$.

9. 设 $n \times n$ 棋盘为正方形 $ABCD$,我们称合乎条件的长方形为斜长方形.对任何一个斜长方形,它总是某个边平行于格线的正方形的内接长方形.反之,对每一个面积为 k^2 的其边平行于格线的正方形,有 a_k 个内接的斜长方形,其中

$$a_k = \frac{1}{2}[(2k-3) - (-1)^k] = \begin{cases} k-1 & (k \text{ 为奇数}) \\ k-2 & (k \text{ 为偶数}) \end{cases}$$

(因为 k 为偶数时,中间的一个斜矩形为正方形).

又由 1.3 中的例 1 可知,边为 k 且边平行于格线的正方形有

$(n-k+1)^2$ 个,于是,所有合乎条件的斜长方形的个数为

$$\frac{1}{2}\sum_{k=1}^{n}\bigl[(2k-3)-(-1)^k\bigr](n-k+1)^2 = 2C_{n+1}^4$$

其中在求和中用到了求和:

$$\sum_{k=1}^{n}(-1)^k = \frac{1}{2}\bigl[(-1)^n - 1\bigr]$$

$$\sum_{k=1}^{n}(-1)^k k = \frac{1}{4}\bigl[(2n+1)(-1)^n - 1\bigr]$$

$$\sum_{k=1}^{n}(-1)^k k^2 = \frac{1}{2}(-1)^n n(n+1)$$

注 本题的结果 $2C_{n+1}^4$ 非常简洁,能否找到一个对应,使问题迎刃而解?希望读者能找到本题简捷的解答.

10. 如果 (A,B,C) 是一个有向圈,令 $G' = \{A,B,C\}$,则 A, B, C 在 G' 中都没有全胜.为了叙述问题方便,我们给出如下定义:设 G' 是竞赛图 G 的顶点集的子集,A 是 G' 的一个顶点,如果对 G' 中任意点 B,都有 $A \to B$,则称 A 是 G' 的强顶点.这样,上述结论可叙述为:如果 (A,B,C) 是一个有向圈,则 $G' = \{A,B,C\}$ 中没有 G' 的强顶点.反之,若 $G' = \{A,B,C\}$ 中没有 G' 的强顶点,则不妨设 $A \to B$,由于 A 不是强顶点,所以 $C \to A$,又 C 不是强顶点,所以 $B \to C$,于是得到一个有向圈 (A,B,C).于是,我们只需计算不含自己的强顶点的三点组的个数.所有三点组有 C_n^3 个,下面计算含有自己的强顶点三点组的个数.考察以 A_i 为强顶点的三元子集,子集中的另外两个点只能在 $N_+(A_i)$① 中选取,有 $C_{a_i}^2$ 种方法,所以含有自己的强顶点的三元子集有 $\sum_{i=1}^{n} C_{a_i}^2$ 个,从而不含自己的强顶点的三元子集的个数为 $C_n^3 - \sum_{i=1}^{n} C_{a_i}^2$,也即共有 $C_n^3 - \sum_{i=1}^{n} C_{a_i}^2$ 个长为 3 的有向圈.

---

① $N_+(A_i)$ 为沿用图论记号,表示被 A_i 占优(打败)的点的集合.

3 派 生 元

11. (1) 必要性. 若所有点的得分相同, 都为 r, 则 $nr = C_n^2$, 所以 $r = \frac{1}{2}(n-1)$, 于是 n 为奇数. 由上题, 长为 3 的有向圈的个数是

$$C_n^3 - \sum_{i=1}^{n} C_r^2 = C_n^3 - nC_r^2 = \frac{1}{24}n(n+1)(n-1)$$

(2) 充分性. 若长为 3 的有向圈的个数是 $\frac{1}{24}n(n+1)(n-1)$, 由上题, 有

$$C_n^3 - \sum_{i=1}^{n} C_{a_i}^2 = \frac{1}{24}n(n+1)(n-1) = C_n^3 - nC_r^2$$

其中 $r = \frac{1}{2}(n-1)$, 所以 n 为奇数. 上式展开得

$$\sum_{i=1}^{n}(a_i^2 - a_i) = nr^2 - nr$$

所以

$$\sum_{i=1}^{n} a_i^2 = \sum_{i=1}^{n} a_i + nr^2 - nr = nr^2$$

利用 Cauchy 不等式, 得

$$nr^2 = \sum_{i=1}^{n} a_i^2 \geqslant \frac{(\sum_{i=1}^{n} a_i)^2}{n} = nr^2$$

所以不等式等号成立, 即各个 a_i 都相等.

12. (1) 任取 $k-1$ 个小组, 依题意, 至少有一个学生不属于这 $k-1$ 个小组, 令此学生与这 $k-1$ 个小组构成的 $k-1$ 元集对应, 于是, 每个 $k-1$ 元集都至少对应一个学生. 因为有 C_n^{k-1} 个 $k-1$ 元集, 所以, 至少有 C_n^{k-1} 个学生. 另外, 对任何两个不同的 $k-1$ 元集 M_1, M_2, 若它们对应一个公共的学生 a, 即 a 不属于 $M_1 \cup M_2$, 但 $M_1 \cup M_2$ 中至少有 k 个不同的小组, 依题意, $M_1 \cup M_2$ 包含了全校所有的学生, 当然包含 a, 矛盾. 于是, 上述对应的 C_n^{k-1} 个学生互异, 即全校至少有 C_n^{k-1} 个学生.

(2) 若全校恰有 C_n^{k-1} 个学生,则每个学生都恰对应一个 $k-1$ 元集,即每个学生至少不属于 n 个小组中的 $k-1$ 个小组,所以每个学生至多属于 $n-k+1$ 个小组.考察任意一个 $k-1$ 元集 $\{A_1, A_2, \cdots, A_{k-1}\}$,将剩下的 $n-k+1$ 个小组记为 $A_k, A_{k+1}, \cdots, A_n$,不妨设学生 a 不属于小组 $A_1, A_2, \cdots, A_{k-1}$,但对任何 $A_j(j = k+1, k+2, \cdots, n)$,$k$ 个小组 $A_1, A_2, \cdots, A_{k-1}, A_j$ 包含了全校的学生,从而 $a \in A_j(j = k, k+1, \cdots, n)$,所以 a 恰属于 $n-k+1$ 个小组.这表明,每个人在各个小组中出现的次数相等,为 $n-k+1$,从而每个小组中的人数为

$$\frac{1}{n}(n-k+1)C_n^{k-1} = C_{n-1}^{k-1}$$

13. 对每个子集 A_i,标出其最大元素 b 和最小元素 a,令其对应区间 $[a,b]$.由条件易知,所有的子集对应的区间 $[a,b]$ 互不相同.否则,若 A_i 与 A_j 对应的区间 $[a,b]$ 相同,由于 $A_i \cap A_j$ 为连续的自然数,有 $A_i = A_j$,矛盾.此外,任何两个区间 $[a,b]$ 都有公共元素.设所有 a 中最大者为 k,则 $b \geqslant k$ 恒成立,因此至多有 $k \cdot (2n+2-k)$ 个不同的区间 $[a,b]$(含 $a = b$ 的情况),所以子集个数

$$r \leqslant k \cdot (2n+2-k) \leqslant (n+1)^2$$

另一方面,令集合

$$A(a,b) = \{a, a+1, \cdots, b-1, b\}$$

其中 $a = 1, 2, \cdots, n+1$,$b = n+1, n+2, \cdots, 2n+1$,这样的 $(n+1)^2$ 个不同的子集 $A(a,b)$ 便满足题中所有条件,故 r 的最大值为 $(n+1)^2$.

14. Kaplansky 问题就是 n 个有序元素的 k 元线型限距1组合,在相应的组合数公式中取 $r = 1$,得含其中 k 个点但无任何两个相邻点的集合 P 的个数为 C_{n-k+1}^k.

15. 本问题就是30个有序元素的四元线型限距4组合,在相应的组合数公式中取 $n = 30, k = 4, r = 4$,得选择休息日的方法数为

$C_{30-(4-1)\cdot 4}^{4} = C_{18}^{4}$.

16. 本问题就是14个有序元素的三元线型限距2组合,在相应的组合数公式中取 $n=14, k=3, r=2$,得合乎条件的不同三数组个数为:$C_{14-(3-1)\cdot 2}^{3} = C_{10}^{3}$.

17. 先排好舞蹈、演唱节目的位置(限距组合数). 设演出的顺序为 $1,2,\cdots,14$,其中4个舞蹈节目的顺序为 a_1, a_2, a_3, a_4,依题意,有 $a_2-a_1 > 2, a_3-a_2 > 2, a_4-a_3 > 2$,于是,$a_1, a_2, a_3, a_4$ 是从14个数中取4个数的"限距2"的组合数,有 $C_{14-(4-1)\cdot 2}^{4} = C_8^{4}$ 种方法. 再将4个舞蹈节目和10个演唱节目分别排序,有 $10!4!$ 种,所以,$S = C_8^{4} 10!4! = \dfrac{8!10!}{4!}$.

18. 我们建立 S 中每个元素 x 与长为 m 的二进制数字序列(通常称为0,1排列)$a(x) = (x_1, x_2, \cdots, x_m)$ 的对应,其中 $x_i = 1 (x \in A_i)$ 或 $x_i = 0 (x \notin A_i)$.

这样,我们得到映射 $S \to T = \{(x_1, x_2, \cdots, x_m) \mid x_i \in \{0,1\}\}$,由题给条件可知,如果 $x \neq y$,则 $f(x) \neq f(y)$(这样的映射被称为一个单射). 因此,集合 T 至少有 S 个元素. 不难看出,T 有 2^m 个元素,因为序列 $(x_1, x_2, \cdots, x_m)$ 的每个分量 x_i 都有两个可能的值,即0和1. 因此,$n \leqslant 2^m$.

19. 将24个分点依次编号 $1, 2, \cdots, 24$,并将它们按"坏的关系"排成如下的 3×8 数表:

```
1,   4,   7,   10,  13,  16,  19,  22
9,   12,  15,  18,  21,  24,  3,   6
17,  20,  23,  2,   5,   8,   11,  14
```

易见,表中每行相邻两数所代表的两个分点间所夹的弧长为3,每列相邻两数所代表的两个分点间所夹的弧长都是8(首尾两数也算作相邻),这样一来,题中对所取8点的要求化为要求所取8点的号

码在数表中互不相邻.

所以,每列恰取1个数,每行至多取4个互不相邻的数,从而,3行数中分别取数的个数只有4种不同情形:

$$\{4,4,0\},\{4,3,1\},\{4,2,2\},\{3,3,2\}$$

对于$\{4,4,0\}$的情形,在3行中任取一行不取数,有3种不同取法,另两行中第一行取4个互不相邻的数,有两种不同取法,余下4列为另一行所取4个数所在的列,唯一确定.由乘法原理知,这种情形共有$2 \cdot 3 = 6$种不同取法.

对于$\{4,3,1\}$的情形,在3行中取数的个数分别为4,3,1,共有$3! = 6$种不同安排,在一行中取4个互不相邻的数,有两种不同取法,在另一行和余下4列中选一个数,有4种不同选法,最后第3行从余下3列中各选一个数,选法唯一确定,由乘法原理知,这时共有$6 \cdot 2 \cdot 4 = 48$种不同选法.

对于$\{4,2,2\}$的情形,从3行中选定一行取4个互不相邻的数,选行有3种不同方法,取数有2种不同方法,共有6种不同取法.余下4列互不相邻,第2行从4列中任取2列,共有6种不同取法,由乘法原理知,这种情形共有$6 \cdot 6 = 36$种不同取法.

对于$\{3,3,2\}$的情形,从3行数中选定一行取2个不相邻的数,选行有3种不同方法,选数有$C_7^2 - 1 = 20$种不同方法(其中减1是去掉两个数分别在第1列与第8列的情形).

选定两数之后,余下6列被分成两部分,有3种不同分段情形:$\{1,5\},\{2,4\}$和$\{3,3\}$.

其分段的种数分别为8,8,4.

(1) 对于$\{1,5\}$分段,取3列互不相邻,有两种不同取法.

(2) 对于$\{2,4\}$分段,取3列互不相邻,有4种不同取法.

(3) 对于$\{3,3\}$分段,取3列互不相邻,有两种不同取法.

所以,这种情形的不同取法种数为$3 \cdot (8 \cdot 2 + 8 \cdot 4 + 4 \cdot 2)$

$= 168$.

综上可知,满足题中要求的不同取法种数为 $6 + 48 + 36 + 168 = 258$.

20. 当 $n \geqslant 3$ 为奇数时,存在合乎要求的染法;当 $n \geqslant 4$ 为偶数时,不存在所述的染法.

每 3 个顶点形成一个三角形,三角形的个数为 C_n^3 个,而颜色的三三搭配也刚好有 C_n^3 种,所以本题相当于要求不同的三角形对应于不同的颜色组合,即形成一一对应.

我们将多边形的边与对角线都称为线段. 对于每一种颜色,其余的颜色形成 C_{n-1}^2 种搭配,所以每种颜色的线段(边或对角线)都应出现在 C_{n-1}^2 个三角形中,这表明在合乎要求的染法中,各种颜色的线段条数相等. 所以每种颜色的线段都应当有 $\dfrac{C_n^2}{n} = \dfrac{n-1}{2}$ 条.

当 n 为偶数时,$\dfrac{n-1}{2}$ 不是整数,所以不可能存在合乎条件的染法. 下设 n 为奇数,令 $n = 2m + 1$,我们来给出一种染法,并证明它满足题中条件. 自某个顶点开始,按顺时针方向将凸 $2m + 1$ 边形的各个顶点依次记为 $A_1, A_2, \cdots, A_{2m+1}$. 对于 $i \notin \{1, 2, \cdots, 2m+1\}$,顶点 A_i 的下标按 $\mathrm{mod}\,(2m+1)$ 理解. 再将 $2m + 1$ 种颜色分别记为颜色 $1, 2, \cdots, 2m+1$.

将边 $A_i A_{i+1}$ 染为颜色 i,其中 $i = 1, 2, \cdots, 2m+1$. 再对每个 $i = 1, 2, \cdots, 2m+1$,都将线段(对角线)$A_{i-k} A_{i+1+k}$ 染为颜色 i,其中 $k = 1, 2, \cdots, m-1$. 于是每种颜色的线段都刚好有 m 条. 注意,在我们的染色方法之下,线段 $A_{i_1} A_{j_1}$ 与 $A_{i_2} A_{j_2}$ 同色,当且仅当

$$i_1 + j_1 \equiv i_2 + j_2 \pmod{2m+1} \qquad ①$$

因此,对任何 $i \not\equiv j \pmod{2m+1}$,任何 $k \not\equiv 0 \pmod{2m+1}$,线段 $A_i A_j$ 都不与 $A_{i+k} A_{j+k}$ 同色. 换言之,如果

$$i_1 - j_1 \equiv i_2 - j_2 \pmod{2m+1} \qquad ②$$

则线段 $A_{i_1}A_{j_1}$ 都不与 $A_{i_2}A_{j_2}$ 同色.

任取两个三角形 $\triangle A_{i_1}A_{j_1}A_{k_1}$ 和 $\triangle A_{i_2}A_{j_2}A_{k_2}$,如果它们之间至多只有一条边同色,当然它们不对应相同的颜色组合.如果它们之间有两条边分别同色,我们来证明第三条边必不同色.为确定起见,不妨设 $A_{i_1}A_{j_1}$ 与 $A_{i_2}A_{j_2}$ 同色.

情形 1:如果 $A_{j_1}A_{k_1}$ 与 $A_{j_2}A_{k_2}$ 也同色,则由①知:

$$i_1 + j_1 \equiv i_2 + j_2 \pmod{2m+1}$$
$$j_1 + k_1 \equiv j_2 + k_2 \pmod{2m+1}$$

将两式相减,得

$$i_1 - k_1 \equiv i_2 - k_2 \pmod{2m+1}$$

故由②知 $A_{k_1}A_{i_1}$ 不与 $A_{k_2}A_{i_2}$ 同色.

情形 2:如果 $A_{i_1}A_{k_1}$ 与 $A_{i_2}A_{k_2}$ 也同色,则亦由①知:

$$i_1 + j_1 \equiv i_2 + j_2 \pmod{2m+1}$$
$$i_1 + k_1 \equiv i_2 + k_2 \pmod{2m+1}$$

将两式相减,得

$$j_1 - k_1 \equiv j_2 - k_2 \pmod{2m+1}$$

亦由②知 $A_{j_1}A_{k_1}$ 与 $A_{j_2}A_{k_2}$ 不同色.总之,$\triangle A_{i_1}A_{j_1}A_{k_1}$ 与 $\triangle A_{i_2}A_{j_2}A_{k_2}$ 对应不同的颜色组合.

21. 显然,合乎条件的子集是存在的,比如,X 的所有三元子集便合乎条件.

取一个元素最多的合乎条件的子集 S,则 $|S| \geq 3$,记 $|S| = k \geq 3$,令 $T = X \setminus S$,这样,对 T 中任何一个元素 x,都存在 S 的三元子集 $A(x)$,使 $\{x\} \cup A(x) \in F$.

否则,$S \cup \{x\}$ 亦合乎条件,与 S 的最大性矛盾.于是,对 T 中任何一个元素 x,都对应 S 中一个三元子集.

下面证明,这种对应为单射.

反设对 $x \neq y$,有 $A(x) = A(y)$,其中 $\{x\} \cup A(x) \in F$,$\{y\} \cup$

$A(y) \in F$.

这样，$\{x\} \cup A(x)$ 与 $\{y\} \cup A(y)$ 的交集为 $A(x)$，从而它们至少有 3 个不同的公共元素，与 F 的定义矛盾.

由此可知，S 中的三元子集不少于 T 中的元素个数，即 $C_k^3 \geq n - k$.

于是，有
$$6n \leq 6C_k^3 + 6k = k^3 - 3k^2 + 8k \leq k^3 - 3$$
所以，$k \geq \sqrt[3]{6n + 3}$.

22. 设题给的 $2n$ 个人为 $a_1, a_2, \cdots, a_{2n}$，第 i 个人参加了其中的 d_i 个团. 由条件，不妨设 $d_1 = 2$（由于每两个非配偶的人都恰有一次属于同一个团，于是，对于任何一个人 a，他都要与某对夫妇中的任何一个人属于同一个团（$n > 3$），所以，$d_i \geq 2$）.

假定 a_1 仅属于两个团 A_1, A_2，但 a_1 必须与除配偶外的每个人都属于一个团. 于是，每对除 a_1 外的夫妇中都恰有一人属于 A_1，也恰有一人属于 A_2. 这样，$|A_1| = |A_2| = n$，且 $A_1 \cup A_2$ 中包含了除 a_1 配偶外的 $2n - 1$ 个人，即 $A_1 = \{a_1, a_2, \cdots, a_n\}$，$A_2 = \{a_1, a_2', \cdots, a_n'\}$，其中 a_i' 是 a_i 的配偶.

由条件："任何两个非夫妇的人都恰有一次属于同一个团"，想到计算非夫妇的二人对. 每个人都有 $2n - 2$ 个人与之构成非夫妇的二人对，$2n$ 个人可得到 $2n(2n-2)$ 个非夫妇的二人对，得到 $2n(2n-2)$ 个团. 但一个团可能人数较多，从而含有多个二人对，被重复计数的次数较大，且无法估计，因而应找单射.

为此，令 $P = A_1 \setminus \{a_1\}$，$Q = A_2 \setminus \{a_1\}$，则 $|P| = |Q| = n - 1$. 任取 P 中一个人 a，则 Q 中有 $n - 2$ 个人与之构成非夫妇的二人对，此二人对属于同一个团，此团不能是 A_1 和 A_2. 否则，设 b 不是 a 的配偶，$b \in Q$. 若 (a, b) 属于团 A_1，则 b 属于 A_1 和 A_2，从而 b 的配偶不属于 $A_1 \cup A_2$，矛盾. 若 (a, b) 属于团 A_2，则 a 属于 A_1 和 A_2，从而 a

的配偶不属于 $A_1 \cup A_2$，矛盾.

注意到 a 在 P 中有 $n-1$ 种取法，b 在 Q 中除 a 的配偶外至少有 $n-2$ 种取法，由此得到 $(n-1)(n-2)$ 个非夫妇的二人对. 每个二人对在同一个团内，有 $(n-1)(n-2)$ 个团，且这些团都不是 A_1 和 A_2.

下面证明这 $(n-1)(n-2)$ 个团互异. 实际上，若有两个非夫妇的二人对 $(a,b) \neq (c,d)$ 对应同一个团 G，其中 a,c 都在 A_1 中，b,d 都在 A_2 中. 不妨设 $a \neq c$，则 a,c 在同一个团 G 中，又在同一个团 A_1 中，矛盾. 所以，团的总数不少于 $2+(n-1)(n-2) \geq 2n$.

注 去掉"有一个人恰属于其中两个团"的条件，结论同样成立. 但难度要大得多，解答如下.

设成员 i 参加了 d_i 个团 ($d_i \geq 3$，$i = 1,2,\cdots,2n$)，假定对每一个人 i，都对应一个实数 x_i（称为人 i 的特征值），又设第 j 个团 c_j 中各人特征值的和为 y_j，即 $y_j = \sum_{i \in c_j} x_i$，考察

$$S = \sum_{j=1}^{k} y_j^2 = \sum_{j=1}^{k} \Big(\sum_{i \in c_j} x_i\Big)^2 = \sum_{j=1}^{k} \sum_{i \in c_j} x_i^2 + 2\sum_{j=1}^{k} \sum_{i \in c_j, t \in c_j} x_i x_t$$

$$= \sum_{i=1}^{2n} x_i^2 \sum_{\substack{i \in c_j \\ 1 \leq j \leq k}} 1 + 2\sum_{j=1}^{k} \sum_{i \in c_j, t \in c_j} x_i x_t$$

$$= \sum_{i=1}^{2n} x_i^2 d_i + 2\sum_{j=1}^{k} \sum_{i \in c_j, t \in c_j} x_i x_t$$

$$= \sum_{i=1}^{2n} d_i x_i^2 + 2 \sum_{i \text{不为} t \text{的配偶}} x_i x_t$$

$$= \sum_{i=1}^{2n} d_i x_i^2 + \Big(2\sum_{i \neq t} x_i x_t - 2 \sum_{i \text{为} t \text{的配偶}} x_i x_t\Big)$$

$$= \sum_{i=1}^{2n} d_i x_i^2 + \Big(\sum_{i=1}^{2n} x_i\Big)^2 - \sum_{i=1}^{2n} x_i^2 - 2 \sum_{i \text{为} t \text{的配偶}} x_i x_t$$

$$= \Big(\sum_{i=1}^{2n} x_i\Big)^2 + \sum_{i=1}^{2n} (d_i - 1) x_i^2 - 2 \sum_{i \text{为} t \text{的配偶}} x_i x_t$$

$$\geqslant \Big(\sum_{i=1}^{2n} x_i\Big)^2 + \sum_{i=1}^{2n}(d_i-1)x_i^2 - \sum_{i=1}^{2n} x_i^2 \quad (\text{排序不等式})$$

$$= \Big(\sum_{i=1}^{2n} x_i\Big)^2 + \sum_{i=1}^{2n}(d_i-2)x_i^2$$

$$\geqslant \sum_{i=1}^{2n}(d_i-2)x_i^2 \geqslant \sum_{i=1}^{2n} x_i^2 \qquad (*)$$

其中注意由排序不等式,有

$$2(x_1 \cdot x_1' + x_2 \cdot x_2' + \cdots + x_n \cdot x_n')$$
$$= (x_1 \cdot x_1' + x_2 \cdot x_2' + \cdots + x_n \cdot x_n') + (x_1' \cdot x_1$$
$$+ x_2' \cdot x_2 + \cdots + x_n' \cdot x_n)$$
$$\leqslant x_1 \cdot x_1 + x_2 \cdot x_2 + \cdots + x_n \cdot x_n$$
$$+ x_1' \cdot x_1' + x_2' \cdot x_2' + \cdots + x_n' \cdot x_n'$$
$$= \sum_{i=1}^{2n} x_i^2$$

对于方程组 $y_1=0, y_2=0, \cdots, y_k=0$,由($*$)可知,只有零解 $(x_1, x_2, \cdots, x_{2n})=(0, 0, \cdots, 0)$,所以方程组的个数 k 不小于变元个数 $2n$.

另外,本题中 $n > 3$ 是必要的.我们可构造如下 3 对夫妇,4 个团的例子.

3 对夫妇:$\{a_1, a_4\}, \{a_2, a_5\}, \{a_3, a_6\}$.

4 个团:$\{a_1, a_2, a_3\}, \{a_3, a_4, a_5\}, \{a_5, a_6, a_1\}, \{a_2, a_4, a_6\}$.

23. 不妨设 $S=\{0,1,2,\cdots,2001\}$,对 S 的任一非空子集 A,用 $f(A)$ 表示 A 中的最大元素.

(1) 若 $N=0$,则将所有子集染蓝色即可.

(2) 若 $1 \leqslant N \leqslant 2^{2002}$,则 $0 \leqslant N-1 \leqslant 2^{2002}-1 = (\underbrace{11\cdots1}_{2002\text{个}1})_{(2)}$,可设 $N-1$ 的二进制为

$$(a_{2001} a_{2000} \cdots a_1 a_0)_{(2)}$$

其中,允许 $a_{2001}=0$.

下面建立二进制与染色方法的对应.

先将 $\varnothing$ 染红色,此外,对 S 的任一非空子集 A,当 $a_{f(A)}=1$ 时,将 A 染红色,否则染蓝色.下面证明,这样的染色合乎条件.

首先,对 S 的任两个非空的同色子集 A,B,$A\cup B$ 的颜色由 $a_{f(A\cup B)}$ 的值确定,而 $f(A\cup B)=\max\{f(A),f(B)\}=f(A)$ 或 $f(B)$.

若 A,B 都是红色,则 $a_{f(A)}=a_{f(B)}=1$,所以 $a_{f(A\cup B)}=a_{f(A)}$(或 $a_{f(B)}$)$=1$.

若 A,B 都是蓝色,则 $a_{f(A)}=a_{f(B)}=0$,所以 $a_{f(A\cup B)}=a_{f(A)}$(或 $a_{f(B)}$)$=0$.

其次,对 S 的任何两个同色子集 $\varnothing,A$,则 A 是红色,显然 $A\cup\varnothing=A$ 是红色,于是(1)和(2)都满足.

最后,计算红子集的个数.

考察满足 $f(A)=j$ 的非空子集 A,因为 j 是 A 中最大的数,所以 $j\in A$,且 $j+1,j+2,\cdots,2001$ 都不属于 A.而对于 $0,1,2,\cdots,j-1$ 的每一个,可以属于 A,也可以不属于 A,有 2^j 种选择,于是,满足 $f(A)=j$ 的非空子集 A 的个数为 $2^j(j=0,1,2,\cdots,2001)$.

这样一来,如果 $a_j=1$,则最大元素为 j 的子集都是红的,共 2^j 个,故非空的红子集的个数为 $\sum_{\substack{a_j=1\\0\leqslant j\leqslant 2001}} 2^j = (a_{2001}a_{2000}\cdots a_1 a_0)_{(2)} = N-1$,连同空集,共 N 个红子集,(3)满足,证毕.

24. k 的最大值为 2009.

首先,令 $A_i=\{i,2010\}(i=1,2,\cdots,2009)$,则对任何 $1\leqslant i<j\leqslant 2009$,都有 $A_i\cap A_j=\{2010\}$ 不是偶集,所以 $k=2009$ 合乎条件.

其次,我们证明 $k\leqslant 2009$.

假设 $k\geqslant 2010$,则存在 M 的 2010 个偶子集:$A_1,A_2,\cdots,A_{2010}$,

使对任何 $1 \leq i < j \leq 2010$，都有 $A_i \cap A_j$ 不是偶集.

对 $A \subseteq M$，令其对应一个向量 $\overrightarrow{\alpha_A} = (a_1, a_2, \cdots, a_{2010})$，其中 $a_j = \begin{cases} 1 & (j \in A) \\ 0 & (j \notin A) \end{cases}$，那么，当且仅当数量积 $\overrightarrow{\alpha_{A_i}} \cdot \overrightarrow{\alpha_{A_j}}$ 为偶数时，$A_i \cap A_j$ 是偶集，于是，对任何 $i \neq j$，有

$$\overrightarrow{\alpha_{A_i}} \cdot \overrightarrow{\alpha_{A_j}} \equiv 1 \pmod{2} \tag{1}$$

对 $X \subseteq M$，定义 $\overrightarrow{S_X} = \sum_{x \in X} \overrightarrow{\alpha_{A_x}}$，我们先证明：对任何 $X \neq \varnothing$，有

$$\overrightarrow{S_X} \not\equiv (0, 0, \cdots, 0) \pmod{2} \tag{2}$$

实际上，反设 $\overrightarrow{S_X} \equiv (0, 0, \cdots, 0)$，一方面，取 $u \in X$，有

$$0 \equiv \overrightarrow{S_X} \cdot \overrightarrow{\alpha_{A_u}} = \left(\sum_{x \in X} \overrightarrow{\alpha_{A_x}}\right) \cdot \overrightarrow{\alpha_{A_u}} = \sum_{x \in X} (\overrightarrow{\alpha_{A_x}} \cdot \overrightarrow{\alpha_{A_u}})$$

$$= \overrightarrow{\alpha_{A_u}} \cdot \overrightarrow{\alpha_{A_u}} + \sum_{x \in X \setminus \{u\}} (\overrightarrow{\alpha_{A_x}} \cdot \overrightarrow{\alpha_{A_u}})$$

因为 A_u 是偶集，所以 $\overrightarrow{\alpha_{A_u}} \cdot \overrightarrow{\alpha_{A_u}} \equiv 0$，而 $x \neq u$ 时，由 (1)，有 $\overrightarrow{\alpha_{A_x}} \cdot \overrightarrow{\alpha_{A_u}} \equiv 1$，所以

$$0 \equiv \overrightarrow{\alpha_{A_u}} \cdot \overrightarrow{\alpha_{A_u}} + \sum_{x \in X \setminus \{u\}} (\overrightarrow{\alpha_{A_x}} \cdot \overrightarrow{\alpha_{A_u}})$$

$$\equiv 0 + \sum_{x \in X \setminus \{u\}} 1 = |X| - 1 \pmod{2}$$

即 $|X|$ 为奇数.

另一方面，注意到 $|M| = 2010$ 为偶数，所以 $X \neq M$. 取 $v \notin X$，有

$$0 \equiv \overrightarrow{S_X} \cdot \overrightarrow{\alpha_{A_v}} = \left(\sum_{x \in X} \overrightarrow{\alpha_{A_x}}\right) \cdot \overrightarrow{\alpha_{A_v}} = \sum_{x \in X} (\overrightarrow{\alpha_{A_x}} \cdot \overrightarrow{\alpha_{A_v}})$$

因为 $v \notin X$，所以 $x \neq v$，从而由 (1)，有 $\overrightarrow{\alpha_{A_x}} \cdot \overrightarrow{\alpha_{A_v}} \equiv 1$，所以

$$0 \equiv \sum_{x \in X} (\overrightarrow{\alpha_{A_x}} \cdot \overrightarrow{\alpha_{A_v}}) \equiv \sum_{x \in X} 1 = |X|$$

所以 $|X|$ 为偶数，矛盾，所以 (2) 成立.

由此可见，对 $X \neq Y$，$\overrightarrow{S_X} \not\equiv \overrightarrow{S_Y} \pmod{2}$. 实际上，若 $\overrightarrow{S_X} \equiv \overrightarrow{S_Y}$，令

$$T = (X \cup Y) \setminus (X \cap Y)$$

有

$$\vec{S_T} = \vec{S_X} + \vec{S_Y} - 2\vec{S_{X \cap Y}} \equiv \vec{S_X} + \vec{S_Y} \equiv (0,0,\cdots,0)$$

矛盾.

于是,当 X 取遍 M 的所有子集时,可得到模 2 意义下的 2^{2010} 个不同的向量 $\vec{S_X}$.

但是,由于 $\vec{S_X} = \sum\limits_{x \in X} \vec{\alpha_{A_x}}$,而 A_x 是偶集,所以 A_x 各分量的和为偶数. 于是 $\vec{S_X}$ 各分量的和为偶数,所以 $\vec{S_X}$ 的第 2010 个分量的奇偶性由前 2009 个分量的和的奇偶性唯一确定,于是 $\vec{S_X}$ 在模 2 意义下只有 2^{2009} 种取值,矛盾,所以 $k \leqslant 2009$.

综上所述,k 的最大值为 2009.

25. 所求的比值为 2^{k-n}.

先证明引理:设 t 是正整数,如果一个 t 元 0,1 数组 $(a_1, a_2, \cdots, a_t)$ $(a_1, a_2, \cdots, a_t \in \{0,1\})$ 中共有奇数个 0,则称其为"好的",那么,好数组共有 2^{t-1} 个.

事实上,对于相同的 $a_1, a_2, \cdots, a_{t}$,在 a_t 取 0,1 时得到的两个数组中的奇偶性不同,则恰好有一个为"好的",于是我们可以将总共 2^t 个不同的可能数组两两配对,每对数组仅有 a_t 不同,则每对恰好有一个好数组,故好数组占总体的一半,即有 2^{t-1} 个. 引理得证.

称 k 次操作后灯 $1,\cdots,n$ 是"开"的,灯 $n+1,\cdots,2n$ 是"关"的状态的操作序列的全体记为 A 类列;k 次操作后灯 $1,\cdots,n$ 是"开"的,灯 $n+1,\cdots,2n$ 是"关"的,但是灯 $n+1,\cdots,2n$ 始终没有被操作过的操作序列的全体记为 B 类列.

对于任意一个 B 类列 b,将有如下性质的 A 类列 a 全部与它对应:"a 的各元素在模 n 的意义下与 b 的元素对应相同"(例如,$n=2$,$k=4$ 时,$b=(2,2,2,1)$ 可对应 $a=(4,4,2,1)$,$a=(2,2,2,1)$,$a=(2,4,4,1)$ 等),那么由于 b 是 B 类列,其中 $1,2,\cdots,n$ 的个数必定全为奇数,而 a 是 A 类列,又要求 a 中 $1,\cdots,n$ 的个数全为奇数,且

$n+1,\cdots,2n$ 的个数全为偶数.

于是对任意的 $i \in \{1,2,\cdots,n\}$,设 b 中有 b_i 个 i,则 a 必须且只需满足:对任意的 $i \in \{1,2,\cdots,n\}$,b 中是 i 的 b_i 个元所在位上在 a 中都是 i 或者 $n+i$,且 i 有奇数个(进而 $n+i$ 就有偶数个),那么由引理及乘法原理,b 恰可对应 $\prod_{i=1}^{n} 2^{b_i-1} = 2^{k-n}$ 个不同的 a,而每个 A 中的元 a 均有 B 中唯一的一个元 b(它是把 a 的各位变成它除以 n 的最小正余数)与它对应,从而必有 $|A| = 2^{k-n}|B|$,即 $N = 2^{k-n}M$.

又易知 $M \neq 0$(因为操作列 $(1,2,\cdots,n,n,\cdots,n) \in B$),所以 $\dfrac{N}{M} = 2^{k-n}$.

4 容量方程

在一些组合问题中,有时要求所选取的元素两两具有某种性质,而这种性质常常可以用一组数值来刻画.此时,根据题中的数量要求,引入容量参数,从而将组合问题转化为这些参数的取值问题,由此建立所求对象与方程的具有特定条件的解之间的对应,将组合问题转化为求不定方程的自然数解的常规问题.我们称转化后的方程为容量方程.

4.1 一维容量方程

涉及一组对象的容量方程称为一维容量方程.问题转化为方程后,往往有某种附加的限定条件,通过适当的转化,"去掉"这些限定条件后,问题便迎刃而解了.

例 1 设 $X=\{a_1,a_2,\cdots,a_n\}$,$A=\{a_{i_1},a_{i_2},\cdots,a_{i_k}\}$ 是 X 的 k 元子集,若 A 中的元素满足:$i_2-i_1>r,i_3-i_2>r,\cdots,i_k-i_{k-1}>r$,则称 A 为从 n 个有序元素中取 k 个元素的线型"限距 r"的组合,简称为 n 个有序元素的"k 元线型限距 r 组合".试证:n 个有序元素的 k 元线型限距 r 组合的个数(简称线型限距 r 组合数)为 $C_{n-(k-1)r}^{k}$.

分析与证明 在 3.5 节中,我们曾用派生排列给出了该题的一个解答,现在用容量方程解答.

考察 $X = \{a_1, a_2, \cdots, a_n\}$ 的任一个合乎条件的组合 $A = \{a_{i_1}, a_{i_2}, \cdots, a_{i_k}\}$,$A$ 中的元素将排列 $a_1, a_2, \cdots, a_n$ 分成若干段.

引入一组容量参数:设 X 中排在 a_{i_1} 之前有 x_1 个不属于 A,在 $a_{i_{t-1}}$ 与 a_{i_t} 之间有 x_t 个不属于 A($t = 2, 3, \cdots, k$),在 a_{i_k} 之后有 x_{k+1} 个不属于 A,那么

$$x_1 + x_2 + \cdots + x_{k+1} = n - k$$

其中,$x_1 \geqslant 0, x_2, x_3, \cdots, x_k \geqslant r, x_{k+1} \geqslant 0$.

$$\underbrace{\qquad}_{x_1 \text{个}} a_{i_1}, \underbrace{\qquad}_{x_2 \text{个}} a_{i_2}, \cdots, a_{i_{t-1}},$$

$$\underbrace{\qquad}_{x_t \text{个}} a_{i_t}, \cdots, \underbrace{\qquad}_{x_k \text{个}} a_{i_k}, \underbrace{\qquad}_{x_{k+1} \text{个}}$$

为了"去掉"限定条件:$x_2, x_3, \cdots, x_k \geqslant r$,将方程变形为

$$x_1 + (x_2 - r) + \cdots + (x_k - r) + x_{k+1} = n - k - (k-1)r$$

即

$$y_1 + y_2 + \cdots + y_k + y_{k+1} = n - k - (k-1)r \quad (*)$$

其中,$y_1 = x_1, y_2 = x_2 - r, y_3 = x_3 - r, \cdots, y_k = x_k - r, y_{k+1} = x_{k+1}$.

这样,组合 A 与方程($*$)的自然数解($y_1, y_2, \cdots, y_k, y_{k+1}$)建立了一一对应.

而方程($*$)的自然数解的个数为 $C_{n-k-(k-1)r+k}^{k+1-1} = C_{n-(k-1)r}^{k}$,所以合乎条件的组合 A 有 $C_{n-(k-1)r}^{k}$ 个.

例 2 在圆周上依次有 n 个点 $A_1, A_2, \cdots, A_n$,以其中 k 个点为顶点作凸 k 边形 $B_1 B_2 \cdots B_k$,满足:对每个 $i \in \{1, 2, \cdots, k\}$,多边形的两个相邻顶点 B_i, B_{i+1}(规定 $B_{k+1} = B_1$)之间至少有 $X = \{A_1, A_2, \cdots, A_n\}$ 中的 r_i 个点,其中 $r_1, r_2, \cdots, r_k$ 是给定的一组正整数,求这样的多边形的个数.

分析与解 设 $A_{i_1} A_{i_2} \cdots A_{i_k}$ 是合乎条件的凸 k 边形,令 $P =$

$\{A_{i_1}, A_{i_2}, \cdots, A_{i_k}\}$,设 X 中在 A_{i_t} 与 $A_{i_{t+1}}$ 之间有 x_t 个不属于 P ($t = 1, 3, \cdots, k$,其中规定 $A_{i_{k+1}} = A_{i_1}$),那么
$$x_1 + x_2 + \cdots + x_k = n - k$$
其中,$x_1 \geqslant r_1, \cdots, x_k \geqslant r_k$. 于是,有
$$(x_1 - r_1 + 1) + (x_2 - r_2 + 1) + \cdots + (x_k - r_k + 1) = n - S(r)$$
(*)

其中,$S(r) = r_1 + r_2 + \cdots + r_k$.

这样,每个组合 P 与方程(*)的正整数解 $(x_1 - r_1 + 1, x_2 - r_2 + 1, \cdots, x_k - r_k + 1)$ 建立了一一对应,而方程(*)的正整数解的个数为 $C_{n-S(r)-1}^{k-1}$,所以合乎条件的组合 P 有 $C_{n-S(r)-1}^{k-1}$ 个.

将每一个组合排在圆周上,有 n 种不同的排法(每个顶点轮换一次),从而选取内接凸 k 边形 $B_1 B_2 \cdots B_k$ 的方法有 $n C_{n-S(r)-1}^{k-1}$ 种.

但凸 k 边形 $B_1 B_2 \cdots B_k$ 有 k 个顶点,各顶点轮换 k 次,得到的 k 个凸 k 边形对应上述方程组的 k 个不同解,但它们是同一个凸 k 边形,从而该凸 k 边形被计算 k 次. 于是,所有合乎条件的凸多边形有 $\dfrac{n}{k} C_{n-S(r)-1}^{k-1}$ 个.

例3(1988年全国高中数学联赛试题) 甲乙两队各出7人按事先排好的顺序依次出场参加围棋擂台赛,双方先由1号队员比赛,负者被淘汰,胜者再与对方的第2号队员比赛. 如此下去,直到一方的队员全部被淘汰为止,另一方获胜. 这样形成一种比赛过程,问有多少种不同比赛过程?

分析与解 比赛总有一方获胜,先考虑甲方获胜的情形.

显然,甲队最终获胜时,甲队共胜7场,不妨设是第 $a_{i_1}, a_{i_2}, \cdots, a_{i_7}$ 场甲胜,这7个场次将所有的比赛场次分成若干段,其中注意比赛结束时最多比赛13次.

现在确定每一段中乙队获胜的场数以及后面若干场无需再比的

4 容量方程

场数.

为此,引入一组容量参数:设第 a_{i_1} 场之前比了 x_1 场(这些场当然都是乙胜),第 $a_{i_{t-1}}$ 场与第 a_{i_t} 场之间比了 x_t 场($t=2,3,\cdots,7$),第 a_{i_7} 场之后还有 x_8 场无须再比,则各局比赛甲作为胜方的排列为

$$\underbrace{乙,乙,\cdots,乙}_{x_1 个乙},甲,\underbrace{乙,乙,\cdots,乙}_{x_2 个乙},甲,\cdots,\underbrace{乙,乙,\cdots,乙}_{x_7 个乙},甲,\underbrace{0,0,\cdots,0}_{x_8 个0}$$

那么,有

$$x_1 + x_2 + \cdots + x_8 = 13 - 7 = 6 \qquad (*)$$

其中,$x_1,x_2,\cdots,x_8 \in \mathbf{N}$.

这样,每个甲胜的比赛过程与上述方程($*$)的自然数解($x_1,x_2,\cdots,x_8$)建立了一一对应.

而方程($*$)的自然数解的个数为 $C_{8+6-1}^{8-1}=C_{13}^{7}$,所以甲获胜的比赛过程有 C_{13}^{7} 个,同理,乙方获胜的比赛过程亦有 C_{13}^{7} 个,故所有合乎条件的比赛过程有 $2C_{13}^{7}$ 个.

注 本题用派生排列技巧,可得到更简单的解法.

考察甲胜的比赛过程,由于甲共胜 7 场,用 7 个"1"表示,再用 6 个"0"表示甲负或未进行比赛的场次,则 7 个 1 与 6 个 0 的任意排列表示一个甲胜的比赛过程.

比如,1111111000000 表示从第一局开始甲连胜 7 场. 这一对应显然为一一对应,从 13 个位置中选 7 个位置排 1 有 C_{13}^{7} 种方法,即甲胜的比赛过程有 C_{13}^{7} 种,故由对称性,所有合乎条件的比赛过程有 $2C_{13}^{7}$ 个.

例 4 将 n 个白球和 n 个黑球排成一列,如果连续若干个球同色,且紧靠它们两侧再没有与其同色的球,则称它们为一段. 求证:对任何 $k(1 \leqslant k \leqslant n)$,上述排列中含有 $n-k+2$ 个段的排列与含有 $n+k$ 个段的排列一样多.

分析与证明 先计算含有 r 个段(包括黑段与白段)的排列的个

数 S_r.

如果一个排列以黑球排头,则将所有球换成相反的颜色,得到以白球排头的排列,反之亦然.

因此,以白球排头的排列与以黑球排头的排列的个数一样多.于是,我们只需计算含有 r 个段的以黑球排头的排列的个数 $f(r)$.

若 r 为偶数,令 $r=2t$,则排列中黑段的个数与白段的个数相等,都为 t.考察 n 个黑球的排法,它们被白球段隔开成 t 段.

现在确定每一段中黑球的个数及每一段中白球的个数.

为此,引入容量参数:设第 i 段有 x_i 个黑球($i=1,2,\cdots,t$),则
$$x_1 + x_2 + \cdots + x_t = n \qquad (*)$$
其中,$x_i \in \mathbf{N}^+$.

于是,黑球的排法数就是方程($*$)的正整数解的个数.由于方程($*$)的正整数解$(x_1, x_2, \cdots, x_t)$有 C_{n-1}^{t-1} 个,所以 n 个黑球的排法有 C_{n-1}^{t-1} 种.

由对称性,白球的排列亦有 C_{n-1}^{t-1} 种,所以
$$f(r) = C_{n-1}^{t-1} C_{n-1}^{t-1} = (C_{n-1}^{\frac{r}{2}-1})^2 \qquad (1)$$

若 r 为奇数,令 $r=2t+1$,则排列中黑段的个数比白段的个数多 1(以黑段排头).

同样引入容量参数:设第 i 段有 x_i 个黑球($i=1,2,\cdots,t+1$),则
$$x_1 + x_2 + \cdots + x_{t+1} = n \qquad (**)$$
其中,$x_i \in \mathbf{N}^+$.

于是,黑球的排法数就是方程($**$)的正整数解的个数.由于方程($**$)的正整数解$(x_1, x_2, \cdots, x_{t+1})$有 C_{n-1}^{t} 个,所以 n 个黑球的排法有 C_{n-1}^{t} 种.

类似可知,白球的排列有 C_{n-1}^{t-1} 种,所以
$$f(r) = C_{n-1}^{t} C_{n-1}^{t-1} = C_{n-1}^{\frac{r-1}{2}} C_{n-1}^{\frac{r-3}{2}} \qquad (2)$$

下面证明:$f(n+k) = f(n-k+2)$.

注意到 $(n+k)+(n-k+2) = 2n+2$，从而 $n+k$ 与 $n-k+2$ 同奇偶.

若 $n+k$ 与 $n-k+2$ 同为偶数，则由(1)，有
$$f(n+k) = (C_{n-1}^{(n+k)/2-1})^2 = (C_{n-1}^{n-1-((n+k)/2-1)})^2$$
$$= f(n-k+2)$$

结论成立.

若 $n+k$ 与 $n-k+2$ 同为奇数，则由(2)，有
$$f(n+k) = C_{n-1}^{(n+k-1)/2} C_{n-1}^{(n+k-3)/2} = C_{n-1}^{n-1-(n+k-1)/2} C_{n-1}^{n-1-(n+k-3)/2}$$
$$= C_{n-1}^{(n-k+2-1)/2} C_{n-1}^{(n-k+2-3)/2} = f(n-k+2)$$

综上所述，命题获证.

例5 有 n 盒火柴，摆成一圈.作如下操作：若连续 4 盒火柴中的火柴数之和为奇数，则在这 4 盒火柴中都拿走一根火柴，否则，在每盒火柴中都加入一根火柴，每连续 4 盒火柴都恰进行一次操作后，发现 n 盒火柴中的火柴总数不变，求证：n 是 4 的倍数.

分析与证明 设这 n 盒火柴为 $a_1, a_2, \cdots, a_n$，仍用 a_i 表示火柴 a_i 的根数 $(i=1,2,\cdots,n)$，令 $S_i = a_i + a_{i+1} + a_{i+2} + a_{i+3}$ $(i=1,2,\cdots,n$，规定 $a_{n+1}=a_1, a_{n+2}=a_2, a_{n+3}=a_3)$.

对连续 4 盒火柴 $(a_i, a_{i+1}, a_{i+2}, a_{i+3})$ 进行一次操作，或者使每一盒火柴都减少一根火柴，或者使每一盒火柴都增加一根火柴，增加还是减少，取决于 S_i 的奇偶性.于是，操作结束后，总体上火柴根数增加还是减少，取决于各个 $S_i(i=1,2,\cdots,n)$ 中奇数、偶数的个数.

于是，引入容量参数：设 $S_1, S_2, \cdots, S_n$ 中有 p 个为奇数，q 个为偶数 $(p+q=n)$，则依题给出操作规则，操作完毕后，共拿走 $4p$ 根火柴，放进 $4q$ 根火柴.

但由题意，火柴总数不变，所以 $p=q$，于是 $n=p+q=2p$.

令 $S = S_1 + S_2 + \cdots + S_n$，则

$$S = \sum_{i=1}^{n}(a_i + a_{i+1} + a_{i+2} + a_{i+3}) = 4\sum_{i=1}^{n}a_i \equiv 0 \pmod{2}$$

另一方面，$S_1, S_2, \cdots, S_n$ 中有 p 个为奇数，q 个为偶数，所以

$$\begin{aligned}S &= S_1 + S_2 + \cdots + S_n \\ &\equiv 1 + 1 + \cdots + 1(p \text{个} 1) + 0 + 0 + \cdots + 0(q \text{个} 0) \\ &\equiv p \pmod{2}\end{aligned}$$

所以 $p \equiv 0 \pmod{2}$，$n = 2p$ 为 4 的倍数.

另证 设 n 盒火柴为 $a_1, a_2, \cdots, a_n$，其中的火柴数也用 $a_1, a_2, \cdots, a_n$ 表示. 在操作中，a_i 是加入一根火柴还是减少一根火柴与 a_i 的奇偶性有关，对于火柴 a_i，若 a_i 为奇数，则在 a_i 处标 -1；若 a_i 为偶数，则在 a_i 处标 1. 记 a_i 处标为 x_i，这样，对某连续 4 盒火柴 $a_i, a_{i+1}, a_{i+2}, a_{i+3}$ 经过一次操作后，易知这 4 盒火柴中火柴增加的总数为 $4x_i x_{i+1} x_{i+2} x_{i+3}$.

实际上，当 $a_i + a_{i+1} + a_{i+2} + a_{i+3}$ 为奇数时，$a_i, a_{i+1}, a_{i+2}, a_{i+3}$ 中恰有奇数个奇数，于是 $x_i, x_{i+1}, x_{i+2}, x_{i+3}$ 中恰有奇数个 -1，从而 $x_i x_{i+1} x_{i+2} x_{i+3} = -1$，此时，$a_i, a_{i+1}, a_{i+2}, a_{i+3}$ 中火柴增加的总数为 $-4 = 4x_i x_{i+1} x_{i+2} x_{i+3}$.

当 $a_i + a_{i+1} + a_{i+2} + a_{i+3}$ 为偶数时，$a_i, a_{i+1}, a_{i+2}, a_{i+3}$ 中恰有偶数个奇数，于是 $x_i, x_{i+1}, x_{i+2}, x_{i+3}$ 中恰有偶数个 -1，从而 $x_i x_{i+1} x_{i+2} x_{i+3} = 1$，此时，$a_i, a_{i+1}, a_{i+2}, a_{i+3}$ 中火柴增加的总数为 $4 = 4x_i x_{i+1} x_{i+2} x_{i+3}$.

下面从两个方面进行整体估计，一是求和 $\sum_{i=1}^{n} x_i x_{i+1} x_{i+2} x_{i+3}$；二是求积 $\prod x_i x_{i+1} x_{i+2} x_{i+3}$.

由于操作后火柴总数不变，所以 $\sum x_i x_{i+1} x_{i+2} x_{i+3} = 0$，所以 n 为偶数，令 $n = 2k$，下证 k 为偶数.

由于 $\sum_{i=1}^{n} x_i x_{i+1} x_{i+2} x_{i+3} = 0$,所以对 $i = 1, 2, \cdots, n = 2k$,$x_i x_{i+1} x_{i+2} x_{i+3}$ 中 -1 和 1 的个数相等,都有 $\frac{n}{2} = k$ 个,所以

$$\prod x_i x_{i+1} x_{i+2} x_{i+3} = (-1)^k$$

但

$$\prod x_i x_{i+1} x_{i+2} x_{i+3} = \left(\prod x_i\right)^4 = 1$$

所以 k 为偶数,结论成立.

4.2 多维容量方程

涉及两组或多组不同对象的容量方程称为多维容量方程. 此时,问题转化为方程后,有时候还需要对其中一组容量取值进行分类讨论. 有时候需要对两组不同的容量分别建立方程求解.

例 1 设 m, n 是给定的正整数,$n > 2m$,试问:由 $0, 1$ 组成的序列 $a_1, a_2, \cdots, a_n$ 中,恰好出现 m 次 01 的序列有多少个?

分析与解 对任何一个合乎条件的序列,将连续若干个相同元素看作一段,则排列中有若干个 0 段和若干个 1 段.

因为 01 出现 m 次,所以其中必含有 m 个 0 段和 m 个 1 段,但前面还可能接 1 个 1 段,后面还可能接 1 个 0 段,于是不妨设是 $m+1$ 个 1 段和 $m+1$ 个 0 段交错排列.

引入容量参数:第 i 个 1 段中 1 的个数为 $x_i (i = 1, 2, \cdots, m+1)$,其中 $x_1 \geq 0, x_i \geq 1 (i = 2, 3, \cdots, m+1)$.

当 $x_1 = 0$ 时,表示第一个 1 段不存在;设第 j 个 0 段中 0 的个数为 $y_j (j = 1, 2, \cdots, m+1)$,其中 $y_j \geq 1 (j = 1, 2, \cdots, m), y_{m+1} \geq 0$.

当 $y_{m+1} = 0$ 时,表示第 $m+1$ 个 0 段不存在. 依题意,有

$$(x_1 + x_2 + \cdots + x_{m+1}) + (y_1 + y_2 + \cdots + y_{m+1}) = n$$

为了统一字母的限定范围,将上述方程变形为

$$[(x_1+1)+x_2+\cdots+x_{m+1}]+[y_1+y_2+\cdots+(y_{m+1}+1)]$$
$$=n+2 \qquad (*)$$

其中，$x_1+1,x_2,\cdots,x_{m+1},y_1,y_2,\cdots,y_{m+1}+1\in \mathbf{N}^+$.

这样，合乎条件的序列的个数，就是关于 $x_1+1,x_2,\cdots,x_{m+1}$，$y_1,y_2,\cdots,y_{m+1}+1$ 的方程（*）的正整数解：

$$(x_1+1,x_2,\cdots,x_{m+1},y_1,y_2,\cdots,y_{m+1}+1)$$

的个数，其解的个数显然为 $C_{n+2-1}^{2m+2-1}=C_{n+1}^{2m+1}$，故恰好出现 m 次 01 的序列有 C_{n+1}^{2m+1} 个.

注 1 我们还可将方程（*）分割为两个方程求其正整数解. 设

$$(x_1+1)+x_2+\cdots+x_{m+1}=m+1+k$$
$$y_1+y_2+\cdots+(y_{m+1}+1)=n-m-k+1$$

其中，k 为参数，$k=0,1,2,\cdots,n-2m$.

这两个方程的正整数解的个数分别为 C_{m+k}^m,C_{n-m-k}^m.

注意到 $k=0,1,2,\cdots,n-2m$，因此，方程（*）的正整数解的个数为 $\sum_{k=0}^{n-2m}C_{m+k}^m C_{n-m-k}^m$.

由上面两种解法可得到组合恒等式：

$$\sum_{k=0}^{n-2m}C_{m+k}^m C_{n-m-k}^m = C_{n+1}^{2m+1}$$

注 2 采用对应派生元的技巧，我们还得到本题的如下一个巧妙解答.

设 $(a_1,a_2,\cdots,a_n)$ 是一个长为 n 的合乎条件的序列，令其对应一个长为 $n+2$ 的序列 $(1,a_1,a_2,\cdots,a_n,0)$，我们称此序列为"加长序列"，显然，加长序列中的 01 也恰好出现 m 次.

注意加长序列的首项为 $a_0=1$，末项为 $a_{n+1}=0$，从 $a_0=1$ 开始，经过 $a_1,a_2,\cdots,a_n$，最后到 $a_{n+1}=0$，应改变奇数次数值（若两个相邻项的值不同，则称为改变一次数值），而每当第偶数次改变数值时

4 容量方程

则出现一个 01,由于共出现 m 次 01,从而共改变 $2m+1$ 次数值.

再注意到长为 $n+2$ 的序列有 $n+1$ 个相邻对,从中取 $2m+1$ 个相邻对作为改变数值的相邻对,有 C_{n+1}^{2m+1} 种方法,故恰好出现 m 次 01 的序列有 C_{n+1}^{2m+1} 个.

例 2(1991 年日本数学竞赛题) 由 A,B 组成长为 15 的序列,满足:在所有连续两个字母构成的字母对中,AA 出现 5 次,AB,BA,BB 各出现 3 次,求合乎条件的不同序列的个数.

分析与解 本题是 1991 年日本数学竞赛题,但实际上在 1986 年它就已作为第 4 届美国数学邀请赛试题了,不过原题是掷硬币出现的正面反面的排列.

对于任何一个合乎条件的序列,将连续若干个字母相同看作一段,则排列中有若干个 A 段和若干个 B 段.

先考虑第一段是 A 段的排列,因为 AB,BA 各出现 3 次,于是排列中有 4 个 A 段和 3 个 B 段,下面只需确定各个 A,B 段中 A,B 分别出现的次数,则排列(A⋯A)(B⋯B)(A⋯A)(B⋯B)(A⋯A)(B⋯B)(A⋯A)被唯一确定.

现在确定一个合乎条件的排列中每个 A 段中 A 的个数及每个 B 段中 B 的个数.

为此,引入容量参数:设 4 个 A 段中 A 的个数分别为 $x_1, x_2, x_3, x_4 (x_i \geq 1, i=1,2,3,4,$ 即第 i 个 A 段中 A 出现 x_i 次),则 AA 在排列中出现的次数为

$$(x_1 - 1) + (x_2 - 1) + (x_3 - 1) + (x_4 - 1)$$

依题意,有

$$(x_1 - 1) + (x_2 - 1) + (x_3 - 1) + (x_4 - 1) = 5$$

$$x_1 + x_2 + x_3 + x_4 = 9$$

此方程的正整数解的个数为 $C_{9-1}^{4-1} = C_8^3$.

再设 3 个 B 段中 B 的个数分别为 $y_1, y_2, y_3 (y_i \geq 1, i=1,2,3)$,

则 BB 在排列中出现的次数为

$$(y_1 - 1) + (y_2 - 1) + (y_3 - 1)$$

依题意,有

$$(y_1 - 1) + (y_2 - 1) + (y_3 - 1) = 3$$
$$y_1 + y_2 + y_3 = 6$$

此方程的正整数解的个数为 $C_{6-1}^{3-1} = C_5^2$.

因此,以 A 开头的序列有 $C_5^2 C_8^3 = 560$ 个.同样可知,以 B 开头的序列有 $C_6^3 C_7^2 = 420$ 个.

综上所述,合乎条件的序列有 $560 + 420 = 980$ 个.

例 3 在世界杯足球赛前,F 国教练为了考察 $A_1, A_2, \cdots, A_7$ 这七名队员,准备让他们在三场训练赛(每场 90 分钟)中都上场,假设在比赛的任何时刻,这些队员中有且仅有一人在场上,并且 A_1, A_2, A_3, A_4 每人上场的总时间(以分钟为单位)均被 7 整除,A_5, A_6, A_7 每人上场的总时间(以分钟为单位)均被 13 整除,如果每场换人次数不限,那么按每名队员上场的总时间计算,共有多少种不同的情况.

分析与解 引入容量参数,设第 i 名队员上场的时间为 x_i 分钟($i = 1, 2, 3, \cdots, 7$),问题转化为求不定方程

$$x_1 + x_2 + \cdots + x_7 = 270 \qquad ①$$

满足条件 $7 | x_i (1 \leqslant i \leqslant 4)$,且 $13 | x_j (5 \leqslant j \leqslant 7)$ 的正整数解的个数.

若 $(x_1, x_2, \cdots, x_7)$ 是满足条件①的一组正整数解,则应有 $m, n \in \mathbf{N}$,使

$$\begin{cases} x_1 + x_2 + x_3 + x_4 = 7m \\ x_5 + x_6 + x_7 = 13n \end{cases} \qquad (*)$$

我们先求可能的 m, n,进而由方程组 $(*)$ 求可能的 $(x_1, x_2, \cdots, x_7)$.

将 $(*)$ 代入①,得 m, n 的不定方程

$$7m + 13n = 270 \qquad ②$$

4 容量方程

满足条件 $m \geqslant 4$ 且 $n \geqslant 3$ 的一组正整数解.

先求 $7m' + 13n' = 1$ 的特解 (m', n'),因为
$$(7,13) = (7,6) = (1,6) = 1$$
所以
$$1 = 7 - 6 = 7 - (13 - 7) = 2 \cdot 7 - 13$$
所以 $(m', n') = (2, -1)$,得方程②的一个特解 $(m_0, n_0) = (540, -270)$,所以方程②的整数通解为
$$m = 540 - 13k, \quad n = -270 + 7k \quad (k \in \mathbf{Z})$$
令 $m \geqslant 4, n \geqslant 3$,解得 $29 \leqslant k \leqslant 31$.

所以 $(m, n) = (33, 3), (20, 10), (7, 17)$.

(1) 在 $m = 33, n = 3$ 时,方程组(*)为
$$\begin{cases} x_1 + x_2 + x_3 + x_4 = 7 \cdot 33 \\ x_5 + x_6 + x_7 = 39 \end{cases}$$
此时 (x_5, x_6, x_7) 仅有一种可能:$x_5 = x_6 = x_7 = 13$.

又设 $x_i = 7y_i (i = 1, 2, 3, 4)$,则
$$y_1 + y_2 + y_3 + y_4 = 33$$
它有 $C_{33-1}^{4-1} = C_{32}^3 = 4960$ 组正整数解.

所以此时①有满足条件的 $C_{32}^3 = 4960$ 组正整数解.

(2) 在 $m = 20, n = 10$ 时,设 $x_i = 7y_i (i = 1, 2, 3, 4), x_j = 13y_j (j = 5, 6, 7)$,方程 $y_1 + y_2 + y_3 + y_4 = 20$ 有 C_{19}^3 组正整数解;方程 $y_5 + y_6 + y_7 = 10$ 有 C_9^2 组正整数解,所以此时①有满足条件的 $C_{19}^3 \cdot C_9^2 = 34884$ 组正整数解.

(3) 在 $m = 7, n = 17$ 时,设 $x_i = 7y_i (i = 1, 2, 3, 4), x_j = 13y_j (j = 5, 6, 7)$,方程 $y_1 + y_2 + y_3 + y_4 = 7$ 有 C_6^3 组正整数解;方程 $y_5 + y_6 + y_7 = 17$ 有 C_{16}^2 组正整数解.

综上所述,①满足条件的正整数解的组数为
$$C_{32}^3 + C_{19}^3 \cdot C_9^2 + C_6^3 \cdot C_{16}^2 = 4960 + 34884 + 2400 = 42244$$

例4(2009年中国数学奥林匹克试题) 给定正整数 $m \geq 5$,以正 $2n+1$ 边形的顶点为顶点作 m 边形,使其恰有两个内角为锐角,求这样的 m 边形的个数.

分析与解 设正 $2n+1$ 边形为 $B_1 B_2 \cdots B_{2n+1}$,不妨设其外接圆 O 的周长为 $2n+1$,合乎条件的一个 m 边形各顶点按逆时针方向排列为 $A_1, A_2, \cdots, A_m$.

引入容量参数:设圆 O 上从点 A_i 到 A_{i+1} 经过的弧的段数为 a_i ($i = 1, 2, \cdots, m$),其中规定大于 m 的下标用它关于模 m 的余数代替,则

$$a_1 + a_2 + \cdots + a_m = 2n+1 \qquad (*)$$

因为正 $2n+1$ 边形每条边对的圆心角为 $\dfrac{2\pi}{2n+1}$,所以

$$\angle A_i A_{i+1} A_{i+2} = \frac{1}{2} \cdot [2n+1 - (a_i + a_{i+1})] \cdot \frac{2\pi}{2n+1}$$

$$= [2n+1 - (a_i + a_{i+1})] \cdot \frac{\pi}{2n+1}$$

于是,有

$$\angle A_i A_{i+1} A_{i+2} \text{ 为锐角} \iff [2n+1-(a_i+a_{i+1})] \cdot \frac{\pi}{2n+1} < \frac{\pi}{2}$$

$$\iff 2n+1 - (a_i + a_{i+1}) < \frac{2n+1}{2}$$

$$\iff 2(a_i + a_{i+1}) > 2n+1$$

$$\iff a_i + a_{i+1} \geq n+1$$

如果存在两个锐内角不相邻,则有 $i, j (j - i \geq 2)$,使

$$a_i + a_{i+1} \geq n+1, \quad a_j + a_{j+1} \geq n+1$$

这样,有

$$a_1 + a_2 + \cdots + a_m \geq (a_i + a_{i+1}) + (a_j + a_{j+1})$$

$$\geq n+1+n+1 > 2n+1$$

矛盾.

4 容量方程

如果存在 3 个锐内角,因为 $m \geq 5$,则必有两个锐内角不相邻,同上矛盾.

所以,当 m 边形有两个锐内角时,它们必相邻,而其他内角都不是锐角,即存在唯一的 $i \in \{1, 2, \cdots, m\}$,使
$$a_i + a_{i+1} \geq n+1, \quad a_{i+1} + a_{i+2} \geq n+1$$

不妨设 $i = 1$(将左边一个锐角顶点取名为 A_1),则
$$a_1 + a_2 \geq n+1, \quad a_2 + a_3 \geq n+1$$

于是,合乎条件的 m 边形的个数就是方程(*)的满足
$$a_1 + a_2 \geq n+1, \quad a_2 + a_3 \geq n+1$$
的正整数解的个数.

令 $p = a_1 + a_2, q = a_2 + a_3, r = a_2$,则方程变为
$$p + q + a_4 + a_5 + \cdots + a_m = 2n + 1 + r$$

再令 $x = p - n, y = q - n$,则由 $p \geq n+1, q \geq n+1$,得 $x \geq 1$,$y \geq 1$,方程(*)变为
$$x + y + a_4 + a_5 + \cdots + a_m = r + 1 \quad (**)$$

注意,其中 $r = a_2$ 非常数,求方程(**)的正整数解时应先固定 r 分类讨论.

对于方程(**)的正整数解 $(x, y, a_4, a_5, \cdots, a_m, r)$,令
$$x = a_1 + a_2 - n, \quad y = a_2 + a_3 - n$$
得
$$a_2 = r, \quad a_1 = x + n - a_2, \quad a_3 = y + n - a_2$$

但 a_1, a_3 未必是正整数,于是先限定 $r = a_2 \leq n$,以保证对任意的正整数解 x, y,有 a_1, a_3 是正整数.

先估计 r 的范围,条件是
$$2n + 1 = a_1 + a_2 + \cdots + a_m$$
估计的工具是
$$a_i \geq 1, \quad a_1 + a_2 \geq n+1, \quad a_2 + a_3 \geq n+1$$

一方面,由于
$$2n+1 = a_1 + a_2 + \cdots + a_m = r + (a_1 + a_3 + a_4 + \cdots + a_m)$$
$$\geqslant r + (m-1)$$

所以 $r \leqslant 2n + 2 - m$.

另一方面,由于
$$2n + 1 + r = a_1 + a_2 + \cdots + a_m + r$$
$$= (a_1 + a_2) + (a_3 + a_2) + a_4 + \cdots + a_m$$
$$\geqslant 2(n+1) + (m-3)$$

所以 $r \geqslant m - 2$,$m - 2 \leqslant r \leqslant 2n + 2 - m$,由此可见 $m \leqslant n + 2$.

(1) 当 $m > n + 2$ 时,不存在合乎条件的 m 边形.

(2) 当 $m \leqslant n + 2$ 时,若 $r \leqslant n$,则方程($**$)的一个正整数解对应一个合乎条件的 m 边形,而对固定的 r,方程
$$x + y + a_4 + a_5 + \cdots + a_m = r + 1$$
的正整数解的个数为 C_r^{m-2},所以相应的 m 边形的个数为
$$\sum_{r=m-2}^{n} C_r^{m-2} = C_{n+1}^{m-1}$$

若 $r \geqslant n + 1$,则直接解方程($*$)即可,此时方程($*$)的一个满足 $a_2 \geqslant n + 1$ 的正整数解对应一个合乎条件的 m 边形,将方程($*$)变形为
$$a_1 + (a_2 - n) + \cdots + a_m = n + 1$$
它的正整数解$(a_1, a_2 - n, \cdots, a_m)$的个数为 C_n^{m-1},得到 C_n^{m-1} 个合乎条件的 m 边形.

所以合乎条件的 m 边形的个数为 $C_{n+1}^{m-1} + C_n^{m-1}$,由对称性,$A_1$ 可取 $B_1, B_2, \cdots, B_{2n+1}$,于是所有合乎条件的 m 边形的个数为 $(2n+1)(C_{n+1}^{m-1} + C_n^{m-1})$.

注 本题的解答比"标准答案"复杂一些,但其思路简单——将几何问题转化为一个纯代数计算的问题.

4 容量方程

习 题 4

1. 设 $X = \{a_1, a_2, \cdots, a_n\}$,$A = \{a_{i_1}, a_{i_2}, \cdots, a_{i_k}\}$ 是 X 的 k 元子集,若 A 中的元素满足:$i_1 > r, i_2 - i_1 > r, i_3 - i_2 > r, \cdots, i_k - i_{k-1} > r$,则称 A 为从 n 个有序元素中取 k 个元素的环型"限距 r"的组合,简称为 n 个有序元素的"k 元环型限距 r 组合".试证:n 个有序元素的 k 元环型限距 r 组合的个数(简称环型限距 r 组合数)为 C_{n-kr}^k.

2. (原创题)在圆周上依次有 n 个点 $A_1, A_2, \cdots, A_n$.今随机地选取其中 k 个点为顶点作凸 k 边形 $B_1 B_2 \cdots B_k$,已知选取与否的可能性是相同的.试求对每个 $i \in \{1, 2, \cdots, k\}$,$k$ 边形的两个相邻顶点 B_i,B_{i+1}(规定 $B_{k+1} = B_1$)之间至少有 $X = \{A_1, A_2, \cdots, A_n\}$ 中的 r_i 个点的概率,其中 $r_1, r_2, \cdots, r_k$ 是给定的一组正整数.

3. 圆周上 $m + n$ 个点将圆周划分为 $m + n$ 条弧,其中 m 个为红点,n 个为蓝点,若一条弧的两端点都是红点,则在此弧上标注 2,若一条弧的两端点都是蓝点,则标注 $\dfrac{1}{2}$,若一条弧的端点异色,则标注 1,求所有标注数的乘积 S 的所有可能值.

4. (《美国数学月刊》1993 年 8 月号问题 3465)给定自然数 p, q, m, n,已知长为 $m + n + 1$ 的数列 $k_{-m}, k_{-m+1}, \cdots, k_{-1}, k_0, k_1, \cdots, k_n$ 满足:

(1) $k_{-1} \leqslant 0 \leqslant k_1$.

(2) $-p \leqslant k_{-m} \leqslant k_{-m+1} \leqslant \cdots \leqslant k_n \leqslant q$.

求这种数列的个数.

5. (1990 年全国高中数学联赛试题)将 8 个女孩,25 个男孩排成一圈,使任何两个女孩之间至少有两个男孩,求有多少种排法?

6. (2008 年全国高中数学联赛试题)将 24 个志愿者名额分配给 3 个学校,则每个学校至少有一个名额且各校名额互不相同的分配

方法共有多少种？

7.（第 4 届美国数学邀请赛试题）在扔硬币时,如果用 Z 表示正面朝上,F 表示反面朝上,那么扔硬币的序列就表示为用 Z 和 F 组成的串,我们可以统计在这种序列中正面紧跟着反面（ZF）的出现次数,正面紧跟着正面（ZZ）的出现次数……例如序列：

$$ZZFFZZZZFZZFFFF$$

是 15 次扔币的结果,其中有 5 个 ZZ,3 个 ZF,2 个 FZ,4 个 FF.

问:有多少个 15 次扔硬币的序列,其中恰好有 2 个 ZZ,3 个 ZF,4 个 FZ,5 个 FF？

8.（2005 年全国高中数学联合竞赛浙江省预赛试题）在一次实战军事演习中,红方的一条直线防线上设有 20 个岗位.为了试验 5 种不同的新式武器,打算安排 5 个岗位配备这些新式武器,要求第一个和最后一个岗位不配备新式武器,且每相邻 5 个岗位至少有一个岗位配备新式武器,相邻两个岗位不同时配备新式武器,问共有多少种配备新式武器的方案？

9.（2004 年女子数学奥林匹克试题）有一副三色牌,共有 32 张,其中红、黄、蓝各 10 张,编号为 $1,2,\cdots,10$；另有大、小王各 1 张.从中任取几张,然后按如下规则算分:每张编号为 k 的牌记 2^k 分.大、小王编号为 0.若分值之和为 2004,就称这些牌为一个好牌组.求好牌组的组数.

习题 4 解答

1. 考察 $X = \{a_1, a_2, \cdots, a_n\}$ 的任意一个合乎条件的组合 $A = \{a_{i_1}, a_{i_2}, \cdots, a_{i_k}\}$,$A$ 中的元素将排列 $a_1, a_2, \cdots, a_n$ 分成若干段.

引入一组容量参数:设 X 中排在 a_{i_1} 之前有 x_1 个不属于 A,$a_{i_{t-1}}$ 与 a_{i_t} 之间有 x_t 个不属于 $A(t=2,3,\cdots,k)$,在 a_{i_k} 之后有 x_{k+1} 个不属于 A,那么

$$x_1 + x_2 + \cdots + x_{k+1} = n - k$$

其中,$x_1, x_2, \cdots, x_k \geq r, x_{k+1} \geq 0$.

为了"去掉"限定条件: $x_1, x_2, \cdots, x_k \geq r$,将方程变形为

$$(x_1 - r) + (x_2 - r) + \cdots + (x_k - r) + x_{k+1} = n - k - kr$$

即

$$y_1 + y_2 + \cdots + y_k + y_{k+1} = n - k - kr \quad (*)$$

其中,$y_1 = x_1 - r, y_2 = x_2 - r, y_3 = x_3 - r, \cdots, y_k = x_k - r, y_{k+1} = x_{k+1}$.

这样,组合 A 与方程($*$)的自然数解$(y_1, y_2, \cdots, y_k, y_{k+1})$建立了一一对应.

而方程($*$)的自然数解的个数为 $C_{n-k-kr+k}^{k+1-1} = C_{n-kr}^{k}$,所以合乎条件的组合 A 有 C_{n-kr}^{k} 个.

2. 设 $A_{i_1} A_{i_2} \cdots A_{i_k}$ 是合乎条件的凸 k 边形,令 $P = \{A_{i_1}, A_{i_2}, \cdots, A_{i_k}\}$,固定一个点,不妨设 $A_{i_1} = A_1$.

设 X 中在 A_{i_t} 与 $A_{i_{t+1}}$ 之间有 x_t 个不属于 $P(t=1,3,\cdots,k$,其中规定 $A_{i_{k+1}} = A_{i_1}$),那么 $x_1 + x_2 + \cdots + x_k = n - k$,其中 $x_1 \geq r_1, \cdots, x_k \geq r_k$. 于是

$$(x_1 - r_1 + 1) + (x_2 - r_2 + 1) + \cdots + (x_k - r_k + 1) = n - S(r)$$
$$(*)$$

其中,$S(r) = r_1 + r_2 + \cdots + r_k$.

这样,每个组合 P 与方程($*$)的正整数解$(x_1 - r_1 + 1, x_2 - r_2 + 1, \cdots, x_k - r_k + 1)$建立了一一对应.而方程($*$)的正整数解的个数为 $C_{n-S(r)-1}^{k-1}$,所以合乎条件的组合 P 有 $C_{n-S(r)-1}^{k-1}$ 个.于是,所有合乎条件的凸多边形有 $C_{n-S(r)-1}^{k-1}$ 个.

又从圆周上 n 个点中取 A_1 外的 $k-1$ 个点有 C_{n-1}^{k-1} 种方法,故所求的概率为 $\dfrac{C_{n-S(r)-1}^{k-1}}{C_{n-1}^{k-1}}$,其中 $S(r) = r_1 + r_2 + \cdots + r_k$.

3. 引入容量参数:按逆时针方向将各个红点依次记为 $A_1, A_2, \cdots, A_m$,并设弧 A_iA_{i+1} 上有 s_i 个蓝点 ($s_i \geq 0, i=1,2,\cdots,m$,规定 $A_{m+1}=A_1$),其中

$$s_1+s_2+\cdots+s_m = n$$

则弧 A_iA_{i+1} 上所有标数的积为

$$T_i = 1 \cdot \left(\frac{1}{2}\right)^{s_i-1} \cdot 1 = 2^{1-s_i}$$

于是,圆周上所有标数的积为

$$S = T_1 T_2 \cdots T_m = 2^{1-s_1} \cdot 2^{1-s_2} \cdot \cdots \cdot 2^{1-s_m}$$
$$= 2^{m-(s_1+s_2+\cdots+s_m)} = 2^{m-n}$$

另解 在红色点上标数 $\sqrt{2}$,蓝色点上标数 $\frac{1}{\sqrt{2}}$,则每段弧上的标数为其两端点的标数的积,由此可见,S 为所有点的标数之积的平方.

故

$$S = \left[(\sqrt{2})^m \left(\frac{1}{\sqrt{2}}\right)^n\right]^2 = 2^{m-n}$$

4. 所求数列的个数为

$$C_{m+p}^{m} C_{n+q+1}^{n+1} + C_{m+p}^{m+1} C_{n+q}^{n} = C_{m+p}^{m} C_{n+q}^{n+1} + C_{m+p+1}^{m+1} C_{n+q}^{n}$$

先证明如下引理.

引理 在连续 s 个正整数中取长为 r 的不减数列的个数为 C_{n+r-1}^{r}.

证明 设连续 s 个整数为 $1,2,\cdots,s$,不减数列为 $a_1 \leq a_2 \leq \cdots \leq a_r$,其中有 x_1 个 1,x_2 个 2,$\cdots$,x_s 个 s,从而不减数列的个数等价于不定方程 $x_1+\cdots+x_s=r$ 的自然数解的个数,引理获证.

解答原题 当 $k_0 \geq 0$ 时,有

$$-p \leq k_{-m} \leq k_{-m+1} \leq \cdots \leq k_{-1} \leq 0$$

从而由引理,选取 $(k_{-m}, k_{-m+1}, \cdots, k_{-1})$ 有 C_{m+p}^{m} 种方法.

又

$$0 \leqslant k_0 \leqslant k_1 \leqslant \cdots \leqslant k_n \leqslant q$$

从而由引理,选取$(k_0, k_1, \cdots, k_n)$有C_{n+q+1}^{n+1}种方法.

当$k_0 \leqslant -1$时,有

$$-p \leqslant k_{-m} \leqslant k_{-m+1} \leqslant \cdots \leqslant k_{-1} \leqslant k_0 \leqslant -1$$

从而由引理,选取$(k_{-m}, k_{-m+1}, \cdots, k_0)$有$C_{m+p}^{m+1}$种方法.

又

$$0 \leqslant k_1 \leqslant k_2 \leqslant \cdots \leqslant k_n \leqslant q$$

从而由引理,选取$(k_1, k_2, \cdots, k_n)$有C_{n+q}^{n}种方法.

故结论成立.

5. 设8个女孩分别为$a_1, a_2, \cdots, a_8$,并设a_i与a_{i+1}之间有x_i $(i=1,2,\cdots,8$,其中规定$a_9 = a_1)$个男孩,则$x_1 + x_2 + \cdots + x_8 = 25$ $(x_i \geqslant 2)$.于是

$$(x_1 - 1) + (x_2 - 1) + \cdots + (x_8 - 1) = 17 \quad (x_i - 1 \geqslant 1)$$

这样,男孩、女孩的一种排列方式对应上述方程的一个正整数解$(x_1 - 1, x_2 - 1, \cdots, x_8 - 1)$.

这种对应显然是一一对应.于是排列方式有$C_{17-1}^{8-1} = C_{16}^{7}$种.

最后,8个女孩进行全排列,有8!种方法,25个男孩进行全排列,有25!种方法,于是共有$C_{16}^{7} 8! 25!$种排法.

但其中有重复计数:每种排法包含8个女孩,每个女孩所在位置轮换,对应上述方程的8个不同正整数解,但它们是同一种排法,从而每种排法被计算8次,所以,合乎条件的排法有$\dfrac{1}{8} C_{16}^{7} 8! 25! = \dfrac{16! 25!}{9!}$种.

另解 先考虑在凸33边形的顶点中选出8个顶点,使任何两个选定的顶点之间至少有两个其他顶点.易知,选择顶点的方法数为

$$\frac{n}{k} C_{n-ks-1}^{k-1} = \frac{33}{8} C_{16}^{7}$$

由于男孩、女孩排一圈,可看成是33边形各个顶点是相同的,从而上述选择顶点的方法数被重复了33次,于是,间距排列模式共有 $\frac{1}{8}C_{16}^{7}$ 个.

最后,8个女孩进行全排列,有8!种方法,25个男孩进行全排列,有25!种方法,于是共有 $\frac{1}{8}C_{16}^{7}8!25! = \frac{16!25!}{9!}$ 种排法.

6. 设分配给3个学校的名额分别为 x_1, x_2, x_3,则每个学校至少有一个名额的分法数为不定方程 $x_1 + x_2 + x_3 = 24$ 的正整数解的个数,即 $C_{23-1}^{3-1} = 253$.

下面考虑在"每校至少有一个名额的分法"中"恰好有两个学校的名额相同"的分配方法数.设第一、第二所学校分配的名额相同但不为8,都为 y_1,第三所学校分配的名额数为 y_2,则 $2y_1 + y_2 = 24$,于是 $y_1 = 1, 2, \cdots, 11, y_1 \neq 8$,从而有10种可能.同样,其他任何两所学校分配的名额相同但不为8的分配方法有10种,于是恰好有两个学校的名额相同的分配方法有30种.最后,3所学校的名额都相同的分配方法有1种,于是,满足条件的分配方法共有 $253 - 30 - 1 = 222$ 种.

7. 符合题意的序列具有如下两种可能形式:

(1) 以F开头;(2) 以Z开头.

由于题设要求的序列恰有3个ZF,如果序列属于第二类,应具有如下形式:

$$Z\cdots \underline{ZF}\cdots FZ\cdots \underline{ZF}\cdots FZ\cdots \underline{ZF}\cdots F$$

但此时,其中只有2个FZ,与题设4个FZ相违背,所以符合题设的序列只能是第一种形式的序列.

由于序列恰有4个FZ,则在考虑序列中恰有两个ZZ的情况下可分为如下两类:

第一类:连续3个Z相邻,排列具有如下形式:

$$\underline{\qquad}ZZZ\underline{\qquad}Z\underline{\qquad}Z\underline{\qquad}Z$$

第二类：有两组连续两个 Z 相邻，排列具有如下形式：

$$\underline{\qquad}ZZ\underline{\qquad}ZZ\underline{\qquad}Z\underline{\qquad}Z$$

其中的空格之处应填 F.

设每个空格处填 F 的个数依次为 x_1, x_2, x_3, x_4，则

$$x_1 + x_2 + x_3 + x_4 = 9$$

此方程的正整数解的个数为 $C_8^3 = 56$，从而 F 的排列方法有 56 种.

此外，对于第一类，ZZZ 的位置有 $C_4^1 = 4$ 种. 对于第二类，两组 ZZ，ZZ 的位置有 $C_4^2 = 6$ 种，所以 Z 的排列方法有 10 种.

综上所述，符合题意的序列有 $10 \times 56 = 560$ 个.

8. 设 20 个岗位按先后排序为 $1, 2, \cdots, 20$，对任何一种安排新式武器的方法，令其对应一个派生排列 $(a_1, a_2, \cdots, a_{20})$，其中当 i 号位置配备新式武器时，$a_i = 1$，当 i 号位置不配备新式武器时，$a_i = 0$.

引入容量参数：设第 $i-1$ 个 1 与第 i 个 1 之间的 0 的个数为 x_i ($2 \leqslant i \leqslant 5$)，第 1 个 1 之前的 0 的个数为 x_1，第 5 个 1 之后的 0 的个数为 x_6，则依题意，$1 \leqslant x_i \leqslant 4$，且

$$x_1 + x_2 + \cdots + x_6 = 20 - 5 = 15 \qquad (*)$$

至此，问题转化为求方程 $(*)$ 的满足 $1 \leqslant x_i \leqslant 4$ 的正整数解 $(x_1, x_2, \cdots, x_6)$ 的个数 S.

设 I 为方程 $(*)$ 的正整数解的集合，A_k 为方程 $(*)$ 满足 $x_k > 4$ 的解的集合，注意到 $A_i A_j A_k = \varnothing$，是因为没有同时满足 $x_i > 4, x_j > 4, x_k > 4$ 的 $\sum_{k=1}^{6} x_k = 15$ 的正整数组 $(x_1, x_2, \cdots, x_6)$，所以

$$S = \left| \bigcap_{k=1}^{6} \overline{A_k} \right| = |I| - \left| \bigcup_{k=1}^{6} A_k \right| = |I| - \sum_{k=1}^{6} |A_k| + \sum_{j<k} |A_j A_k|$$

我们先求 $|A_1|$.

由 $x_1 > 4$，得 $x_1 - 4 > 0$，而
$$(x_1 - 4) + x_2 + \cdots + x_6 = 15 - 4 = 11$$
其正整数解 $(x_1 - 4, x_2, \cdots, x_6)$ 的个数为 C_{10}^5，即 $|A_1| = C_{10}^5$.

由对称性，$|A_k| = C_{10}^5 (1 \leqslant k \leqslant 6)$.

再求 $|A_1 \cap A_2|$.

由 $x_1 > 4, x_2 > 4$，得 $x_1 - 4 > 0, x_2 - 4 > 0$，而
$$(x_1 - 4) + (x_2 - 4) + x_3 + \cdots + x_6 = 15 - 8 = 7$$
其正整数解 $(x_1 - 4, x_2 - 4, x_3, \cdots, x_6)$ 的个数为 C_6^5，即 $|A_1 \cap A_2| = C_6^5$.

由对称性，$|A_i \cap A_j| = C_{10}^5 (1 \leqslant i < j \leqslant 6)$.

所以
$$\left| \bigcap_{k=1}^{6} \overline{A_k} \right| = C_{14}^5 - 6C_{10}^5 + C_6^2 C_6^5 = 2002 - 1512 + 90 = 580$$

或者方程 (*) 的解数等于 $(x + x^2 + x^3 + x^4)^6$ 展开式中 x^{15} 的系数. 而
$$(x + x^2 + x^3 + x^4)^6 = x^6(1 + x + x^2 + x^3)^6$$
$$= x^6(1 + x)^6(1 + x^2)^6$$

只需求 $(1 + x)^6(1 + x^2)^6$ 展开式中 x^9 的系数. 又
$$(1 + x)^6(1 + x^2)^6$$
$$= (1 + 6x + 15x^2 + 20x^3 + 15x^4 + 6x^5 + x^6)$$
$$\times (1 + 6x^2 + 15x^4 + 20x^6 + 15x^8 + 6x^{10} + x^{12})$$

因此，x^9 的系数为 $6 \times 15 + 20 \times 20 + 6 \times 15 = 580$.

因为 5 种新式武器各不相同，互换位置得到不同的排列数，所以配备新式武器的方案数等于 $580 \times 5! = 69600$.

9. 称原题为"两王问题"，若增加一张王牌（称为"中王"），编号也为 0，再考虑同样的问题，则称为"三王问题".

先考虑"三王问题". 将大中小三张王牌分别称为红王，黄王和蓝

王,于是每种颜色的牌都是 11 张,编号都分别是 $0,1,2,\cdots,10$. 将分值之和为 n 的牌组数目记作 u_n, 每一个牌组都可能由红组、黄组和蓝组组成. 将其中红组、黄组和蓝组的分值之和分别记为 x,y,z, 则有 $x+y+z=n$. 由于任一自然数的二进制表示方法唯一, 所以一旦 x,y,z 的值确定之后, 红组、黄组和蓝组的构成情况便唯一确定.

我们知道方程 $x+y+z=n$ 的自然数解的组数等于 C_{n+2}^2, 所以

$$u_n = C_{n+2}^2 = \frac{(n+1)(n+2)}{2}$$

现考虑原题中的"二王问题". 对于 $n \in \{1,2,\cdots,2004\}$, 用 a_n 表示分值之和为 n 的牌组数目. 当 $n=2k \leqslant 2004$ 时, 对于分值之和为 $2k$ 的任一牌组, 我们有:

(1) 若组内无王牌, 则该牌组就是"三王问题"中的一个分值之和为 $2k$ 的无王牌的牌组. 如果将其中每张牌的分值都除以 2, 就得到"三王问题"中的一个分值之和为 k 的且允许包括有王牌的牌组.

易见, 这种对应是一一对应, 所以这种牌组的数目为 u_k.

(2) 若组内有王牌, 则组内必有 2 张王牌(大小王牌都在组内). 去掉王牌后, 就化归成为分值之和为 $2k-2$ 的无王牌的牌组, 从而这种牌组的数目为 u_{k-1}. 所以

$$a_{2k} = u_k + u_{k+1} = \frac{(k+1)(k+2)}{2} + \frac{k(k+1)}{2}$$
$$= (k+1)^2 \quad (k=1,2,\cdots,1002)$$

特别地, 所求的"好"牌组的个数为 $a_{2004} = 1003^2 = 1006009$.

另解 对于 $n \in \{1,2,\cdots,2004\}$, 用 a_n 表示分值之和为 n 的牌组数目, 则 a_n 等于函数

$$f(x) = (1+x^{2^0})^2 \cdot (1+x^{2^1})^3 \cdots (1+x^{2^{10}})^3$$

的展开式中 x^n 的系数(约定 $|x|<1$). 由于

$$f(x) = \frac{1}{1+x}[(1+x^{2^0})(1+x^{2^1})(1+x^{2^2})\cdots(1+x^{2^{10}})]^3$$

$$= \frac{1}{(1+x)(1-x)^3}(1-x^{211})^3$$

$$= \frac{1}{(1-x^2)(1-x)^2}(1-x^{211})^3$$

而 $n \leqslant 2004 < 2^{11}$,所以 a_n 等于 $\dfrac{1}{(1-x^2)(1-x)^2}$ 的展开式中 x^n 的系数.

又

$$\frac{1}{(1-x^2)(1-x)^2} = \frac{1}{1-x^2} \cdot \frac{1}{(1-x)^2}$$

$$= (1 + x^2 + x^4 + \cdots + x^{2k} + \cdots)$$

$$\cdot (1 + 2x + 3x^2 + \cdots + (2k+1)x^{2k} + \cdots)$$

故知 x^{2k} 的系数为

$$a_{2k} = 1 + 3 + 5 + \cdots + (2k+1) = (k+1)^2 \quad (k = 1, 2, \cdots)$$

从而,所求的"好"牌组的个数为 $a_{2004} = 1003^2 = 1006009$.

5 其他对应方式

对应方式是多种多样的,而且非常灵活,因而不可能穷举所有不同形式的对应方式.前面章节介绍的是最常见的对应形式,本章我们举一些利用其他对应方式解题的例子.

5.1 对应相等

这里的"对应相等",是指两组按一定顺序排列的数在特定条件下,其相关的项对应相等.

设 $A = \{x_1, x_2, \cdots, x_n\}$,其中 $x_i \in \mathbf{R}$,且 $x_1 < x_2 < \cdots < x_n$.

若 $y_1, y_2, \cdots, y_r \in A$,且 $y_1 < y_2 < \cdots < y_r$,那么,当 $y_r < x_{r+1}$ 时,有
$$(y_1, y_2, \cdots, y_r) = (x_1, x_2, \cdots, x_r)$$

当 $y_r < x_{j+r+1}$,$y_1 < x_j$ 时,有
$$(y_1, y_2, \cdots, y_r) = (x_{j+1}, x_{j+2}, \cdots, x_{j+r})$$

特别地,如果正整数 $x_1, x_2, \cdots, x_{n-m+1}$ 满足:$m \leqslant x_1 < x_2 < \cdots < x_{n-m+1} \leqslant n$,那么
$$(x_1, x_2, \cdots, x_{n-m+1}) = (m, m+1, \cdots, n)$$

上述结论是显然的,下面举例说明其应用.

例 1 设 $f: \mathbf{N}^+ \to \mathbf{N}^+$,满足:

(1) $f(2)=2$.

(2) $f(mn)=f(m)f(n)$.

(3) $m>n$ 时,$f(m)>f(n)$.

求 $f(n)$.

分析与解 由(3)可知,$f(n)$ 单调递增,所以
$$f(1)<f(2)=2$$
从而 $f(1)=1$.

在(2)中令 $m=n=2$,得 $f(4)=f(2)f(2)=4$.

于是,$2=f(2)<f(3)<f(4)=4$.

所以,$f(3)=3$.

在(3)中令 $m=n=3$,得 $f(9)=f(3)f(3)=9$,于是,有
$$3=f(3)<f(4)<f(5)<f(6)<f(7)<f(8)<f(9)=9$$

因为在区间 $(3,9)$ 中共有 5 个不同的整数,而 $f(4),f(5),f(6)$,$f(7),f(8)$ 是区间 $(3,9)$ 中 5 个不同的整数,所以由"对应相等"可知:
$$(f(4),f(5),\cdots,f(8))=(4,5,\cdots,8)$$

下面证明对一切正整数 n,有 $f(n)=n$. 不妨设 $2^k\leqslant n<2^{k+1}$.

首先证明:对一切正整数 k,有 $f(2^k)=2^k$.

实际上,有
$$\begin{aligned}f(2^k)&=f(2\cdot 2^{k-1})f(2)f(2^{k-1})\\&=2f(2^{k-1})=2f(2)f(2^{k-2})\\&=2^2f(2^{k-2})=2^{k-1}f(2)=2^k\end{aligned}$$

于是,$f(2^k)=2^k$,$f(2^{k+1})=2^{k+1}$.

当 $n=2^k$ 时,显然有 $f(n)=n$. 下面设 $2^k<n<2^{k+1}$.

因为在区间 $(2^k,2^{k+1})$ 中共有 $(2^{k+1}-1)-2^k=2^k-1$ 个不同的整数,而 $x\in(2^k,2^{k+1})$ 时,$f(x)$ 有 2^k-1 个不同取值,所以由"对应相等"可知:
$$(f(2^k+1),f(2^k+2),\cdots,f(2^{k+1}-1))$$

$$= (2^k+1, 2^k+2, \cdots, 2^{k+1}-1)$$

所以 $f(n)=n$.

另解 同上有 $f(1)=1, f(2)=2, f(3)=3$.

设 $f(1)=1, f(2)=2, \cdots, f(n-1)=n-1$,考察 $f(n)$,其中 $n>1$.

如果 n 为偶数,设 $n=2k$,则

$$f(n) = f(2k) = f(2)f(k) = 2f(k)$$

因为 $k<n$,由归纳假设,$f(k)=k$,所以

$$f(n) = 2f(k) = 2k = n$$

结论成立.

如果 n 为奇数,为了转化为偶数的情形,先证:$f(n+1)=n+1$,$f(n-1)=n-1$.

设 $n=2k+1(k\geq 1)$,则

$$f(n+1) = f(2k+2) = f(2)f(k+1) = 2f(k+1)$$

因为 $k<2k=n-1$,所以 $k+1<n$,由归纳假设,$f(k+1)=k+1$,所以

$$f(n+1) = 2f(k+1) = 2(k+1) = n+1$$

又由归纳假设,$f(n-1)=n-1$,所以

$$n-1 = f(n-1) < f(n) < f(n+1) = n+1$$

而 $f(n)\in \mathbf{N}^+$,所以 $f(n)=n$,结论成立.

综上所述,对一切正整数 n,有 $f(n)=n$.

例2(1992 年英国数学奥林匹克试题) 求出一切函数 $f:\mathbf{N}\to\mathbf{N}$,使对一切自然数 n,有

$$f(n+1) > f(n) \tag{1}$$

$$f(f(n)) = 3n \tag{2}$$

分析与解 从简单的入手,考察 $f(1)$.

在(2)中令 $n=1$,得

$$f(f(1)) = 3 \tag{3}$$

假定 $f(1)=1$,则 $f(f(1))=f(1)=1$,与(3)矛盾.所以 $f(1)>1$.

若 $f(1)\geqslant 3$,由(1)可知,$f(2)\geqslant 4$,$f(3)\geqslant 5$.

这样,$f(f(1))\geqslant f(3)\geqslant 5$,与(3)矛盾.所以 $f(1)=2$.

将之代入(3),得 $f(2)=3$.

下面用两种方式构造 $f(f(f(n)))$:一方面,将 f 作用于(2)的两边,得

$$f(3n)=f(f(f(n)))$$

另一方面,将(2)中的 n 换为 $f(n)$,得

$$f(f(f(n)))=3f(n)$$

所以 $f(3n)=3f(n)$.

这样,由 $f(1)=2$,结合数学归纳法,有

$$f(3^n)=2\cdot 3^n$$

进而,有

$f(2\cdot 3^n)=f(f(3^n))=3\cdot 3^n=3^{n+1} \quad (n=0,1,2,\cdots)$

注意到区间 $[2\cdot 3^n,3^{n+1}]$ 中共有 $3^{n+1}-(2\cdot 3^n-1)=3^n+1$ 个自然数,而区间 $[3^n,2\cdot 3^n]$ 中也共有 $2\cdot 3^n-(3^n-1)=3^n+1$ 个自然数,由 f 的严格递增性可知:

当 $n\in[3^n,2\cdot 3^n]$ 时,$n\to f(n)$ 是 $[3^n,2\cdot 3^n]$ 到 $[2\cdot 3^n,3^{n+1}]$ 的一一对应,所以由"对应相等"可知:

$$f(3^n+r)=2\times 3^n+r \quad (r,n\in \mathbf{N},0\leqslant r\leqslant 3n)$$

进而可得

$$f(2\times 3^n+r)=f(f(3^n+r))=3(3^n+r)$$

故

$$f(n)=\begin{cases} 2\cdot 3^k+r & (n=3^k+r,0\leqslant r\leqslant 3^k) \\ 3\cdot(3^k+r) & (n=2\cdot 3^k+r,0\leqslant r\leqslant 3^k) \end{cases}$$

例 3(原创题) 给定正整数 $n(n>1)$,若 A 是 $X=\{1,2,\cdots,n\}$

的子集,满足:$|A|\geqslant 2$,且对任何 $x,y\in A(x<y)$,都有 $y-x\in A$,求这样的子集 A 的个数.

分析与解 设 $A=\{a_1,a_2,\cdots,a_r\}$ 是合乎条件的子集,其中 $1\leqslant a_1<a_2<\cdots<a_r\leqslant n$.

依题意,$a_2-a_1,a_3-a_1,\cdots,a_r-a_1\in A$. 又

$$a_2-a_1<a_3-a_1<\cdots<a_r-a_1<a_r$$

而 A 中小于 a_r 的 $r-1$ 个数为 $a_1,a_2,\cdots,a_{r-1}$,由"对应相等"可知:

$$a_2-a_1=a_1,\quad a_3-a_1=a_2,\quad\cdots,\quad a_r-a_1=a_{r-1}$$

所以

$$a_2=a_1+a_1=2a_1$$
$$a_3=a_1+a_2=a_1+2a_1=3a_1$$
$$\cdots\cdots$$
$$a_r=a_1+a_{r-1}=a_1+(r-1)a_1=ra_1$$

所以 $A=\{a_1,2a_1,\cdots,ra_1\}$.

反之,当 $A=\{a_1,2a_1,\cdots,ra_1\}$ 且 $A\subseteq X$ 时,A 合乎要求.

综上所述,集合 A 合乎要求,当且仅当存在正整数 k,r,其中 $r>1,rk\leqslant n$,使 $A=\{k,2k,\cdots,rk\}$.

现在来计算这样的集合 A 的个数.

固定 k,对给定的 $k(1\leqslant k\leqslant n)$,由 $rk\leqslant n$,得 $r\leqslant\dfrac{n}{k}$.

又 r 为正整数,$r>1$,所以

$$2\leqslant r\leqslant\left[\dfrac{n}{k}\right]$$

于是 r 有 $\left[\dfrac{n}{k}\right]$ 种取值,即合乎要求的 A 有 $\left[\dfrac{n}{k}\right]-1$ 个.

又由 $rk\leqslant n$,得 $k\leqslant\dfrac{n}{r}\leqslant\dfrac{n}{2}$.

但 k 为正整数,$r>1$,所以

$$1\leqslant k\leqslant \left[\frac{n}{2}\right]$$

于是合乎要求的集合 A 的个数为

$$S=\sum_{k=1}^{\left[\frac{n}{2}\right]}\left(\left[\frac{n}{k}\right]-1\right)=\sum_{k=1}^{\left[\frac{n}{2}\right]}\left[\frac{n}{k}\right]-\left[\frac{n}{2}\right]$$

当 $n=2$ 时,$S=\left[\frac{2}{1}\right]-\left[\frac{2}{2}\right]=1$.

当 $n=3$ 时,$S=\left[\frac{3}{1}\right]-\left[\frac{3}{2}\right]=2$.

当 $n=4$ 时,$S=\left[\frac{4}{1}\right]+\left[\frac{4}{2}\right]-\left[\frac{4}{2}\right]=4$.

当 $n\geqslant 4$ 时,

$$S=\sum_{k=1}^{\left[\frac{n}{2}\right]}\left[\frac{n}{k}\right]-\left[\frac{n}{2}\right]=\left[\frac{n}{1}\right]+\left[\frac{n}{2}\right]+\sum_{k=3}^{\left[\frac{n}{2}\right]}\left[\frac{n}{k}\right]-\left[\frac{n}{2}\right]$$

$$=n+\sum_{k=3}^{\left[\frac{n}{2}\right]}\left[\frac{n}{k}\right]$$

综上所述,有

$$S=\begin{cases} n-1 & (n=2,3) \\ n+\sum_{k=3}^{\left[\frac{n}{2}\right]}\left[\frac{n}{k}\right] & (n\geqslant 4) \end{cases}$$

例 4(第 4 届美国数学邀请赛试题) 递增数列 $1,3,4,9,10,12,13,\cdots$ 是由一些正整数组成的,它们或是 3 的幂,或是若干个不同的 3 的幂的和,求该数列的第 100 项.

分析与解 为求该数列的第 100 项,找一个充分条件,发掘数列的每一项 a_n 与其序号 n 的某种关系.为此,将 a_n 与其序号 n 的对应取值排列成表 5.1 所示。

5 其他对应方式

表 5.1

a_n	1	3	4	9	10	12	13	27	…
n	1	2	3	4	5	6	7	8	…

由题意,已知数列的每一个项都可分解成 3 的方幂的和的形式:
$a_1 = 3^0, a_2 = 3^1, a_3 = 3^0 + 3^1, a_4 = 3^2, a_5 = 3^0 + 3^2,$
$a_6 = 3^1 + 3^2, a_7 = 3^0 + 3^1 + 3^2, a_8 = 3^3, a_9 = 3^3 + 3^0, \cdots$

于是,已知数列的每一项用三进制表示,则三进制数中只含有数字 0 和 1,各项依次为
$a_1 = (1)_3$, $a_2 = (10)_3$, $a_3 = (11)_3$, $a_4 = (100)_3$
$a_5 = (101)_3$, $a_6 = (110)_3$, $a_7 = (111)_3$, $a_8 = (1000)_3$, …

这样一来,表 5.1 中的第一行都变成了由 0,1 组成的排列,如表 5.2 所示。

表 5.2

a_n(三进制数)	1	10	11	100	101	110	111	1000	…
n	1	2	3	4	5	6	7	8	…

由数字 0,1,使我们想到了二进制数,如果将上表中第一行中的数都看成是二进制数,则它恰好是它在数列中对应项的序号.

由此可见,对正整数 n,若将 n 表示成二进制数:$n = (p_1 p_2 \cdots p_r)_2$,再将其看成是三进制数(数字及其顺序都不变),则得到的三进制数就是第 n 项 a_n,即 $a_n = (p_1 p_2 \cdots p_r)_3$.

我们证明,这一结论对任何正整数 n 都成立.

实际上,因为数列中每一个项是正整数,且或是 3 的幂,或是若干个不同的 3 的幂的和,则每一项的三进制数表示中只含有数字 0 和 1.

又数列是递增数列,从而数列是所有由数字 0,1 组成的排列(首位不是 0)按递增顺序排列而成的序列,这恰好是所有二进制正整数

按递增顺序排列而成的序列,由一一对应关系可知结论成立.

因为 $100 = (1100100)_2$,于是
$$a_{100} = (1100100)_3 = 3^6 + 3^5 + 3^2 = 981$$
即数列的第 100 项为 981.

例 5(2013 年北约招生考试压轴题) 在 $m \times n$ 棋盘的每个方格填入一个实数(允许有数相等),使每一行的数从左至右按由小到大的顺序排列,即对任何 $1 \leqslant i \leqslant m, 1 \leqslant j \leqslant n-1$,有 $a_{ij} \leqslant a_{i(j+1)}$(其中 a_{ij} 表示第 i 行第 j 列中的数).现在又将每一列的数从上至下按由小到大的顺序排列,问此时每一行的数从左至右是否仍按由小到大的顺序排列?

分析与解 本题其实很简单,答案是肯定的,下面用反证法证明.

我们称按列调整之前两个相邻方格(有公共边)的数互为"老邻居".

假设按列调整后,有某个 $a_{ij} > a_{i(j+1)}$,考察此时第 $j+1$ 列的前 i 个数 $a_{1(j+1)}, a_{2(j+1)}, \cdots, a_{i(j+1)}$,因为每一列的数从上至下按由小到大的顺序排列,从而
$$a_{1(j+1)} \leqslant a_{2(j+1)} \leqslant \cdots \leqslant a_{i(j+1)} < a_{ij}$$

这 i 个数中每一个数都在第 j 列有一个老邻居,设为 $b_1, b_2, \cdots, b_i$,由于最初每一行的数从左至右按由小到大的顺序排列,从而
$$b_1 \leqslant a_{1(j+1)} < a_{ij}, \quad b_2 \leqslant a_{2(j+1)} < a_{ij}, \quad \cdots, \quad b_i \leqslant a_{i(j+1)} < a_{ij}$$

按列调整后,$b_1, b_2, \cdots, b_i$ 仍在第 j 列,从而 a_{ij} 至少应排在第 j 列的第 $i+1$ 行,与 a_{ij} 在第 i 行矛盾.

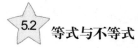

设 A, B 是两个有限集合.如果我们要证明 A, B 中元素个数相等,则只需建立 A, B 之间的一个一一对应;如果我们要证明 A 中元

素个数不多于 B 中的元素个数,则只需建立从 A 到 B 的一个单射;如果我们要证明 A 中元素个数少于 B 中的元素个数,则只需建立 A 与 B 的某个真子集之间的一个一一对应.

例 1 对 X_n 的任一子集 A,A 中所有元素的和 $S(A)$ 称为 A 的容量,容量为奇数的子集称为奇子集. 求 X_n 的所有奇子集的容量之和.

分析与解 首先注意,我们有如下对应关系:

含有 1 的奇子集,对应于不含 1 的偶子集,去掉 1 即可.

不含 1 的奇子集,对应于含有 1 的偶子集,添加 1 即可.

于是,奇子集的个数与偶子集的个数相等,都有 2^{n-1} 个.

其次我们证明:奇容量(奇子集的容量)之和等于偶容量(偶子集的容量)之和.

对 n 归纳. 设结论对 $n-1$ 成立,记 X_{n-1} 的各奇子集为 A_i,各偶子集为 $B_i(1 \leqslant i \leqslant 2^{n-2})$,则

$$\sum_{i=1}^{2^{n-2}} S(A_i) = \sum_{i=1}^{2^{n-2}} S(B_i)$$

令 $A_i' = A_i \cup \{n\}$,$B_i' = B_i \cup \{n\}$,则

$$S(A_i') = S(A_i) + n, \quad S(B_i') = S(B_i) + n$$

于是,由归纳假设

$$\sum_{i=1}^{2^{n-2}} S(A_i) = \sum_{i=1}^{2^{n-2}} S(B_i)$$

得

$$\sum_{i=1}^{2^{n-2}} S(A_i') = \sum_{i=1}^{2^{n-2}} S(B_i')$$

(1) 当 n 为奇数时,显然 A_i,B_i' 是 X_n 的所有奇子集,B_i,A_i' 是 X_n 的所有偶子集,此时,有

$$S_{奇} = \sum_{i=1}^{2^{n-2}} S(A_i) + \sum_{i=1}^{2^{n-2}} S(B_i')$$

$$S_{偶} = \sum_{i=1}^{2^{n-2}} S(B_i) + \sum_{i=1}^{2^{n-2}} S(A'_i)$$

所以结论成立.

（2）当 n 为偶数时，A_i, A'_i 是 X_n 的所有奇子集，B_i, B'_i 是 X_n 的所有偶子集，此时，有

$$S_{奇} = \sum_{i=1}^{2^{n-2}} S(A_i) + \sum_{i=1}^{2^{n-2}} S(A'_i)$$

$$S_{偶} = \sum_{i=1}^{2^{n-2}} S(B_i) + \sum_{i=1}^{2^{n-2}} S(B'_i)$$

所以结论成立.

最后，我们计算

$$S = S_{奇} + S_{偶}$$

之值.

因为 S 是 X_n 的所有子集的容量之和，对每一个元素 $i(1 \leqslant i \leqslant n)$，含有 i 的子集有 2^{n-1} 个，从而 i 在 S 中共计算 2^{n-1} 次，所以

$$S = (1 + 2 + \cdots + n) \cdot 2^{n-1} = n(n+1)2^{n-2}$$

故

$$\sum_{A 是 X 的奇子集} S(A) = \frac{1}{2} S = n(n+1)2^{n-3}$$

另证 $S_{奇} = S_{偶}$：取定 $1 \in A$，所有这样的 A 构成的子集族为 A^*，则 $|A^*| = 2^{n-1}$.

对 A^* 中的每一个 A，令 $B = A \setminus \{1\}$，则 $S(A) - S(B) = 1$，所有这样的 B 构成的子集族为 B^*，X 的所有子集构成的子集族为 X^*，则 $X^* = A^* \bigcup B^*$.

将 A^* 中容量为奇数的集合记为 A_1，容量为偶数的集合记为 A_2，类似定义 B_1, B_2, X_1, X_2，则集合 A_1, A_2, B_1, B_2 各有 2^{n-2} 个，于是

5 其他对应方式

$$\sum_{A_1, A_1 \subseteq X} S(A_1) - \sum_{B_2, B_2 \subseteq X} S(B_2) = \sum_{A_1, A_1 \subseteq X} 1 = 2^{n-2}$$

$$\sum_{B_1, B_1 \subseteq X} S(B_1) - \sum_{A_2, A_2 \subseteq X} S(A_2) = \sum_{B_1, B_1 \subseteq X} (-1) = -2^{n-2}$$

两式相加,得

$$\sum_{X_1, X_1 \subseteq X} S(X_1) = \sum_{X_2, X_2 \subseteq X} S(X_2)$$

例 2 设 $X_n = \{1, 2, \cdots, n\}$,若 X_n 的非空子集 A 中奇数个数大于偶数个数,则称 A 是好的.

(1) 求 X_n 的所有好子集的个数.

(2) 求 X_n 的好子集的元素和的总和.

分析与解 (1) 设 X_n 有 a_n 个好子集,则 $a_1 = 1$,考察 a_{2k}.

因为 S_{2k} 的所有不含 $2k$ 的好子集,即 X_{2k-1} 的所有好子集共有 a_{2k-1} 个.

下面考虑 X_{2k} 的含 $2k$ 的好子集的个数,设这样的集合有 t 个,那么,A 是这样一个子集等价于 $A \setminus \{2k\}$ 是 X_{2k-1} 的好子集,且 $A \setminus \{2k\}$ 中奇数的个数比偶数的个数至少多 2.

考察 X_{2k-1} 的好子集中奇数个数恰比偶数个数多 1 的集合,共有 $\sum_{i=0}^{k-1} C_k^{i+1} C_{k-1}^i$ 个(从 k 个奇数中取 $i+1$ 个,$k-1$ 个偶数中取 i 个),所以,有

$$t = a_{2k-1} - \sum_{i=0}^{k-1} C_k^{i+1} C_{k-1}^i = a_{2k-1} - \sum_{i=0}^{k-1} C_k^{i+1} C_{k-1}^{k-1-i}$$

$$= a_{2k-1} - (1+x)^{k-1}(1+x)^k$$

的 x^k 的系数 $= a_{2k-1} - C_{2k-1}^k$.

所以,$a_{2k} = a_{2k-1} + t = 2a_{2k-1} - C_{2k-1}^k$.

同样可得,$a_{2k+1} = 2a_{2k} + C_{2k}^k$.

消去 a_{2k},得 $a_{2k+1} = 4a_{2k-1} + C_{2k}^k - 2C_{2k-1}^k = 4a_{2k-1}$.

迭代,得 $a_{2k+1} = 4^k a_1 = 4^k (k \in \mathbf{N})$.

所以，$a_{2k} = 2 \cdot 4^{k-1} - C_{2k-1}^k = 2^{2k-1} - C_{2k-1}^k$.

故当 n 为奇数时，$a_n = 2^{n-1}$；当 n 为偶数时，$a_n = 2^{n-1} - C_{n-1}^{n/2}$.

另解 对 X_n 的子集 A，若 A 中奇数的个数少于偶数的个数，则称 A 为坏子集；若 A 中奇数的个数等于偶数的个数，则称 A 为中性子集.

X_n 的所有好子集、坏子集、中性子集的个数分别记为 P_n, Q_n, R_n（考虑更多的计数对象）.

下面寻找关于 P_n, Q_n, R_n 的方程组，一个显然的方程是 $P_n + Q_n + R_n = 2^n$.

此外，R_n 易求.实际上，设中性子集含有 i 个奇数、i 个偶数，则

$$R_n = \sum_{i=0}^{k} C_k^i C_k^i = \sum_{i=0}^{k} C_k^i C_k^{k-i}$$
$$= (1+x)^k (1+x)^k \text{ 的 } x^k \text{ 的系数} = C_{2k}^k$$

当 $n = 2k$ 时，对 X_n 的任一个子集 A，$\overline{A}$ 为坏子集（因为 X_n 中奇数、偶数一样多）.

显然，A 与 $\overline{A}$ ——对应，且 A, $\overline{A}$ 中一为好的，一为坏的，于是，X_n 的好子集个数等于坏子集个数，即 $P_n = Q_n$.

注意到 X_n 中有 k 个奇数，k 个偶数，所以

$$R_n = \sum_{i=0}^{k} C_k^i C_k^i = C_{2k}^k = C_n^{n/2} \quad (n \text{ 为偶数})$$

其中 $i = 0$ 时，中性子集为空集.

所以，$P_n + Q_n + C_n^{n/2} = 2^n$，$P_n = 2^{n-1} - \frac{1}{2}C_n^{n/2} = 2^{n-1} - C_{n-1}^{n/2}$.

当 $n = 2k - 1$ 时，对 X_n 的任何子集 A，由于 X_n 中有 k 个奇数，$k-1$ 个偶数，于是，A 是好子集 $\Leftrightarrow \overline{A}$ 不是好子集 $\Leftrightarrow \overline{A}$ 是坏子集或中性子集（因为 X_n 中奇数比偶数多一个）.

由此可知，X_n 中，好的子集与不好的子集各占一半，即有 $P_n = Q_n + R_n$（n 为奇数），所以 $2P_n = 2^n$，$P_n = 2^{n-1}$.

故 n 为奇数时，$P_n = 2^{n-1}$；n 为偶数时，$P_n = 2^{n-1} - C_{n-1}^{n/2}$.

(2) 记"总和"为 S.

注意(1)的结论：当 n 为偶时，$P_n = Q_n$；当 n 为奇时，$P_n = Q_n + R_n$.

对给定的正整数 n，如果正整数 i, j 满足 $i + j = n + 1$，则称 i, j 互为补数. i 的补数记为 $\bar{i}$.

当 n 为偶数时，令 $n = 2k$.

考察奇数 $i(i = 1, 3, \cdots, 2k-1)$ 在 S 中出现的次数，即含有 i 的好子集的个数. 对任何一个含 i 的好集 A，$A \setminus \{i\}$ 是 $X_n \setminus \{i\}$ 的奇数个数不少于偶数个数的子集，即 $A \setminus \{i\}$ 是 $X_n \setminus \{i\}$ 的一个好子集或中性子集，反之亦然.

所以，含 i 的好集 A 的个数就是 $X_n \setminus \{i\}$ 的好子集与中性子集个数之和.

注意到 $X_n \setminus \{i\}$ 中有 $k-1$ 个奇数，k 个偶数，将 $X_n \setminus \{i\}$ 中的数都换成补数，则由 $n+1$ 为奇，知奇数变为偶数，偶数变为奇数，且得到的 $2k-1$ 个数仍互异.

记得到的数的集合为 Y_{n-1}，则 Y_{n-1} 有 k 个奇数，$k-1$ 个偶数，可看成一个新的"连续"集合，于是，$X_n \setminus \{i\}$ 的一个好子集或中性子集等价于 Y_{n-1} 的坏子集或中性子集.

所以，i 出现的次数为 Y_{n-1} 的坏子集与中性子集个数之和，即

$$Q_{n-1} + R_{n-1} = P_{n-1} = 2^{n-2} \quad \text{（利用了(1)的结果）}$$

再考察偶数 $j(j = 2, 4, \cdots, 2k)$ 在 S 中出现的次数，即含有 j 的好子集的个数. 对任何一个含 j 的好集 B，$B \setminus \{j\}$ 是 $X_n \setminus \{j\}$ 的奇数个数比偶数个数至少多 2 的好子集，反之亦然.

设 $X_n \setminus \{j\}$ 的奇数个数比偶数个数多 1 的好子集的集合记为 U，注意到 $X_n \setminus \{j\}$ 中有 k 个奇数，$k-1$ 个偶数，于是

$$|U| = \sum_{i=0}^{k-1} C_{k-1}^i C_k^{i+1} = C_{2k-1}^{k-1}$$

且 $X_n\setminus\{j\}$ 的好子集的个数为 $P_{n-1}(n-1$ 为奇$) = 2^{n-2}$，于是，$X_n\setminus\{j\}$ 的奇数个数比偶数个数至少多 2 的好子集个数（即偶数 j 出现的次数）为

$$P_{n-1} - C_{2k-1}^{k-1} = 2^{n-2} - C_{2k-1}^{k-1}$$

所以

$$S = (1 + 3 + \cdots + 2k - 1) \times 2^{n-2} + (2 + 4 + \cdots + 2k)(2^{n-2} - C_{2k-1}^{k-1})$$
$$= (2k^2 + k)2^{2k-2} - k(k+1)C_{2k-1}^{k-1}$$

当 n 为奇数时，令 $n = 2k + 1$.

考察奇数 $i(i = 1, 3, \cdots, 2k+1)$ 在 S 中出现的次数，即含有 i 的好子集的个数. 对任何一个含 i 的好集 A，$A\setminus\{i\}$ 是 $X_n\setminus\{i\}$ 的奇数个数不少于偶数个数的子集，即 $A\setminus\{i\}$ 是 $X_n\setminus\{i\}$ 的一个好子集或中性子集，反之亦然.

注意到 $X_n\setminus\{i\}$ 中有 k 个奇数，k 个偶数，所以，$X_n\setminus\{i\}$ 可以看成是一个新的"连续"集合 Y_{n-1}，所以，i 出现的次数为

$$P_{n-1} + R_{n-1}(n \text{ 为奇}) = 2^{n-2} - C_{n-1}^{(n-1)/2} + C_{n-1}^{(n-1)/2}$$
$$= 2^{n-2} + C_{n-2}^{(n-3)/2} = 2^{2k-1} + C_{2k-1}^{k-1}$$

再考察偶数 $j(j = 2, 4, \cdots, 2k)$ 在 S 中出现的次数，即含有 j 的好子集的个数. 对任何一个含 j 的好集 B，$B\setminus\{j\}$ 是 $X_n\setminus\{j\}$ 的奇数个数比偶数个数至少多 2 的好子集，反之亦然.

将 $X_n\setminus\{j\}$ 的奇数个数比偶数个数至少多 2 的好子集分为两类：一类含有 n，另一类不含 n.

当子集含有 n 时，去掉 n 后剩下的元素构成 $Y_{n-2} = X_n\setminus\{n, j\}$ 的好子集，反之亦然.

所以，第一类子集有 P_{n-2} 个.

当子集不含 n 时，这类子集的个数等价于 $Y_{n-2} = X_n\setminus\{n, j\}$ 中

奇数个数比偶数个数至少多 2 的好子集的个数.

设 Y_{n-2} 中奇数个数比偶数个数恰多 1 的好子集的集合为 V,注意到 Y_{n-2} 中有 k 个奇数,$k-1$ 个偶数,于是,有

$$|V| = \sum_{i=0}^{k-1} C_{k-1}^{i} C_{k}^{i+1} = C_{2k-1}^{k-1}$$

且 Y_{n-2} 中好子集的个数为 P_{n-2}.

所以,第二类子集的个数为 $P_{n-2} - C_{2k-1}^{k-1}$.

所以,偶数在 S 中出现的次数为

$$P_{n-2} + (P_{n-2} - C_{2k-1}^{k-1}) = 2P_{n-2} - C_{2k-1}^{k-1} = 2 \times 2^{n-3} - C_{2k-1}^{k-1}$$
$$= 2^{2k-1} - C_{2k-1}^{k-1}$$

所以,有

$$\begin{aligned} M &= (1 + 3 + \cdots + 2k + 1) \times (2^{2k-1} + C_{2k-1}^{k-1}) + (2 + 4 + \cdots + 2k)(2^{2k-1} - C_{2k-1}^{k-1}) \\ &= (k+1)^2 (2^{2k-1} + C_{2k-1}^{k-1}) + k(k+1)(2^{2k-1} - C_{2k-1}^{k-1}) \\ &= (2k^2 + 3k + 1) 2^{2k-1} + (k+1) C_{2k-1}^{k-1} \end{aligned}$$

另解 基本想法是,当 n 为偶数时,把奇数变成偶数,加 1 即可(因为原数不会大于 n);而把偶数变成奇数,减 1 即可(因为原数不会小于 1).

当 n 为偶数时,令 $n = 2k$,考察 X_n 的一个好子集 A,令 $A = \{a_1, a_2, \cdots, a_s\}$.

定义函数 f:

$$f(a_i) = \begin{cases} a_i + 1 & (a_i \text{ 为奇}) \\ a_i - 1 & (a_i \text{ 为偶}) \end{cases}$$

则 $f(A) = \{f(a_1), f(a_2), \cdots, f(a_s)\}$ 中奇数的个数少于偶数的个数,且 $f(A)$ 仍是 X_n 的子集.

所以,$f(A)$ 是 X_n 的坏子集,反之亦然.

记 S_P, S_Q 分别是 X_n 的所有好子集、坏子集元素和的总和,

用 $S(A)$ 表示 A 中的元素之和,则
$$S_Q - S_P = \sum_{A, A \in P} [S(f(A)) - S(A)]$$

考察 X_n 的任意一个好子集 A,设 A 中有 i 个奇数,j 个偶数 ($i>j, 1 \leqslant i \leqslant k, 1 \leqslant j \leqslant k-1$),那么

$$S(f(A)) - S(A) = \sum_{i=1}^{s} f(a_i) - \sum_{i=1}^{s} a_i$$
$$= \left(\sum_{i=1}^{s} a_i - j + i\right) - \sum_{i=1}^{s} a_i = i - j$$

再注意到 i 个奇数、j 个偶数的好子集有 $C_k^i C_k^j$ 个,所以

$$S_Q - S_P = \sum_{A, A \in P} [S(f(A)) - S(A)] = \sum_{i>j} C_k^i C_k^j (i - j)$$

令 $i - j = t, 1 \leqslant t \leqslant k$,由 $i = j + t \leqslant k$,得 $j \leqslant k - t$. 于是,有

$$S_Q - S_P = \sum_{t=1}^{k} \sum_{j=0}^{k-t} C_k^j C_k^{j+t} t = \sum_{t=1}^{k} t \sum_{j=0}^{k-t} C_k^j C_k^{k-j-t} = \sum_{t=1}^{k} t \sum_{s+t=k-t} C_k^s C_k^t$$

$$= \sum_{t=1}^{k} t(1+x)^k(1+x)^k \text{ 的展开式中 } x^{k-t} \text{ 的系数}$$

$$= \sum_{t=1}^{k} t C_{2k}^{k-t} = \sum_{i=0}^{k-1} (k-i) C_{2k}^i = \sum_{i=0}^{k-1} k C_{2k}^i - \sum_{i=0}^{k-1} i C_{2k}^i$$

$$= \sum_{i=0}^{k-1} k C_{2k}^i - \sum_{i=0}^{k-1} 2k C_{2k-1}^{i-1} \frac{k}{2} C_{2k}^k \qquad (*)$$

因为 X_{2n} 中含 i 的子集有 2^{2k-1} 个,其中有 $\sum_{j=1}^{k} C_{k-1}^{i-1} C_k^i = C_{2k-1}^{k-1}$ 个是中性子集,于是,i 在 $S_Q + S_P$ 中共出现 $2^{2k-1} - C_{2k-1}^{k-1}$ 次.

所以
$$S_Q + S_P = (2^{2k-1} - C_{2k-1}^{k-1}) \cdot \frac{2k(2k+1)}{2}$$
$$= \frac{k(2k+1)}{2}(2^{2k} - C_{2k}^k)$$

两式相加,得

$$S_P = (2k^2 + k)2^{2k-2} - C_{2k}^k C_{k+1}^2$$

当 n 为奇数时,令 $n = 2k+1$,考察 X_n 的好子集 A.

将其分为两类:第一类不含 $2n+1$,则这类子集亦是 X_{2k} 的好子集,X_{2k} 的所有好子集的集合记为 $P(2k)$,这些子集元素和的总和记为 $S_{P(2k)}$.

第二类含有 $n+1$,此时,$A\setminus\{2k+1\}$ 是 X_{2k} 的好子集或中性子集.

当 A 是 X_{2k} 的好子集时,这些子集的元素和之总和为

$S_{P(2k)} + (2k+1)|P(2k)|$ (因为每个元素都加上 $2k+1$)

当 A 是 X_{2k} 的中性子集时,这些子集的元素和之总和为

$$S_{R(2k)} + (2k+1) \times |R(2k)|$$

其中,$R(2k)$ 是 X_{2k} 的所有中性子集的集合.

由上可知:

$$S_{P(2k)} = (2k^2 + k)2^{2k-2} - C_{2k}^k C_{k+1}^2$$

所以

$$\begin{aligned}
S_P &= S_{P(2k)} + [S_{P(2k)} + (2k+1)|P(2k)|] \\
&\quad + S_{R(2k)} + (2k+1)|R(2k)| \\
&= 2S_{P(2k)} + (2k+1)(|P(2k)|+|R(2k)|) + S_{R(2k)}
\end{aligned}$$

(注意 $P + Q + R = X$)

$$= S_{X(2k)} + S_{P(2k)} - S_{Q(2k)} + (2k+1) \cdot \frac{1}{2}(2^{2k} + C_{2k}^k)$$

(利用了(1)中的结论)

$$= \frac{2k(2k+1)}{2} \cdot 2^{2k-1} - \frac{k}{2}C_{2k}^k + (2k+1)\left(2^{2k-1} + \frac{1}{2}C_{2k}^k\right)$$

(利用了(∗)式)

$$= (2k^2 + 3k + 1) \cdot 2^{2k-1} + \frac{k+1}{2}C_{2k}^k$$

例3 想象一个点 A 从 $(0,0)$ 出发沿着格径走 n 步,每步移动单

位长,但 A 始终不经过下半平面内的任何点,记合乎要求的不同路径数为 $A(n)$,比如,$A(1)=3,A(2)=10$.求 $A(n)$.

分析与解 设 A 移动 n 步以后到达点 $(p,0)$,由于每一步都改变 A 所在点的坐标奇偶性,从而 p 与 n 同奇偶.

令 $n-p=2k$,则 $p=n-2k$,这表明 A 移动 n 步以后只能到达形如 $(n-2k,0)$ 的点 $\left(k=0,1,2,\cdots,\left[\dfrac{n}{2}\right]\right)$.

我们证明:

点 A 出发后在 x 轴上走 n 步到达点 $(n-2k,0)$

且 A 不通过 x 负半轴上的点的不同路径数为 $C_n^k - C_n^{k-1}$ （＊）

实际上,若允许 A 通过 x 负半轴上的点,那么,设从 O 到达 $(n-2k,0)$,有 p 步向右走,q 步向左走,则

$$p+q=n,\quad p-q=n-2k$$

解得 $p=n-k,q=k$,于是,在 n 步中选取 k 步向左走,有 C_n^k 种方法.

再考察上述走法中一定通过 x 轴负半轴上的点的走法,对这样的一种走法(简称坏走法),必定在某一步到达点 $M(-1,0)$.

设经过 i 步以后第一次到达点 $M(-1,0)$,我们设想另一个点 B,点 B 从 $(-2,0)$ 出发,B 的前 i 步走的路线与 P 的路线关于直线 $x=-1$ 对称,后面的路线与 A 相同,则 B 是从 $(-2,0)$ 到 $(n-2k,0)$ 的无其他限定条件的在 x 轴上的运动,它有 $n+1-k$ 步向右,$k-1$ 步向左,其方法数为 C_n^{k-1},结论(＊)获证.

由于 $k=0,1,2,\cdots,\left[\dfrac{n}{2}\right]$,从而从 O 出发在 x 轴上走 n 步的好路径数目为

$$\sum_{k=0}^{\left[\frac{n}{2}\right]}(C_n^k - C_n^{k-1}) = C_n^{\left[\frac{n}{2}\right]}$$

下面证明:上半平面 $\mathbf{Z}\times\mathbf{Z}^+$ 上从 $(0,0)$ 走 n 步的好路径数与 x

5 其他对应方式

轴正半轴上从 $(0,0)$ 出发走 $2n+1$ 步的好路径数相等.

实际上,它们可建立一一对应.

考察 $\mathbf{Z} \times \mathbf{Z}^+$ 上走 n 步的路径,它可以用 L,R,U,D(左,右,上,下)构成的序列表示,但 U 的次数始终不少于 D 的次数,且数列的项数为 n(n 步).

将 L 换成 LR,R 换成 RL,U 换成 RR,D 换成 LL,得到一个新序列,在此新序列的前面加上一个 R,所得的序列便表示 x 轴正半轴上走 $2n+1$ 步的路径,这是因为

$$\text{U 不少于 D} \quad \Leftrightarrow \quad \text{R 不少于 L}$$

反之,对 x 轴正半轴上走 $2n+1$ 步的路径,第一步一定向右,去掉第一步,将剩下的 $2n$ 步从左至右每 2 步一组分成 n 组,每一组对应上、下、左、右之一.

因为某个组对应左或右时,出现的左右个数相等,因此,"左左"一定在"右右"之后出现,且其个数少于"右右"的个数(否则,某个时刻左出现次数多于右出现次数,矛盾).

从 $2n+1$ 步中选 $\left[\dfrac{2n+1}{2}\right]$ 步向右走,有 $C_{2n+1}^{\left[\frac{2n+1}{2}\right]} = C_{2n+1}^{n}$ 种方法,故 $A(n) = C_{2n+1}^{n}$.

另解 用 $g_k(n)$ 表示从 $(0,k)$ 走 n 步不经过下半平面的路径数.

显然,对 $k \geqslant 1$,第一步有 4 种走法,于是

$$g_k(n) = 2g_k(n-1) + g_{k+1}(n-1) + g_{k-1}(n-1) \quad (1)$$

对 $k=0$,第一步有 3 种走法,于是

$$g_0(n) = 2g_0(n-1) + g_1(n-1) \quad (2)$$

对 $k \geqslant n$,每步都有 4 种走法,于是

$$g_0(1) = 3 \quad \text{且} \quad k \geqslant n \text{ 时 } g_k(n) = 4^n \quad (3)$$

下面用数学归纳法证明,对一切 $k \in \mathbf{N}$,都有 $g_k(n) = \sum_{j=0}^{k} C_{2n+1}^{n-j}$.

实际上,我们只需证明 $\sum_{j=0}^{k} C_{2n+1}^{n-j}$ 满足(1),(2),(3).

首先,当 $k=0, n=1$ 时,$\sum_{j=0}^{k} C_{2n+1}^{n-j} = C_{2+1}^{1-0} = 3 = g_0(1)$,结论成立.

对于 $k \geqslant n$,有
$$\sum_{j=0}^{k} C_{2n+1}^{n-j} = \sum_{j=0}^{n} C_{2n+1}^{n-j} = \sum_{i=0}^{n} C_{2n+1}^{i} = \frac{1}{2} \sum_{i=0}^{2n+1} C_{2n+1}^{i} = \frac{1}{2} 2^{2n+1} = 4^n$$

(3)满足.

其次,有
$$g_0(n) = C_{2n+1}^{n-0} = C_{2n+1}^{n}$$
$$g_0(n-1) = C_{2n-1}^{n-1}$$
$$g_1(n-1) = C_{2n-1}^{n-1} + C_{2n-1}^{n-2}$$

直接代入,可知(2)满足.

最后,有
$$2g_k(n-1) + g_{k+1}(n-1) + g_{k-1}(n-1)$$
$$= 2\sum_{j=0}^{k} C_{2n-1}^{n-1-j} + \sum_{j=0}^{k+1} C_{2n-1}^{n-1-j} + \sum_{j=0}^{k-1} C_{2n-1}^{n-1-j}$$
$$= 2\sum_{j=0}^{k} C_{2n-1}^{n-1-j} + \left(\sum_{j=0}^{k} C_{2n-1}^{n-2-j} + C_{2n-1}^{n-1}\right) + \left(\sum_{j=0}^{k} C_{2n-1}^{n-j} - C_{2n-1}^{n}\right)$$
$$= 2\sum_{j=0}^{k} C_{2n-1}^{n-1-j} + \sum_{j=0}^{k} C_{2n-1}^{n-2-j} + \sum_{j=0}^{k} C_{2n-1}^{n-j}$$
$$= \sum_{j=0}^{k} \left(C_{2n-1}^{n-1-j} + C_{2n-1}^{n-2-j}\right) + \sum_{j=0}^{k} \left(C_{2n-1}^{n-1-j} + C_{2n-1}^{n-j}\right)$$
$$= \sum_{j=0}^{k} C_{2n}^{n-1-j} + \sum_{j=0}^{k} C_{2n}^{n-j}$$
$$= \sum_{j=0}^{k} C_{2n+1}^{n-j} = g_k(n)$$

所以(1)满足,命题获证.

令 $k=0$,得路径数为 $g_0(n) = C_{2n+1}^n$.

例 4(第 17 届美国大学生数学竞赛试题) 设 $A(n)$ 是正整数 n 分拆成若干个 1 与若干个 2 的和的方法数,其中顺序不同表示不同分法,比如 $A(4)=5$,$B(n)$ 是自然数 n 表示为大于 1 的整数之和的不同方法数,不同顺序为不同分法,如 $B(6)=5$,求证:$A(n) = B(n+2)$.

分析与解 对任何 $n \in \mathbf{N}$,记前一种排列的集合为 A_n,后一种排列的集合为 B_n,则 $A(n) = |A_n|$.

比如:$A_4 = \{(1,1,2),(1,2,1),(2,1,1),(2,2),(1,1,1,1)\}$.

对 A_n 中的任何一个排列:
$$\alpha = (a_1, a_2, \cdots, a_r)$$
其中,$a_i = 1$ 或 2,$\sum_{i=1}^{r} a_i = n$.

在排列后面添加一个 2,得到一个新排列:
$$\alpha' = (a_1, a_2, \cdots, a_r, 2)$$

再将 α' 中每个"2"前面的一段"1"都加到该"2"上,便得到 B_{n+2} 中的一个排列:
$$\beta = (b_1, b_2, \cdots, b_t)$$
其中,$b_i > 1$,$\sum_{i=1}^{t} b_i = 2 + \sum_{i=1}^{r} a_i = n+2$.

记作 $f(\alpha) = \beta$. 比如 $n = 17$ 时,对 A_{17} 中的一个排列:
$$\alpha = (1,1,2,2,2,1,1,1,2,1,2,1)$$
有
$$\beta = f(\alpha) = (4,2,2,5,3,3)$$

反之,对 B_{n+2} 中的一个排列:
$$\beta = (b_1, b_2, \cdots, b_t)$$
若其中有某个 $b_i > 2$,则将 b_i 换作 $1+1+\cdots+1$($b_i - 2$ 个 1)$+2$,得到一个排列:

$$\beta' = (a_1, a_2, \cdots, a_r, 2)$$

其中注意 β 中最后一个数大于 1,变换后最后一个数必为 2.

去掉 β' 中最后一个 2,即得到 A_n 中的一个排列:

$$\alpha = (a_1, a_2, \cdots, a_r)$$

所以上述映射为满射.

对 A_n 中的两个不同的元素:

$$\alpha = (a_1, a_2, \cdots, a_r), \quad \alpha' = (a'_1, a'_2, \cdots, a'_r)$$

其中至少有一个 i,使 $a_i \neq a'_i$.

不妨设 i 是使 $a_i \neq a'_i$ 的下标中最小的,且 $a_i = 1, a'_i = 2$,于是变换中 a_i 被加到后面紧接的一个 2 中,这个 2 上累加的数比 a'_i 上累加的数大,所以 $f(\alpha) \neq f(\alpha')$. 所以上述映射为单射. 故 $A_n = B_{n+2}$.

注 固定首位,建立递归式,可得到该题的一个巧妙解答.

在 A_n 中,对于首位排 1 的排列,后面的数位是自然数 $n-1$ 的分拆,有 A_{n-1} 种,同样首位是 2 的排列有 A_{n-2} 种,所以

$$A_n = A_{n-1} + A_{n-2} \quad (n \geq 3)$$

在 B_n 中,对于首位排 2 的排列,后面的数位是自然数 $n-2$ 的分拆,有 B_{n-2} 种,同样首位是 3 的排列有 B_{n-3} 种,$\cdots$,首位是 i 的排列有 B_{n-i} 种($i = 2, 3, \cdots, n$,其中规定 $B_0 = 1$),所以

$$B_n = B_{n-2} + B_{n-3} + \cdots + B_0 \quad (n \geq 2)$$
$$B_{n-1} = B_{n-3} + B_{n-4} + \cdots + B_0 \quad (n \geq 3)$$

两式相减,得 $B_n - B_{n-1} = B_{n-2} (n \geq 3)$,即

$$B_n = B_{n-1} + B_{n-2} \quad (n \geq 3)$$

或者,在 B_n 中,令 $n = b_1 + b_2 + \cdots + b_t (b_1 \leq b_2 \leq \cdots \leq b_t)$.

若 $b_1 = 2$,则 $n - 2 = b_2 + b_3 + \cdots + b_t$,它是 $n-2$ 的一种分法,有 B_{n-2} 种.

若 $b_1 \geq 3$,则 $n - 1 = (b_1 - 1) + b_2 + \cdots + b_t$,它是 $n-1$ 的一种分法,有 B_{n-1} 种.

5 其他对应方式

所以 $B_n = B_{n-1} + B_{n-2}(n \geq 3)$.

又 $A_1 = B_3 = 1, A_2 = B_4 = 2$,所以 A_n 与 B_{n+2} 有相同的初值与递归关系,故 $A_n = B_{n+2}$.

例5 设 n 的长为 k 的正整数分拆的集合为 $L(n,k)$,其中 $1 \leq k \leq n$,试证:

$$|L(n+k,k)| = |L(n,1)| + |L(n,2)| + \cdots + |L(n,k)|$$

分析与证明 任取 $L(n+k,k)$ 中的一个元素:

$$A = (n_1, n_2, \cdots, n_k), \quad n+k = n_1 + n_2 + \cdots + n_k$$

不妨设

$$n_1 \geq n_2 \geq \cdots \geq n_i > 1$$
$$n_{i+1} = n_{i+2} = \cdots = n_k = 1 \quad (1 \leq i \leq k)$$

那么

$$(n_1 - 1) + (n_2 - 1) + \cdots + (n_k - 1) = n$$

且 $n_1 - 1 \geq n_2 - 1 \geq \cdots \geq n_i - 1 > 0$,所以

$$A' = (n_1 - 1, n_2 - 1, \cdots, n_i - 1)$$

是 $\bigcup_{i=1}^{k} L(n,i)$ 中的一个元素.

建立如下对应 f:

$$A = (n_1, n_2, \cdots, n_k) \to (n_1 - 1, n_2 - 1, \cdots, n_i - 1, 0, 0, \cdots, 0)$$
$$\to A' = (n_1 - 1, n_2 - 1, \cdots, n_i - 1)$$

显然,对于 $L(n+k,k)$ 中的两个不同元素:$A = (n_1, n_2, \cdots, n_k)$ 与 $B = (m_1, m_2, \cdots, m_k)$,由于 $(n_1 - 1, n_2 - 1, \cdots, n_k - 1)$ 与 $(m_1 - 1, m_2 - 1, \cdots, m_k - 1)$ 不同,它们中的非零项不全相同,于是所对应的 $\bigcup_{i=1}^{k} L(n,i)$ 中的元素 A' 与 B' 不同.

所以,$|L(n+k,k)| \leq |\bigcup_{i=1}^{k} L(n,i)|$.

对 $\bigcup_{i=1}^{k} L(n,i)$ 中的一个元素 $A = (n_1, n_2, \cdots, n_r), n = n_1 + n_2$

$+ \cdots + n_r$.

令 $A = (n_1, n_2, \cdots, n_r) \to A' = (n_1+1, n_2+1, \cdots, n_r+1, 1, 1, \cdots, 1)$(共 $k-r$ 个 1).

因为

$(n_1+1) + (n_2+1) + \cdots + (n_r+1) + 1 + 1 + \cdots + 1 = n + k$

于是

$$A' = (n_1+1, n_2+1, \cdots, n_r+1, 1, \cdots, 1)$$

是 $L(n+k, k)$ 中的元素.

所以 $|L(n+k,k)| \geq \left|\bigcup_{i=1}^{k} L(n,i)\right|$.

综上所述,命题获证.

例 6 给定正整数 n,记 n 的各项互异的正整数分拆的集合为 $D(n)$,各项都为奇数的分拆的集合为 $O(n)$,求证:$|D(n)| = |O(n)|$.

分析与证明 对 $D(n)$ 中的任何一个元素:

$$A = (n_1, n_2, \cdots, n_r), \quad n = n_1 + n_2 + \cdots + n_r$$

设 n_i 的奇数部分是 $2s_i - 1$,即 $n_i = (2s_i - 1) \times 2^{t_i}$,则

$n_i = (2s_i - 1) + (2s_i - 1) + \cdots + (2s_i - 1)$ (共 2^{t_i} 项)

于是

$$n = n_1 + \cdots + n_r = \sum_{i=1}^{r} (2s_i - 1) \times 2^{t_i}$$

$$= \sum_{i=1}^{r} [(2s_i - 1) + (2s_i - 1) + \cdots + (2s_i - 1)]$$

令 $A = (n_1, n_2, \cdots, n_r) \to A' = (2s_1 - 1, 2s_1 - 1, \cdots, 2s_1 - 1, 2s_2 - 1, 2s_2 - 1, \cdots, 2s_2 - 1, \cdots, 2s_r - 1, 2s_r - 1, \cdots, 2s_r - 1)$,则 A' 是 $O(n)$ 中的一个元素(注意,此时 A' 中每个数出现的次数都是 2 的幂).

此外,对 $D(n)$ 中的任何两个不同元素:$A = (n_1, n_2, \cdots, n_r)$,$B$

$= (m_1, m_2, \cdots, m_t)$,设 $A \to A', B \to B'$,记 $O(A), O(B)$ 分别为 A,B 中各数的奇数部分组成的集合,如果 $O(A) \neq O(B)$,则 A', B' 中出现的奇数至少有两个不同,从而 $A' \neq B'$.

如果 $O(A) = O(B)$,由于 A, B 不同,则必存在一个奇数 a,使 A, B 中以 a 作为奇数部分的项不完全相同.

设 A, B 中以 a 作为奇数部分的项分别有 u 个和 v 个,记为 $2^{i_1}a, 2^{i_2}a, \cdots, 2^{i_u}a$ 和 $2^{j_1}a, 2^{j_2}a, \cdots, 2^{j_v}a$,则 a 在 A', B' 中出现的次数分别为 $2^{i_1} + 2^{i_2} + \cdots + 2^{i_u}, 2^{j_1} + 2^{j_2} + \cdots + 2^{j_v}$,其中
$$(i_1, i_2, \cdots, i_u) \neq (j_1, j_2, \cdots, j_v)$$
由二进制数的唯一性可知
$$2^{i_1} + 2^{i_2} + \cdots + 2^{i_u} \neq 2^{j_1} + 2^{j_2} + \cdots + 2^{j_v}$$
故 $A' \neq B'$.

反之,对 $O(n)$ 中的任何一个元素,$n = n_1 + n_2 + \cdots + n_t$,不妨设各 n_i 中互异的数为 $n_1, n_2, \cdots, n_r$,其中 $n_i (i = 1, 2, \cdots, r)$ 在和中出现 p_i 次,所以
$$n = p_1 n_1 + p_2 n_2 + \cdots + p_r n_r$$
现在,须将 $p_i n_i$ 分拆成若干个互异项之和,使 n 的分拆中每个数出现的次数都是 2 的幂,这只需将 p_i 分拆成 2 的幂的和(利用二进制).

设 $p_i = 2^{i_1} + 2^{i_2} + \cdots + 2^{i_k}$,则
$$n_i p_i = n_i 2^{i_1} + n_i 2^{i_2} + \cdots + n_i 2^{i_k}$$
代入分拆中便得到一个各项互异的分拆.

综上所述,命题获证.

例 7 设 n 的长为 k 的正整数分拆的集合为 $L(n, k)$,最大的一个项为 k 的分拆的集合为 $M_k(n)$. 求证:当 $\dfrac{n}{2} \leqslant k \leqslant n$ 时,有
$$|L(n, k)| = |L(n - k)| = |M_k(n)|$$

分析与证明 （1）对 $L(n,k)$ 中任何一个元素：
$$A = (n_1, n_2, \cdots, n_k)$$
$$n = n_1 + n_2 + \cdots + n_k \quad (1 \leqslant n_1 \leqslant n_2 \leqslant \cdots \leqslant n_k)$$

因为
$$n - k = (n_1 - 1) + (n_2 - 1) + \cdots + (n_k - 1)$$
$$(0 \leqslant n_1 - 1 \leqslant n_2 - 1 \leqslant \cdots \leqslant n_k - 1)$$

令 $A = (n_1, n_2, \cdots, n_k) \to A' = (n_1 - 1, n_2 - 1, \cdots, n_k - 1)$，则 A' 是 $L(n-k)$ 中的一个元素．

此外，对于 $L(n,k)$ 中的两个不同元素：$(n_1, n_2, \cdots, n_k)$ 与 $(m_1, m_2, \cdots, m_k)$，它们所对应的 $L(n-k)$ 中的元素 $(n_1 - 1, n_2 - 1, \cdots, n_k - 1)$ 与 $(m_1 - 1, m_2 - 1, \cdots, m_k - 1)$ 也不同．

所以
$$|L(n,k)| \leqslant |L(n-k)|$$

反之，当 $\dfrac{n}{2} \leqslant k \leqslant n$ 时，对 $L(n-k)$ 中的一个元素 $A = (n_1, n_2, \cdots, n_r)$，$n - k = n_1 + n_2 + \cdots + n_r$，我们证明 $r \leqslant k$（从而可将此分拆扩充为长为 k 的分拆）．

实际上，
$$n - k = n_1 + n_2 + \cdots + n_r \geqslant 1 + 1 + \cdots + 1 = r$$

所以
$$r \leqslant n - k \leqslant n - \dfrac{n}{2} = \dfrac{n}{2} \leqslant k$$

这样，
$$n = (n_1 + 1) + (n_2 + 1) + \cdots$$
$$+ (n_r + 1) + 1 + 1 + \cdots + 1 \quad (\text{其中有 } k - r \text{ 个 } 1)$$

令 $A = (n_1, n_2, \cdots, n_r) \to A' = (n_1 + 1, n_2 + 1, \cdots, n_r + 1, 1, 1, \cdots, 1)$，则 A' 是 $L(n,k)$ 中的一个元素，于是
$$|L(n,k)| \geqslant |L(n-k)|$$

所以
$$|L(n,k)| = |L(n-k)|$$

(2) 对自然数 $n-k$ 的任意一个分拆 $A=(n_1,n_2,\cdots,n_r)$，其中 $n-k = n_1+n_2+\cdots+n_r$ （$1 \leqslant n_1 \leqslant n_2 \leqslant \cdots \leqslant n_k$）

因为 $n = n_1+n_2+\cdots+n_r+k$，令
$$A=(n_1,n_2,\cdots,n_r) \to A'=(n_1,n_2,\cdots,n_r,k)$$
我们证明 A' 是最大项为 k 的分拆，即 $n_1 \leqslant n_2 \leqslant \cdots \leqslant n_r \leqslant k$.

这只需证明 $n_r \leqslant k$，将其加强为 $n_1+n_2+\cdots+n_r \leqslant k$，这等价于 $n \leqslant 2k$.

由于 $\dfrac{n}{2} \leqslant k$，所以结论成立.

此外，对自然数 $n-k$ 的任意两个不同分拆：$A=(n_1,n_2,\cdots,n_r)$，$B=(m_1,m_2,\cdots,m_t)$，因为至少有一 n_i 与 m_j 不同，从而 $A'=(n_1,n_2,\cdots,n_r,k)$ 与 $B'=(m_1,m_2,\cdots,m_t,k)$ 不同.

反之，对自然数 n 的一个最大项为 k 的分拆 $(n_1,n_2,\cdots,n_r,k)$，有 $n-k = n_1+n_2+\cdots+n_r$，所以 $(n_1,n_2,\cdots,n_r)$ 是 $n-k$ 的一个分拆.

所以
$$|L(n-k)| = M_k(n)$$

综合(1)(2)，命题获证.

例8 设 A 是 5 个数的积加上 3 对括号以表示不同的运算顺序的方法的集合，B 是任意划分六边形为三角形的不同方法的集合，C 是 4 个黑球、4 个白球排成一行，且任何一个位置前的白球个数不少于黑球个数的不同排列的集合. 求证：$|A|=|B|=|C|$.

分析与证明 对于 $|A|=|B|$，将 6 边形的六条边依次标号为 $a_1,a_2,\cdots,a_6$，对六边形的任何一个三角剖分，考察不含边 a_6 的所有三角形，对这些三角形的所有未标号的边（对角线）按下述法则进

行标号:如果一个三角形有两条边分别标号为 p,q,则另一条边标号为 (p,q),这样,每一条对角线均有唯一的一个标号(图 5.1).

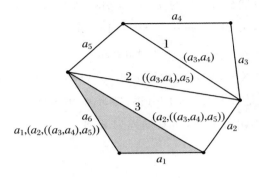

图 5.1

最后,将含 a_6 的三角形的另两边上的标号并起来,得到的标号便是 A 的一个元素.

容易证明,上述对应是一一对应,所以,$|A|=|B|$.

对于 $|A|=|C|$,考察 A 中任意一个元素,比如 $a_1,(a_2,((a_3,a_4),a_5))$,去掉这其中的分量 a_1 以及所有左半括号,得到 4 个数 a_2,a_3,a_4,a_5 与 3 个右半括号的排列:$a_2,a_3,a_4),a_5))$.

再将 a_2,a_3,a_4,a_5 换成白球,将右半括号换成黑球,并在末尾排上一个黑球,则得到 C 中的一个元素,这是因为每个右半括号对应前面一个左半括号,而每对括号内都有一个数,从而左半括号的个数不多于前面的数的个数.容易证明,上述对应是一一对应,所以,$|A|=|C|$.

例 9(第 33 届 IMO 加拿大训练题) X_n 表示方程 $x_1+x_2+\cdots+x_n=n$ 的非负整数解 $(x_1,x_2,\cdots,x_n)$ 的个数,Y_n 表示方程 $y_1+y_2+\cdots+y_n=2n$ 的非负整数解 $(y_1,y_2,\cdots,y_n)$ 的个数,若对任何 $1\leqslant i\leqslant n$,有 $x_i\leqslant y_i$,则称 $(x_1,x_2,\cdots,x_n)$ 与 $(y_1,y_2,\cdots,y_n)$ 是相容的,求证:相容的解的个数是一个完全平方数.

分析与证明 首先，假定$((x_1,x_2,\cdots,x_n),(y_1,y_2,\cdots,y_n))$是一个相容解对，令$z_i = y_i - x_i (i=1,2,\cdots,n)$，有$z_1 + z_2 + \cdots + z_n = 2n - n = n$，所以$(z_1,z_2,\cdots,z_n)$是第一个方程的解，这样，一个相容解对$((x_1,x_2,\cdots,x_n),(y_1,y_2,\cdots,y_n))$对应第一个方程的两个解组成的解对：$((x_1,x_2,\cdots,x_n),(z_1,z_2,\cdots,z_n))$.

反之，对第一个方程的两个解组成的解对：$((x_1,x_2,\cdots,x_n),(z_1,z_2,\cdots,z_n))$，令$y_i = z_i + x_i (i=1,2,\cdots,n)$，则$y_1 + y_2 + \cdots + y_n = n + n = 2n$，所以$(y_1,y_2,\cdots,y_n)$是第二个方程的解，且$(x_1,x_2,\cdots,x_n)$与$(y_1,y_2,\cdots,y_n)$相容，得到一个相容解对$((x_1,x_2,\cdots,x_n),(y_1,y_2,\cdots,y_n))$.

相容解对$((x_1,x_2,\cdots,x_n),(y_1,y_2,\cdots,y_n))$与第一个方程的两个解组成的解对$((x_1,x_2,\cdots,x_n),(z_1,z_2,\cdots,z_n))$可建立一一对应.

所以相容解对总数为$X_n \cdot X_n = X_n^2$，证毕.

例10（2006年IMO中国国家队选拔考试试题） 给定正整数m, a, b，其中$(a,b)=1$，A是正整数集的非空子集，使得对任意的正整数n都有$an \in A$或$bn \in A$. 对所有满足上述性质的集合A，求$|A \cap \{1,2,\cdots,m\}|$的最小值.

分析与解 本题的实质是问，A至少含有$\{1,2,\cdots,m\}$中的多少个元素.

（ⅰ）当$a = b$时，由$(a,b)=1$，知$a = b = 1$. 又由条件，使得对任意的正整数n，都有$an = n \in A$或$bn = n \in A$，因此恒有$n \in A$，所以$A = \mathbf{N}^+$，于是$A \cap \{1,2,\cdots,m\} = \{1,2,\cdots,m\}$.

此时，$|A \cap \{1,2,\cdots,m\}| = m$，故$|A \cap \{1,2,\cdots,m\}|$的最小值为$m$.

（ⅱ）当$a \neq b$时，先假定$a > b$，对$k \in \mathbf{N}^+$，用$\alpha(k)$表示满足$a^\alpha | k$的最大整数α（即$\alpha(k)$为k所含的a的最高次幂），令

$A_1 = \{k \mid \alpha(k) \text{ 为奇数}\}$,下面验证 A_1 满足条件.

任取正整数 n,设 $n = a^\alpha n_1, a \nmid n_1$.

若 $2 \mid \alpha$,则 $\alpha + 1$ 为奇数,此时 $an = a^{\alpha+1} n_1 (a \nmid n_1)$,$\alpha(an) = \alpha + 1$ 为奇,所以 $an \in A_1$.

若 $2 \nmid \alpha$,则 α 为奇数,由 $(a, b) = 1$,有 $a \nmid bn_1$,否则 $a \mid n_1$,矛盾,此时 $bn = a^\alpha bn_1 (a \nmid bn_1)$,$\alpha(bn) = \alpha$ 为奇,所以 $bn \in A_1$.

所以不论 α 为何值,都有 $an \in A_1, bn \in A_1$,即 A_1 满足条件.

对上述 A_1,我们来计算 $|A_1 \cap \{1, 2, \cdots, m\}|$(即 A_1 含有 $\{1, 2, \cdots, m\}$ 中的多少个元素).

由 $\alpha(k)$ 的定义可知,$A_1 \cap \{1, 2, \cdots, m\}$ 是由 $\{1, 2, \cdots, m\}$ 中那些是 a^1 的倍数,a^3 的倍数(去掉 a^2 的倍数),a^5 的倍数(去掉 a^4 的倍数)…的数组成的,所以

$$|A_1 \cap \{1, 2, \cdots, m\}| = \sum_{i=1}^{\infty} (-1)^{i+1} \left[\frac{m}{a^i}\right]$$

下面证明,对任何合乎条件的集合 A,有

$$|A \cap \{1, 2, \cdots, m\}| \geq |A_1 \cap \{1, 2, \cdots, m\}|$$

记 $B = A \cap \{1, 2, \cdots, m\}$,$B_1 = A_1 \cap \{1, 2, \cdots, m\}$,我们要证:$|B_1| \leq |B|$.

采用映射证法:任取 $k \in B_1$,找到 $f(k) \in B$.

对任意 $k \in B_1$,由 B_1 的定义,有 $k \in A_1, k \leq m$,且 $\alpha(k)$ 为奇数,所以 $\alpha(k) \geq 1$,因此 $\frac{k}{a} \in \mathbf{Z}$,且 $0 < \frac{bk}{a} < k \leq m$(因为 $a > b$).

而 $\frac{bk}{a} = b \cdot \frac{k}{a}$,$k = a \cdot \frac{k}{a}$,由 A 的性质,$\frac{bk}{a}$ 与 k 中必有一个属于 A.

又 $\frac{bk}{a}, k \in \{1, 2, \cdots, m\}$,所以其中必有一个属于 B,记该数为 $f(k)$,令其与 k 对应.

对 $k \neq t(k,t \in B)$,有 $\dfrac{bk}{a} \neq \dfrac{bt}{a}$,且 $k \neq \dfrac{bt}{a}$.

这是由于 $(a,b)=1$,有
$$\alpha(an)=\alpha(n)+1, \quad \alpha(bn)=\alpha(n)$$
从而
$$k \neq \dfrac{bt}{a} \Leftrightarrow ak \neq bt$$
后一式因 $\alpha(ak)=\alpha(k)+1$ 为偶,$\alpha(bt)=\alpha(t)$ 为奇显然成立.

同理,$t \neq \dfrac{bk}{a}$,于是 $f(k) \neq f(t)$,即 $f:B_1 \to B$ 为单射,所以 $|B_1| \leqslant |B|$.

如果 $a<b$,则可得到类似结论.

综上所述,$|A \cap \{1,2,\cdots,m\}|$ 的最小值为
$$\begin{cases} m & (a,b)=(1,1) \\ \sum_{i=1}^{\infty}(-1)^{i+1}\left[\dfrac{m}{T^i}\right] & (a,b) \neq (1,1) \end{cases}$$
其中 $T=\max\{a,b\}$.

5.3 杂题

例1 给定正整数 n(n 是大于 5 的合数),将正 n 边形的顶点染若干种颜色(每个顶点染且只染一种颜色),使得同一种颜色的顶点构成一个子正多边形(不包含原正多边形的全部顶点),证明:在这些子正多边形中,必有两个全等.

分析与证明 设原正 n 边形为 $A_1 A_2 \cdots A_n$,其中心为 O,假设共染了 k 种颜色($k \geqslant 2$),且顶点同色的正多边形都不全等,由于它们是同一个圆的内接正多边形,从而边数互不相等,设它们分别是正 m_i 边形($i=1,2,\cdots,k$),则 $3 \leqslant m_1 < m_2 < \cdots < m_k < n$,$n=m_1+m_2+\cdots+m_k$,且 $m_i \mid n$.

一个显然的事实是,对于子正 p 边形 $A_{i_1}A_{i_2}\cdots A_{i_p}$ ($p\leqslant n, p\mid n$),有

$$\sum_{t=1}^{p}\overrightarrow{OA_{i_t}} = 0$$

如果直接对每个子多边形对应的上述向量求和,则每个子多边形的向量求和后都为 0,不能导出矛盾.

设想建立映射 $A_i \to A_{f(i)}$,使其中一个子多边形的顶点重合为一个点,其余的子多边形的顶点仍为新子多边形的顶点.

为了使子 m 边形的顶点重合为一个点,只需建立映射 $A_i \to A_{mi}$.

为了使其余的子多边形的顶点仍为新子多边形的顶点(顶点不完全重合),只需满足 m 是 $m_1, m_2, \cdots, m_k$ 中的最小者.

记 $m = m_1$,考察定义在原正 n 边形的顶点集合上的一种变换 $f: A_i \to B_i = A_{mi}$,即 $B_i = f(A_i) = A_{mi}$,其中顶点的下标按模 n 理解,即大于 n 的数用它除以 n 所得的余数代替.

下面从两个方面来计算 $S = \sum_{i=1}^{n}\overrightarrow{OB_i}$.

一方面,在上述变换下,正 p ($m < p \leqslant n$) 边形变换为一个新的正多边形.

实际上,设正 p 边形为 $A_{i_1}, A_{i_2}, \cdots, A_{i_p}$ ($m < p \leqslant n$),考察它的两个相邻顶点 A_{i_1}, A_{i_2},它们与 O 连线的夹角为

$$\angle A_{i_1}OA_{i_2} < \frac{2\pi}{m}$$

通过变换后,得到顶点 B_{i_1}, B_{i_2},它们与 O 连线的夹角为

$$\angle B_{i_1}OB_{i_2} = m\angle A_{i_1}OA_{i_2} < 2\pi$$

所以 $B_{i_1}, B_{i_2}, \cdots, B_{i_p}$ 在圆周上均匀分布且不全重合,从而是一个新的正多边形的顶点(可能某些顶点重合).

于是,在上述变换下,正 n 边形变换为一个新的正多边形,从而

5 其他对应方式

$$S = \sum_{i=1}^{n} \overrightarrow{OB_i} = 0$$

另一方面，$n = m_1 + m_2 + \cdots + m_k$，而在上述变换下，子正 $m = m_1$ 边形的所有顶点都变换到同一个点.

实际上，设子正 m 边形为 $A_t A_{t+r} A_{t+2r} \cdots A_{t+(m-1)r}$，其中 $r = \dfrac{n}{m}$，则

$$B_{t+ir} = f(A_{t+ir}) = A_{mt+mir} = A_{mt+ni}$$
$$= A_{mt} \quad (i = 0,1,2,\cdots,m-1)$$

于是

$$\sum_{i=0}^{m-1} \overrightarrow{OB_{t+ri}} = \sum_{i=0}^{m-1} \overrightarrow{OA_{mt}} \neq 0$$

但将任何正 $m_i(i=2,3,\cdots,k)$ 边形变换为一个新的正多边形，这些正多边形的顶点对 S 的贡献为 0，而正 m_1 边形的顶点对 S 的贡献不为 0，又每个顶点恰好在一个子正多边形中出现（同色的顶点构成一个子正多边形，且每个点只有一种颜色），从而 $S \neq 0$，矛盾.

例 2 已知数列 $\{a_n\}$ 满足：

$$a_1 = 0, \quad a_n = a_{\left[\frac{n}{2}\right]} + (-1)^{\frac{n(n+1)}{2}} \quad (n \in \mathbf{N}, n > 1)$$

对每一个整数 $k \in \mathbf{N}$，求满足条件：

$$2^k \leqslant n < 2^{k+1}, \quad a_n = 0$$

的下标 n 的个数.

分析与解 将满足 $2^k \leqslant n < 2^{k+1}$ 的自然数 n 用二进制表示为 $n = (x_k x_{k-1} \cdots x_0)_{(2)}$，这里 $x_k = 1$，$x_i \in \{0,1\}$ ($0 \leqslant i \leqslant k-1$)，可以证明

$$a_{(x_k x_{k-1} \cdots x_0)_{(2)}} = a_{(x_k x_{k-1} \cdots x_1)_{(2)}} + (-1)^{x_1 + x_0} \quad \text{①}$$

事实上，由于 $n = (x_k x_{k-1} \cdots x_0)_{(2)}$，如果 $x_1 + x_0$ 为偶数，则

$$n \equiv 0, 3 \pmod 4$$

此时均有 $\frac{n(n+1)}{2}$ 为偶数,且 $\left[\frac{n}{2}\right] = (x_k x_{k-1} \cdots x_1)_{(2)}$,由递归关系可知,①式成立.

如果 $x_1 + x_0$ 为奇数,则
$$n \equiv 1, 2 \pmod 4$$

此时均有 $\frac{n(n+1)}{2}$ 为奇数,且 $\left[\frac{n}{2}\right] = (x_k x_{k-1} \cdots x_1)_{(2)}$,由递归关系可知,①式成立.

反复利用①式,可知
$$a_{(x_k x_{k-1} \cdots x_0)_{(2)}} = (-1)^{x_k + x_{k-1}} + (-1)^{x_{k-1} + x_{k-2}} + \cdots + (-1)^{x_1 + x_0} \quad ②$$

上式右边为 k 个 1 或 -1 的和. 所以,当 k 为奇数时,②的右边为奇数,不为 0,这表明,当 k 为奇数时,满足条件的下标 n 的个数为 0.

当 k 为偶数时,若 $a_n = 0$,则②式右边恰有 $\frac{k}{2}$ 个 1,$\frac{k}{2}$ 个 -1.

设
$A = \{n \mid 2^k \leqslant n < 2^{k+1}, n \text{ 的二进制表示为 } n = (x_k x_{k-1} \cdots x_0)_{(2)}\}$
$B = \{\text{由 } 1 \text{ 和 } -1 \text{ 组成的 } n \text{ 元有序数组}\}$
由②式定义一个 A 到 B 的映射
$$f: (x_k x_{k-1} \cdots x_0)_{(2)} \to ((-1)^{x_k + x_{k-1}}, (-1)^{x_{k-1} + x_{k-2}}, \cdots, (-1)^{x_1 + x_0})$$

由于 A 中任意两个元素的二进制表示首位都为 1,设
$$n_1 = (x_k x_{k-1} \cdots x_0)_{(2)}, \quad n_2 = (x_k x'_{k-1} \cdots x'_0)_{(2)}$$
其中 $x_k = 1$.

如果 $n_1 \neq n_2$,可设 j 为使 $x_j \neq x'_j$ 的最大下标. 则
$$(-1)^{x_{j+1} + x_j} \neq (-1)^{x'_{j+1} + x'_j}$$
这说明 f 是 A 到 B 的单射.

又易知 $|A| = |B| = 2^k$,所以 f 又是 A 到 B 的满射,从而 f 是 A 到 B 的一一映射.

所以,满足 $2^k \leqslant n < 2^{k+1}$,且 $a_n = 0$ 的下标 n 的个数为 B 中恰有 $\frac{k}{2}$ 个 -1 的有序数组的个数,即 $C_k^{(k/2)}$.

综上所述,当 k 为奇数时,满足条件的下标 n 的个数为 0;当 k 为偶数时,满足条件的下标 n 的个数为 $C_k^{(k/2)}$.

例 3(美国数学奥林匹克国家队选拔考试题) 给定大于 1 的正整数 n,对正整数 m,令 $S_m = \{1,2,3,\cdots,mn\}$,若 S_m 的子集族 $A = \{A_1, A_2, \cdots, A_{2n}\}$ 满足:

(1) 对任何 $1 \leqslant i \leqslant 2n$,有 $A_i \subseteq S_m$,$|A_i| = m$.

(2) 对任何 $1 \leqslant i < j \leqslant 2n$,有 $|A_i \cap A_j| \leqslant 1$.

(3) 对任何 $x \in S_m$,恰存在一组 i,j,其中 $1 \leqslant i < j \leqslant 2n$,使 $x \in A_i \cap A_j$.

求 m 的最大值(用 n 表示).

分析与解 $m_{\max} = 2n - 1$.

令 $U = \{(i, \{A_j, A_k\}) \mid i \in A_j \cap A_k, A_j \neq A_k, A_j, A_k \in A\}$,即 U 是所有这样的三元组 (i, A_j, A_k),其中 A_j, A_k 是 A 中互异的、无序的、包含 i 的二元对.

对 $|U|$ 算两次:

一方面,由条件(3),对每个 $i \in S_m$,都有唯一的 $\{A_j, A_k\}$,使 $i \in A_j \cap A_k$,而 i 有 mn 种选择,所以 $|U| = mn$.

另一方面,由条件(2),对每个 $\{A_j, A_k\}$,最多有一个 $i \in S_m$,使 $i \in A_j \cap A_k$,而 $\{A_j, A_k\}$ 有 $C_{2n}^2 = (2n-1) \cdot n$ 种选择,所以 $|U| \leqslant (2n-1)n$.

于是,$mn \leqslant (2n-1) \cdot n$,从而 $m \leqslant 2n - 1$.

当 $m = 2n - 1$ 时,我们建立对应来实现构造.

注意到 $m = 2n - 1$ 时,$m + 1 = 2n$,$C_{2n}^2 = (2n-1) \cdot n = mn$,不妨设 S_m 是 $mn = C_{2n}^2$ 个无序二元对 $\{i, j\}$(其中 $1 \leqslant i < j \leqslant 2n = m+1$)的

集合,即建立 $\{1,2,\cdots,mn\}$ 到 C_{2n}^2 个无序二元对 $\{i,j\}$ 的集合之间的一一对应,令 A_k 是那些含有 k 的无序二元对的集合,即 $A_i = \{\{k,i\} | 1 \leq k \leq 2n, k \neq i\}$,那么,有

(1) 对任何 $1 \leq i \leq 2n$,有 $A_i \subseteq S_m$,$|A_i| = 2n - 1 = m$.

(2) 对任何 $1 \leq i < j \leq 2n$,有 $|A_i \cap A_j| = |\{i,j\}| = 1$.

(3) 对任何 $x = \{i,j\} \in S_m$,恰存在一组 i,j,其中 $1 \leq i < j \leq 2n$,使 $x = \{i,j\} \in A_i \cap A_j$.

我们还可采用如下的递归构造:

对 $n = 2$,则 $m = 2n - 1 = 3$,此时,$S_m = \{1,2,3,4,5,6\}$,令 $A = \{\{1,2,3\},\{4,5,6\},\{1,3,5\},\{2,4,6\}\}$,则 A 合乎条件,从而 $m_{\max} = 3$.

假定对正整数 $n \geq 2$,有 $m_{\max} = 2n - 1$,相应的集合 $A = \{A_1, A_2, \cdots, A_{2n}\}$.那么,对正整数 $n+1$,设 $m = 2n+1$,$S_m = \{1,2,3,\cdots, n(2n-1), a_1, a_2, \cdots, a_{4n+1}\}$,其中 $a_1 = n(2n-1) + 1$,$a_2 = n(2n-1) + 2, \cdots, a_{4n+1} = mn = (n+1)(2n+1)$.我们来构造合乎条件的 A.

对 $k = 1, 2, \cdots, 2n$,记 $B_k = A_k \cup \{a_{2k-1}, a_{2k}\}$,$B_{2n+1} = \{a_1, a_3, \cdots, a_{4n-1}, a_{4n+1}\}$,$B_{2n+2} = \{a_2, a_4, \cdots, a_{4n}, a_{4n+2}\}$,$A = \{B_1, B_2, \cdots, B_{2n+2}\}$ 合乎条件.

故 $m_{\max} = 2n - 1$.

例 4(《美国数学月刊》1990 年 1 月号问题 3260) 在 $2n \times 2n$ 国际象棋盘中选定 n 个白格和 n 个黑格,使任何两个选定的格不同行也不同列,问有多少种不同的选法?

分析与解 对每一种选法,令其对应 $1, 2, \cdots, 2n$ 的一个排列 $a_1, a_2, \cdots, a_{2n}$.

如果格 (i,j) 被选取,则令 $a_i = j$,显然,所有满足 $i \equiv j \pmod{2}$ 的格 (i,j) 同色,所有满足 $i \not\equiv j \pmod{2}$ 的格 (i,j) 为另一种颜色.

5 其他对应方式

注意到排列 $a_1, a_2, \cdots, a_{2n}$ 已保证各行各列中各取一个格,现在只要求排列对应的格中共有 n 个白格,n 个黑格,这等价于恰有 n 个 i 使 $i \not\equiv a_i \pmod{2}$.

现在来求这样的排法的个数,考虑如下更一般的情形:

设 $1, 2, \cdots, m$ 的一个排列为 $a_1, a_2, \cdots, a_m$,其中恰有 k 个 i 使 $i \not\equiv a_i \pmod{2}$,记所有合乎条件的排列个数为 $F(m, k)$.

设这 k 个 i 为 $i_1, i_2, \cdots, i_k$,其中有 s 个奇数,t 个偶数($s + t = k$),那么,$a_{i_1}, a_{i_2}, \cdots, a_{i_k}$ 中有 s 个偶数,t 个奇数.

由于 $1, 2, \cdots, m$ 中与 $a_1, a_2, \cdots, a_m$ 中奇数的个数相等(只改变了顺序),而 $i \notin \{i_1, i_2, \cdots, i_k\}$ 时,$i \equiv j \pmod{2}$,于是,$i_1, i_2, \cdots, i_k$ 与 $a_{i_1}, a_{i_2}, \cdots, a_{i_k}$ 中奇数的个数分别相等,所以,$s = t$,于是,$k = 2s$.

(ⅰ) 当 k 为奇数时,与 $k = 2s$ 矛盾,从而不存在合乎条件的排法.

(ⅱ) 当 k 为偶数时,$1, 2, \cdots, m$ 中共有 $\lceil \frac{m}{2} \rceil$($\lceil x \rceil$ 是不小于 x 的最小整数)个奇数,$\lfloor \frac{m}{2} \rfloor$ 个偶数($\lfloor x \rfloor$ 是不大于 x 的最大整数).

从 $\lceil \frac{m}{2} \rceil$ 个奇数位中选取 $\frac{k}{2}$ 个位置排偶数,其他奇数位排奇数;在 $\lfloor \frac{m}{2} \rfloor$ 个偶数位中选取 $\frac{k}{2}$ 个位置排奇数,其他偶数位排偶数,再将 $\lceil \frac{m}{2} \rceil$ 个奇数,$\lfloor \frac{m}{2} \rfloor$ 个偶数分别全排列,共有

$$F(m, k) = C_{\lceil m/2 \rceil}^{k/2} C_{\lfloor m/2 \rfloor}^{k/2} \lceil \frac{m}{2} \rceil ! \lfloor \frac{m}{2} \rfloor !$$

种排法.

特别地,令 $m = 2n, k = n$,得

$$F(2n, n) = C_n^{n/2} C_n^{n/2} n! \cdot n! = \left[\frac{n!}{\left(\frac{n}{2}\right)!} \right]^4$$

综上所述，n 为奇数时，不存在选法；n 为偶数时，共有 $\left[\dfrac{n!}{\left(\dfrac{n}{2}\right)!}\right]^4$ 种选法.

例5 求具有如下性质的最小正整数 r：在 $m\times n$ 方格棋盘中将任意 r 个格染红色，则必定存在 3 个红色方格，它们构成一个直角边平行于棋盘边的直角三角形的顶点.

分析与解 为叙述问题方便，我们称直角边平行于棋盘边的直角三角形为规则直角三角形.

考察目标，我们要证明：若将 $m\times n$ 方格棋盘中任意 r 个格染红色，都必定存在红色规则直角三角形，则 $r\geqslant k$（k 为待定常数）.

如何证明不等式 $r\geqslant k$？考察其反面：少于 k 个红格就可能不存在红色规则直角三角形. 于是，我们只需构造 $k-1$ 个红格，使 $m\times n$ 方格棋盘中不存在红色规则直角三角形.

考察任意一个规则直角三角形，设其直角顶点所在的方格为 A，则格 A 所在的行与列都至少有两个红格.

为方便，称至少有两个红格的行（列）为强行（列），否则（包括没有红格）称为弱行（列）.

显然，红色规则直角三角形只能由一个强行和一个强列交叉构成. 从正面考虑，似乎只要找到一个强行和一个强列即可，其实不然，因为一个强行和一个强列的交叉处未必是红格！

由此可见，一个规则直角三角形对应一个强行和一个强列，但反之不然.

由此找到这样的构造方法：取红格尽可能多的一个强行和一个强列，使其交叉处不是红格，此时强行可以含有 $n-1$ 个红格，强列可以含有 $m-1$ 个红格，得到 $m+n-2$ 个红格，但没有红色规则直角三角形，所以 $r\geqslant m+n-1$.

下面证明：$r=m+n-1$ 时，必有红色规则直角三角形.

5 其他对应方式

直接找红色规则直角三角形不容易,因为上面已经提到,一个强行和一个强列未必交成规则直角三角形.

从反面考虑,如果不存在规则直角三角形,则 $r \leqslant m + n - 2$.

若不存在规则直角三角形,则任何强行、强列的交叉处必不是红格,换句话说,每个红格都必定在一个弱条(行或列)中.

这样,每个红格都至少对应一个弱条,且不同的红格对应不同的弱条,否则,假设两个红格对应同一行,则该行不是弱行,矛盾.

由此可见,红格数 $r \leqslant$ 弱条数 $\leqslant m + n$.

此不等式还可以优化(等号不成立).

如果等号成立,则每一个行、列都是弱条.

当每一行都是弱条时,每一行最多有一个红格,此时有 $r \leqslant m \leqslant m + n - 2$.

同样,每一列都是弱条时,每一列最多有一个红格,此时有 $r \leqslant n \leqslant m + n - 2$.

如果至少有一行且至少有一列不是弱条,则弱条数 $\leqslant m + n - 2$,此时有 $r \leqslant$ 弱条数 $\leqslant m + n - 2$.

综上所述,最小正整数 $r = m + n - 1$.

习 题 5

1.(1993年圣彼得堡数学竞赛题)有若干个男孩和 5 个女孩相聚,桌上放有 30 片面包.每个女孩给自己认识的每个男孩拿了一片面包,随后,每个男孩给自己不认识的每个女孩拿了一片面包(认识是互相的).这样一来,面包刚好被拿完了,求男孩的个数.

2.(第 25 届美国数学奥林匹克试题)我们称 n 项的 0,1 序列 $(x_1, x_2, \cdots, x_n)$ 是长为 n 的二元序列.设 a_n 为"无连续三项为 0,1,0"的长为 n 的二元序列的个数. b_n 为"无连续四项为 0,0,1,1 或 1,1,0,0"的长为 n 的二元序列的个数.试证:对每一正整数 n,有 b_{n+1}

$= 2a_n$.

3. 设正整数 $n \geqslant 3$, X_n 是所有正整数对 (a,b) 的集合,其中 $1 \leqslant a < b \leqslant n$,求证: $\{(a,b) \in X \mid b < 2a\}$ 与 $\{(a,b) \in X \mid b > 2a\}$ 的元素个数相等.

4. (2005 年中国东南地区数学奥林匹克试题)将数集 $A = \{a_1, a_2, \cdots, a_n\}$ 中所有元素的算术平均值记为 $P(A)$, $\left(P(A) = \dfrac{a_1 + a_2 + \cdots + a_n}{n}\right)$. 若 B 是 A 的非空子集,且 $P(B) = P(A)$,则称 B 是 A 的一个"均衡子集". 试求数集 $M = \{1, 2, 3, \cdots, 9\}$ 的所有"均衡子集"的个数.

5. 将 n 分拆成 k 个正整数的和称为 n 的一个长为 k 的分拆,设各项互异的长为 k 的分拆的集合为 $D(n,k)$,所有长为 k 的分拆的集合为 $L(n,k)$,求证:
$$|D(n,k)| = |L(n - C_k^2, k)|.$$

6. 将 n 分拆成若干个正整数的和,设各项都为 2 的方幂的分拆的集合为 $P_2(n)$,求证:
$$|P_2(2n+1)| = |P_2(2n)| = |P_2(2n-1)| + |P_2(n)|.$$

7. 将 n 分拆为 k 个自然数的和,且不计顺序(仅顺序不同的排列看作相同的),设共有 A_n 种方法. 将 n 分为若干个自然数的和,且不计顺序,其中最大的一个项为 k,设共有 B_n 种方法,求证:$A_n = B_n$.

8. 设 $|X| = n$,若 $A_1, A_2, \cdots, A_r$ 都是 X 的子集(可空),满足 $A_1 \cup A_2 \cup \cdots \cup A_r = X$,则称有序组 $(A_1, A_2, \cdots, A_r)$ 是 X 的一个 r-有序分拆. 求证:X 的所有 r-有序分拆个数为 $f(n,r) = (2^r - 1)^n$.

9. 设 X 是 n 元集,若 $A_1, A_2, \cdots, A_r$ 都是 X 的子集(可空),满足 $A_1 \cup A_2 \cup \cdots \cup A_r = X$,则称无序组 $\{A_1, A_2, \cdots, A_r\}$ 是 X 的一个 r-无序分拆,求证:X 的所有 2-无序分拆的个数为 $g(n,2) = \dfrac{3^n + 1}{2}$.

10. 设 X 是 n 元集,求证:

(1) 在 X 的所有 3-有序分拆中,3 个集合互不相同的分拆的个数为 $7^n - 3^{n+1} + 2$.

(2) X 的所有 3-无序分拆的个数为
$$g(n,3) = 3^n + \frac{1}{6}(7^n - 3^{n+1} + 2)$$

11. (1983 年美国数学竞赛试题)对 $X = \{1, 2, \cdots, n\}$ 的所有非空子集,定义唯一一个"交替和"如下:将子集 $A = \{a_1, a_2, \cdots, a_r\}$ 的元素按照递减的顺序排列为 $a_1 > a_2 > \cdots > a_r$,则 A 的"交替和"为 $a_1 - a_2 + a_3 - a_4 + \cdots + (-1)^{r+1} a_r$. 比如, $A = \{1, 2, 4, 6, 9\}$ 的"交替和"为 $9 - 6 + 4 - 2 + 1 = 6$,而 $\{5\}$ 的"交替和"就是 5. 对 $n = 7$,求 X 的所有非空子集的交替和的总和.

12. 有 n 名选手参加围棋赛,一个赛程是每个人每天恰赛一场, $n - 1$ 天内同其余每个人恰赛一场,这样的赛程称为"全赛程",全体"全赛程"的集合记为 $g(n)$.

对于 $n \times n$ 的表格,如果第 i 行与第 i 列的 $2n - 1$ 个数恰为 $1, 2, \cdots, 2n - 1$ 的一个排列,则称这个表格为"银方阵",全体"银方阵"的集合记 $S(n)$.

求证: $|g(n)| \leq |S(n)|$.

13. (第 5 届中国数学奥林匹克国家队选拔考试试题)在一个车厢里,任何 $m(m > 2)$ 个旅客都有唯一的公共朋友(当 A 是 B 的朋友时, B 也是 A 的朋友,任何一个人不作为自己的朋友).问这节车厢里,朋友最多的人有多少个朋友?其中 m 是给定的正整数.

14. (《美国数学月刊》1993 年 8 月号问题 3467)集合 $\{1, 2, \cdots, n\}$ 的一个排列 $\pi = (\pi(1), \pi(2), \cdots, \pi(n))$ 称为以 j 为稳定点,若对任何 $k < j$,有 $\pi(k) < j$,且对任何 $k > j$,有 $\pi(k) > j$.

设 $h(n)$ 是至少有一个稳定点的排列的个数,求证:

$$2(n-1)! - (n-2)! \leqslant h(n) \leqslant 2(n-1)!$$

15. 将自然数 n 表示成 2 的自然数方幂之和(不记顺序)的表达式个数记为 $f(n)$,比如,$f(1)=1$,$f(2)=2$,$f(6)=6$.求证:当 $n>1$ 时,$f(n)$ 为偶数.

16. (第 21 届全苏数学奥林匹克试题)两人依次在黑板上写出不超过 1000 的自然数,每人每次只写一个数且不能是黑板上已有的数的因子,轮到某人无数可写则输,谁有必胜策略?

17. (1999 年中国数学奥林匹克试题)$4 \times 4 \times 4$ 的大正方体由 64 个单位正方体组成.选取其中的 16 个单位正方体涂成红色,使得在大正方体中的每个由 4 个单位正方体组成的 $1 \times 1 \times 4$ 的小长方体中,都恰有 1 个红色单位正方体.问 16 个红色单位正方体共有多少种不同取法?说明理由.

18. (2001 年中国数学奥林匹克试题)将周长为 24 的圆周等分成 24 段.从 24 个分点中选取 8 个点,使得其中任何两点间所夹的弧长都不等于 3 和 8.问满足要求的 8 点组的不同取法共有多少种?说明理由.

19. (2011 年 IMO 中国国家队选拔考试试题)对任意两个集合 A,B,定义 $A \dot\cup B = \{x \mid x$ 恰好属于 A,B 中的一个$\}$,给定正整数 l,设 m,n 是正整数,$m \geqslant n$,集合 $\{1,2,\cdots,l\}$ 的 $m+n$ 个两两不同的子集 $A_1,A_2,\cdots,A_m,B_1,B_2,\cdots,B_n$ 满足条件:当 $1 \leqslant i \leqslant m$,$1 \leqslant j \leqslant n$ 时,$A_i \dot\cup B_j$ 两两不同,且取遍 $\{1,2,\cdots,l\}$ 的所有非空子集,求 m,n 的一切可能值.

习题 5 解答

1. 设有 n 个男孩,称一个女孩和一个男孩为一个对子,则共有 $5n$ 个对子.

考察任意一个对子,如果他们认识,则其中的女孩给男孩拿了一片面包.如果他们不认识,则其中的男孩给女孩拿了一片面包.所以每个对子对应一片面包,从而 $5n = 30$,解得 $n = 6$.

2. 对任一个 $n+1$ 项的 0,1 序列 $y = (y_1, y_2, \cdots, y_{n+1})$,令它与 n 项的 0,1 序列 $x = (x_1, \cdots, x_n)$ 对应,其中
$$x_i \equiv y_i + y_{i+1} \pmod{2} \tag{1}$$
反过来,对任一个 n 项的 0,1 序列 $x = (x_1, \cdots, x_n)$ 及 $y_1 = 0$ 或 1,有一个 $n+1$ 项的 0,1 序列 $y = (y_1, y_2, \cdots, y_{n+1})$,其中
$$y_{i+1} \equiv y_i + x_i \pmod{2} \tag{2}$$
由于
$$y_j + y_{j+1} \equiv y_j + y_j + x_j \equiv x_j \pmod{2}$$
所以上述两个对应互为逆对应.

在由(1)定义的对应中,连续四项 0011 或 1100 产生连续三项 010. 反之,由(2)定义的对应中,连续三项 010 产生连续四项 0011 或 1100.

于是 a_n 个所述 n 项无连续三项成 010 的序列,每个恰好与两个无连续四项成 0011 或 1100 的所述 $n+1$ 项序列对应. 从而 $b_{n+1} = 2a_n$.

3. 对 n 归纳,记 $A_n = \{(a, b) \in X_n \mid b < 2a\}$,$B_n = \{(a, b) \in X_n \mid b > 2a\}$.

当 $n = 1$ 时,$A_1 = B_1 = \varnothing$,结论显然成立.

设结论对 $n-1$ 成立,即 $|A_{n-1}| = |B_{n-1}|$.

因为
$$A_n = A_{n-1} \bigcup \{(a, n) \mid \frac{n}{2} < a \leqslant n - 1, a \in \mathbf{N}\}$$
$$B_n = B_{n-1} \bigcup \{(a, n) \mid 1 \leqslant a < \frac{n}{2}, a \in \mathbf{N}\}$$

注意到自然数 $x \in \left[1, \frac{n}{2}\right)$ 等价于自然数 $n - x \in \left(\frac{n}{2}, n-1\right]$,从

而 $\left[1,\dfrac{n}{2}\right)$ 与 $\left(\dfrac{n}{2},n-1\right]$ 中整数的个数相等,所以由归纳假设,有 $|A_n|=|B_n|$.

另解 当 $n=2k$ 时,设 $(a,b)\in A$,那么,当 $a=i(2\leqslant i\leqslant k)$ 时, b 可取 $i+1,i+2,\cdots,2i-1$,共有 $i-1$ 种取值.

当 $a=j(k+1\leqslant j\leqslant 2k-1)$ 时,b 可取 $j+1,j+2,\cdots,2k$,共有 $2k-j$ 种取值.

于是

$$|A|=\sum_{i=2}^{k}(i-1)+\sum_{j=k+1}^{2k-1}(2k-j)=\sum_{i=1}^{k-1}i+\sum_{i=1}^{k-1}i=k^2-k$$

同理,有

$$|B|=\sum_{i=1}^{k-1}(2k-2i)=k^2-k$$

所以 $|A|=|B|$.

类似可证,当 $n=2k+1$ 时,有 $|A|=|B|$.

4. 由于 $P(M)=5$,令

$$M'=\{x-5\mid x\in M\}=\{-4,-3,-2,-1,0,1,2,3,4\}$$

则 $P(M')=0$,由此便建立了 M 和 M' 的均衡子集之间的一一对应.

用 $f(k)$ 表示 M' 的 k 元均衡子集的个数,显然有 $f(9)=1$,$f(1)=1$(M' 的九元均衡子集只有 M',一元均衡子集只有 $\{0\}$).

M' 的二元均衡子集共四个,为 $B_i=\{-i,i\}$,$i=1,2,3,4$,因此 $f(2)=4$.

M' 的三元均衡子集有两种情况:

(1) 含有元素 0 的为 $B_i\cup\{0\}=\{-i,0,i\}$,$i=1,2,3,4$,共 4 个.

(2) 不含元素 0 的,由于等式 $3=1+2,4=1+3$ 可表示为 $-3+1+2=0,3-1-2=0$ 以及 $-4+1+3=0,4-1-3=0$,得到 4 个均衡子集 $\{-3,1,2\},\{3,-1,-2\},\{-4,1,3\},\{4,-1,-3\}$,因此 $f(3)$

$=4+4=8$.

M' 的四元均衡子集有三种情况：

(1) 每两个二元均衡子集之并 $B_i \bigcup B_j, 1 \leqslant i < j \leqslant 4$, 共 6 个集.

(2) 不含元素 0 的三元均衡子集与 $\{0\}$ 的并集, 共 4 个集.

(3) 以上两种情况之外者, 由于等式 $1+4=2+3$ 可表为 $-1-4+2+3=0$ 以及 $1+4-2-3=0$, 得两个均衡子集 $\{-1,-4,2,3\}$ 与 $\{1,4,-2,-3\}$, 因此 $f(4)=6+4+2=12$.

又注意到, 除 M' 本身外, 若 B' 是 M' 的均衡子集, 当且仅当其补集 $\complement_M B'$ 也是 M' 的均衡子集, 二者一一对应. 因此 $f(9-k)=f(k)$, $k=1,2,3,4$.

综上所述, M' 的均衡子集个数为

$$\sum_{k=1}^{9} f(k) = f(9) + 2\sum_{k=1}^{4} f(k) = 1 + 2(1+4+8+12) = 51$$

5. 任取 $D(n,k)$ 中一个元素 $A=(n_1,n_2,\cdots,n_k)$, $n=n_1+n_2+\cdots+n_k (1 \leqslant n_1 < n_2 < \cdots < n_k)$, 我们有

$$n - C_k^2 = n - [1+2+\cdots+(k-1)]$$
$$= (n_1+n_2+\cdots+n_k) - [1+2+\cdots+(k-1)]$$
$$= (n_1-0) + (n_2-1) + \cdots + [n_k-(k-1)]$$

因为 $n_{i+1} > n_i$, 所以, $n_{i+1} - i > n_i - i$, $n_{i+1} - i \geqslant n_i - (i-1)$, 所以 $(n_1-0, n_2-1, \cdots, n_k-(k-1))$ 是 $L(n-C_k^2, k)$ 中的一个元素.

令 $A=(n_1,n_2,\cdots,n_k) \to A'=(n_1-0, n_2-1, \cdots, n_k-(k-1))$.

对 $D(n,k)$ 中两个不同元素 $(n_1,n_2,\cdots,n_k)$ 与 $(n_1',n_2',\cdots,n_k')$, 必存在 $n_i \neq n_i'$, 从而 $n_i - (i-1) \neq n_i' - (i-1)$, 于是, $|D(n,k)| \leqslant |L(n-C_k^2, k)|$.

反之, 对 $L(n-C_k^2, k)$ 中一个元素 $n-C_k^2 = m_1 + m_2 + \cdots + m_k$ $(1 \leqslant m_1 \leqslant m_2 \leqslant \cdots \leqslant m_k)$, 有 $n = C_k^2 + m_1 + m_2 + \cdots + m_k = m_1 +$

$(m_2+1)+(m_3+2)+\cdots+[m_k+(k-1)]$.

由于 $1\leqslant m_1<m_2+1<m_3+2<\cdots<m_k+k-1$,所以 $(m_1,m_2+1,m_3+2,\cdots,m_k+k-1)$ 是 $D(n,k)$ 中的元素,所以

$$|D(n,k)|\geqslant|L(n-C_k^2,k)|$$

综上所述,命题获证.

6. 首先,考察 $P_2(2n+1)$ 中的任意一个元素 $A=(2^0,2^{i_1},2^{i_2},\cdots,2^{i_r})$,由于 $2n+1$ 为奇数,其分拆表达式中必含有 2^0,所以

$2n+1=2^0+2^{i_1}+2^{i_2}+\cdots+2^{i_r}$ $(0\leqslant i_1\leqslant i_2\leqslant\cdots\leqslant i_r)$

于是

$\qquad 2n=2^{i_1}+2^{i_2}+\cdots+2^{i_r}$ $(0\leqslant i_1\leqslant i_2\leqslant\cdots\leqslant i_r)$

令

$\qquad A=(2^0,2^{i_1},2^{i_2},\cdots,2^{i_r})\to A'=(2^{i_1},2^{i_2},\cdots,2^{i_r})$

则 $A'=(2^{i_1},2^{i_2},\cdots,2^{i_r})$ 为 $P_2(2n)$ 中的一个元素.

反之亦然,所以 $|P_2(2n+1)|=|P_2(2n)|$.

其次,考察 $P_2(2n)$ 中的元素,将它们分为两类:一类是分拆表达式中最小项为1的,另一类是分拆表达式中最小项大于1的.

若分拆中最小项为1,则对 $P_2(2n)$ 中的任何一个这样的分拆:

$2n=1+2^{i_1}+2^{i_2}+\cdots+2^{i_r}$ $(0\leqslant i_1\leqslant i_2\leqslant\cdots\leqslant i_r)$

有

$2n-1=2^{i_1}+2^{i_2}+\cdots+2^{i_r}$ $(0\leqslant i_1\leqslant i_2\leqslant\cdots\leqslant i_r)$

此为 $P_2(2n-1)$ 的一个分拆,反之亦然,故这样的分拆有 $|P_2(2n-1)|$ 个.

若分拆中的最小项大于1,则对 $P_2(2n)$ 中任何一个这样的分拆:

$\qquad 2n=2^{i_1}+2^{i_2}+\cdots+2^{i_r}$ $(1\leqslant i_1\leqslant i_2\leqslant\cdots\leqslant i_r)$

有

$\qquad n=2^{i_1-1}+2^{i_2-1}+\cdots+2^{i_r-1}$

$$(0 \leqslant i_1 - 1 \leqslant i_2 - 1 \leqslant \cdots \leqslant i_r - 1)$$

它是 $P_2(n)$ 中的一个分拆,反之亦然. 故这样的分拆有 $|P_2(n)|$ 个.

所以
$$|P_2(2n)| = |P_2(2n-1)| + |P_2(n)|$$

综上所述,命题获证.

7. 对 n 的属于 A_n 的划分,设 $n = a_1 + a_2 + \cdots + a_k (a_1 \geqslant a_2 \geqslant \cdots \geqslant a_k)$,它对应如下的一个 Ferrers 图(图 5.2):用 n 个方格表示自然数 n,设第 i 行方格的个数为 $a_i (i = 1, 2, \cdots, k)$,第 j 列方格的个数为 $b_j (j = 1, 2, \cdots, t = a_1)$,则
$$n = b_1 + b_2 + \cdots + b_t \quad (k = b_1 \geqslant b_2 \geqslant \cdots \geqslant b_t)$$

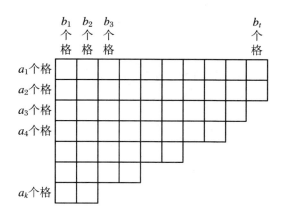

图 5.2

令
$$(a_1, a_2, \cdots, a_k) \to (b_1, b_2, \cdots, b_t)$$
则 $(b_1, b_2, \cdots, b_t)$ 是一个属于 B_n 的划分,易证此映射是双射,从而命题获证.

8. 对 X 的任何一个 r-有序分拆 $(A_1, A_2, \cdots, A_r)$,构造 $n \times r$ 数表:

元素\集合	A_1,	A_2,	$\cdots$,	A_r
x_1,	a_{11},	a_{12},	$\cdots$,	a_{1r}
x_2,	a_{21},	a_{22},	$\cdots$,	a_{2r}
$\vdots$	$\vdots$	$\vdots$		$\vdots$
x_n,	a_{n1},	a_{n2},	$\cdots$,	a_{nr}

若 $x_i \in A_j$，则在第 i 行第 j 列标数 1，即 $a_{ij}=1$，否则，标数 0，即 $a_{ij}=0$.

这样，分拆 $(A_1,A_2,\cdots,A_r)$ 与数表 $(a_{ij})_{n\times r}$ 形成一一对应.

由于 $X=A_1 \cup A_2 \cup \cdots \cup A_r$，考察第 i 行，x_i 至少属于某个 A_j，从而第 i 行至少有一个 1，于是任何一行不全为 0，从而每行有 2^r-1 种排法，这样，n 行的排法有 $(2^r-1)^n$ 种.

9. 对 X 的任何一个 2-有序分拆 (A_1,A_2)，则 (A_2,A_1) 亦是 X 的 2-有序分拆. 若 $A_1 \neq A_2$，则这两个有序分拆互异，但它们是同一个无序分拆，于是，每个 $A_1 \neq A_2$ 的无序分拆 $\{A_1,A_2\}$ 都被算两次.

再注意到形如 (A,A) 的无序分拆只有一个，即 (X,X)，于是

$$g(n,2) = \frac{1}{2}[f(n,2)-1]+1 = \frac{3^n+1}{2}$$

10. (1) 将 X 的所有 3-有序分拆分为三类：

(i) 三个集合都相同，此时，只有一个分拆 (X,X,X).

(ii) 三个集合中恰有两个集合相同.

设这两个不同的集合为 A,B，那么 $X=A \cup B$. 这样，一个第二类的 3-有序分拆对应一个两个集合互异的 2-无序分拆 $\{A,B\}$. 反之，每个集合互异的 2-无序分拆 $\{A,B\}$ 对应 6 个第二类的 3-有序分拆：(A,A,B), (A,B,A), (B,A,A), (B,B,A), (B,A,B), (A,B,B). (1 对 6 的对应)

而由上题，有 $g(n,2)=\dfrac{3^n+1}{2}$，其中仅有 (X,X) 是两个集合相

同的,于是两个集合互异的2-无序分拆有 $g(n,2)-1=\dfrac{3^n-1}{2}$ 个,故此类分拆的个数为 $6\times\dfrac{3^n-1}{2}=3\cdot(3^n-1)$.

(ⅲ) 三个集合互异的3-有序分拆.

由(ⅰ)与(ⅱ),这种分拆的个数为
$$f(n,3)-1-3\cdot(3^n-1)=(2^3-1)^n-1-3\cdot(3^n-1)$$
$$=7^n-3^{n+1}+2$$

(2) 将 X 的所有3-无序分拆分为3类:

(ⅰ) 三个集合都相同,此时,只有一个分拆 (X,X,X).

(ⅱ) 三个集合中恰有两个集合相同.

设这样的分拆有 x 个,对某个这样的分拆,设其中两个不同的集合为 A,B,那么 $X=A\cup B$. 由上可知,这样的无序分拆有 $\dfrac{3^n-1}{2}$ 个.

反之,对每个两个集合不同的2-无序分拆 $\{A,B\}$,它对应两个3-无序分拆 $\{A,A,B\},\{A,B,B\}$,于是,这类分拆的个数 $x=2\times\dfrac{3^n-1}{2}=3^n-1$.

(ⅲ) 三个集合互异的3-无序分拆.

设这种分拆有 y 个,每个这样的3-无序分拆对应6个3-有序分拆,且三个集合互异,由上题,有 $6y=7^n-3^{n+1}+2, y=\dfrac{1}{6}(7^n-3^{n+1}+2)$.

综上所述,$g(n,3)=1+x+y=3^n+\dfrac{1}{6}(7^n-3^{n+1}+2)$.

11. 对于 $X=\{1,2,\cdots,n\}$ 的任何一个不含 n 的非空子集 $A=\{a_1,a_2,\cdots,a_r\}(a_1>a_2>\cdots>a_r)$,令其对应 $X=\{1,2,\cdots,n\}$ 的一个含 n 的非空子集 $A'=\{n,a_1,a_2,\cdots,a_r\}(n>a_1>a_2>\cdots>a_r)$.

显然,A 的"交替和"为 $a_1-a_2+a_3-a_4+\cdots+(-1)^{r+1}a_r$,$A'$ 的"交替和"为 $n-[a_1-a_2+a_3-a_4+\cdots+(-1)^{r+1}a_r]$.

由此可见，A的"交替和"与A'的"交替和"之总和为n.

因为上述对应为一一对应，当A跑遍$X=\{1,2,\cdots,n\}$的所有不含n的非空子集时，A'则跑遍$X=\{1,2,\cdots,n\}$的所有含n的至少有两个元素的非空子集.此外，还有一个单元集合$\{n\}$.

由于$X=\{1,2,\cdots,n\}$的所有不含n的非空子集共有$2^{n-1}-1$个，于是X的所有非空子集的交替和之总和为$n(2^{n-1}-1)+n=n\cdot 2^{n-1}$.

特别地，令$n=7$，得相应的总和为$7\cdot 2^6=448$.

12. 作对应$g(n)\to S(n)$如下：对于一个全赛程，我们填一张$n\times n$数表，对于数表的"上三角"中的方格（不包括主对角线上的方格），若第i名选手和第j名选手在第k天比赛，就在第i行第j列的方格填数k.然后在该方格关于主对角线对称的方格填上数$2n-k$.最后，在主对角线的n个方格中均填数n.

下面证明这样所得的数表是一个"银方阵".

事实上，对于第i行第i列，由于第i名选手和其他选手在不同的日子比赛，因此上三角所填的数恰为$1,2,\cdots,n-1$的一个排列.这些格所对应的下三角中的方格所填的数为$2n-1,2n-2,\cdots,n+1$的一个排列.连同主对角线上的n，正好构成$1,2,\cdots,2n-1$的一个排列.

由于不同的"全赛程"按上述法则对应的"银方阵"是不同的，从而$|g(n)|\leqslant S(n)|$.

13. 设A是一个朋友最多的人，他有k个朋友.

显然$k\geqslant m$，因为对m个人，他们有一个公共的朋友，反过来，此人有m个朋友.

下面证明$k=m$，用反证法.

若$k>m$，设A的k个朋友的集合为$P(A)=\{x_1,x_2,\cdots,x_k\}$，任取$P(A)$的任意一个$m-1$元子集：$\{y_1,y_2,\cdots,y_{m-1}\}$，则$A,y_1,$

5 其他对应方式

$y_2, \cdots, y_{m-1}$ 这 m 个人有一个公共的朋友,设为 B.

因为 B 是 A 的朋友,所以 $B \in P(A)$,这表明,$P(A)$ 的一个 $m-1$ 元子集对应 $P(A)$ 中的一个元素 B.

我们证明这个对应是单射,实际上,若有 $P(A)$ 的两个不同的 $m-1$ 元子集 $\{y_1, y_2, \cdots, y_{m-1}\}, \{z_1, z_2, \cdots, z_{m-1}\}$ 对应 $P(A)$ 中的同一个元素 B,那么,$\{y_1, y_2, \cdots, y_{m-1}\} \cup \{z_1, z_2, \cdots, z_{m-1}\}$ 的 m 元子集至少有两个公共的朋友 A 和 B,矛盾.

于是 $P(A)$ 中 $m-1$ 元子集的个数 $C_k^{m-1} \leqslant k$.

但 $m > 2, m-1 > 1$,所以 $C_k^{m-1} > C_k^1 = k$,矛盾.

故 $k = m$,即有朋友最多的人有 m 个朋友.

14. 以 1 为稳定点的排列为 $1, a_2, a_3, \cdots, a_n$,共有 $(n-1)!$ 个;以 n 为稳定点的排列为 $a_1, a_2, \cdots, a_{n-1}, n$,共有 $(n-1)!$ 个;同时以 $1, n$ 为稳定点的排列为 $1, a_2, a_3, \cdots, a_{n-1}, n$,共有 $(n-2)!$ 个.

于是

$$h(n) \geqslant (n-1)! + (n-1)! - (n-2)! = 2(n-1)! - (n-2)!$$

不等式左边获证.

当 $n \leqslant 4$ 时,不等式右边成立,这是因为:若 2 为稳定点,则 1 为稳定点.

若 $n-1$ 为稳定点,则 n 为稳定点.

这样,$n \leqslant 4$ 时,稳定排列只有两类,一类是以 1 为稳定点,另一类是以 n 为稳定点,所以 $h(n) \leqslant 2(n-1)!$.

下面设 $n \geqslant 5$.

首先,由上可知,1 或 n 为稳定点的排列有 $2(n-1)! - (n-2)!$ 个,其中包含了所有以 2 和以 $n-1$ 为稳定点的排列.

下面只需计算以 $j(j = 3, 4, \cdots, n-2)$ 为稳定点但不以 1 和 n 为稳定点的排列的个数,设共有 $p(n)$ 个,我们只需证明:$p(n) < (n-2)!$.

由于 j 是稳定点,由定义,$\pi(1),\pi(2),\cdots,\pi(j-1)$ 互异,且都小于 j,从而由"对应相等"可知,$\{\pi(1),\pi(2),\cdots,\pi(j-1)\}=\{1,2,\cdots,j-1\}$.

于是,$1,2,\cdots,j-1$ 的排法共有 $(j-1)!$ 种可能,其中满足 $\pi(1)=1$ 的排列有 $(j-2)!$ 种,所以合乎条件的排列有 $(j-1)!-(j-2)!$ 种.

同样可知,$\{\pi(j+1),\pi(j+2),\cdots,\pi(n)\}=\{j+1,j+2,\cdots,n\}$,但 $\pi(n)\neq n$,这样的排列有 $(n-j)!-(n-j-1)!=(n-j-1)\cdot(n-j-1)!$ 种.

于是
$$p(n)=\sum_{j=3}^{n-2}(j-2)(j-2)!(n-j-1)(n-j-1)!$$

记
$$A_j=(j-2)(j-2)!(n-j-1)(n-j-1)!$$

则
$$\triangle_j=A_{j+1}-A_j$$
$$=(j-2)(n-j-2)!$$
$$\cdot[(n-j-2)(j-1)^2-(j-2)(n-j-1)^2]$$

由此可知:
$$\triangle_j<0 \Leftrightarrow (n-j-2)(j-1)(j-1)$$
$$<(j-2)(n-j-1)(n-j-1) \qquad (*)$$

由对称性,不妨设 $j-2\leqslant n-j-1$.

当 $j+1\leqslant\dfrac{n-2}{2}$ 时,$n-2\geqslant 2j+2$,所以,$n-2j\geqslant 4$.

于是
$$(n-j-1)(j-2)-(j-1)^2$$
$$=(j-2)[(n-j-1)-(j-1)]-(j-1)$$

5 其他对应方式

$$= (j-2)(n-2j) - (j-1)$$
$$\geqslant 4(j-2) - (j-1)$$
$$= 3(j-2) - 1 > 0 \quad (3 \leqslant j \leqslant n-2)$$

所以
$$(j-1)^2 < (j-2)(n-j-1)$$

又 $n-j-2 < n-j-1$,从而(*)成立.

于是 $\triangle_j < 0$,即 $A_{j+1} < A_j$.

这表明,当 $j+1 \leqslant \dfrac{n-2}{2}$ 时,有

$$A_{j+1} < A_j < A_{j-1} < \cdots < A_3 < (n-4)(n-4)!$$

所以
$$p(n) = \sum_{j=3}^{n-2} A_j < \sum_{j=3}^{n-2} (n-4)(n-4)!$$
$$= (n-4)^2 (n-4)! < (n-2)!$$

综上所述,不等式获证.

15. 对 n 归纳. 当 $n=2$ 时, $2 = 2^1$, $2 = 2^0 + 2^0$, 结论成立.

设结论对小于 n 的自然数成立. 考虑 $f(n)$.

(1) 当 n 为奇数时,令 $n = 2k+1$.

若 $2k = 2^{i_1} + 2^{i_2} + \cdots + 2^{i_r}$, $i_1 \geqslant i_2 \geqslant \cdots \geqslant i_r \geqslant 0$,则 $2k+1 = 2^{i_1} + 2^{i_2} + \cdots + 2^{i_r} + 1$.

反之,若 $2k+1 = 2^{j_1} + 2^{j_2} + \cdots + 2^{j_t}$, $j_1 \geqslant j_2 \geqslant \cdots \geqslant j_t \geqslant 0$,注意到 $2k+1$ 为奇数,必有 $2^{j_t} = 1$,所以 $2k = 2^{j_1} + 2^{j_2} + \cdots + 2^{j_{t-1}}$, $f(2k+1) = f(2k)$ 为偶数.

(2) 当 n 为偶数时,令 $n = 2k$,不妨设

$$2k = 2^{i_1} + 2^{i_2} + \cdots + 2^{i_r}, \quad i_1 \geqslant i_2 \geqslant \cdots \geqslant i_r \geqslant 0 \quad (*)$$

有以下两种情况:

(ⅰ) $2k$ 的分拆表达式(*)中至少含有一个1.此时,有

$$2k = 2^{i_1} + 2^{i_2} + \cdots + 2^{i_{r-1}} + 1, \quad i_1 \geq i_2 \geq \cdots \geq i_{r-1} \geq 0$$

所以，$2k-1 = 2^{i_1} + 2^{i_2} + \cdots + 2^{i_{r-1}}(i_1 \geq i_2 \geq \cdots \geq i_r - 1 \geq 0)$ 是 $2k-1$ 的一种分拆.

反之，对 $2k-1$ 的任何一个分拆，其表达式中必含有奇数个 1. 可设

$$2k-1 = 2^{j_1} + 2^{j_2} + \cdots + 2^{j_{r-1}} + 1 \quad (j_1 \geq j_2 \geq \cdots \geq j_{r-1} \geq 0)$$

则 $2k = 2^{j_1} + 2^{j_2} + \cdots + 2^{j_{r-1}} + 1 + 1$ 是 $2k$ 的至少含有一个 1 的一种分拆.

所以，$2k$ 的至少含有一个 1 的分拆的个数为 $f(2k-1)$.

（ⅱ）$2k$ 的分拆表达式（*）中不含 1，此时，有

$$2k = 2^{i_1} + 2^{i_2} + \cdots + 2^{i_r}, \quad i_1 \geq i_2 \geq \cdots \geq i_{r-1} \geq 1$$

所以，$k = 2^{i_1-1} + 2^{i_2-1} + \cdots + 2^{i_r-1}(i_1-1 \geq i_2-1 \geq \cdots \geq i_{r-1} \geq 0)$ 是 k 的一种分拆.

反之，对 k 的任何一个分拆，可设

$$k = 2^{j_1} + 2^{j_2} + \cdots + 2^{j_r} \quad (j_1 \geq j_2 \geq \cdots \geq j_r \geq 0)$$

则 $2k = 2^{j_1+1} + 2^{j_2+1} + \cdots + 2^{j_r+1}$ 是 $2k$ 的不含 1 的一种分拆.

所以，$2k$ 的不含 1 的分拆的个数为 $f(k)$.

由（ⅰ）和（ⅱ），可知 $f(2k) = f(2k-1) + f(k)$.

由归纳假设，$f(2k)$ 为偶数.

16. 先写的人（设为甲）有必胜策略.

因为所写的自然数不大于 1000，从而黑板上只能写下有限个数，游戏到某刻必定终止，必有一人获胜.

用反证法，反设乙有必胜策略，考察这样一个局：甲先写下"1"，则由反设，乙有必胜的对策，设乙随后写下的是 b，以后甲每写下一个数乙都有办法接应，直至乙获胜.

现在，甲改变策略，先写下 b，因为 1 是 b 的约数，此时黑板上不能写下 1，于是乙变为前述操作过程中甲的地位，甲变为乙的地位而

有必胜策略,矛盾.

17. 在底面 16 个正方形中每个写上 1,2,3,4 之一,表示该竖直 $1\times1\times4$ 小长方体中从下往上第几个为红色,形成一个 4×4 的数表,其中每行每列均为 1,2,3,4 的一个排列,称为 4 阶拉丁方,并将第一行第一列按顺序均为 1,2,3,4 的拉丁方称为 4 阶标准拉丁方,显然 16 个红色单位正方体不同取法数目为 4 阶拉丁方的数目.

显然将 4 阶拉丁方任两行(列)调换仍为 4 阶拉丁方,对于任意一个 4 阶拉丁方,先通过调换列使之第一行为 1,2,3,4,再通过调换 2,3,4 行使第一列为 1,2,3,4,形成唯一一个 4 阶标准拉丁方.而每个 4 阶标准拉丁方对应 $4!\times3!$ 个 4 阶拉丁方(第一行有 $4!$ 种排列,第一列后三个格有 $3!$ 种排列).只需求 4 阶标准拉丁方的个数.

考虑第二行第二列那个格中所填的数,显然不为 2.

(1) 若填 1,则第二行第二列已经确定,剩下 4 个方格填入两个 1,两个 2,显然有两种填法.

(2) 若填 3,则第二行第二列已经确定,易知剩下 4 个方格也已经确定.填 4 类似.

所以共有 4 个 4 阶标准拉丁方.所以 4 阶拉丁方有 $4\times4!\times3!=576$ 个.

综上所述,16 个红色单位正方体不同取法数目为 576 个.

18. 将这些点按顺时针方向依次标为 $1,2,\cdots,24$,并排成如下 3×8 的表格:

1	4	7	10	13	16	19	22
9	12	15	18	21	24	3	6
17	20	23	2	5	8	11	14

在此表中,同一列相邻两数所代表的点之间所夹弧长为 8,同一行相邻两数所代表的点之间所夹弧长为 3(第一列与第八列也是相邻的,第一行与第三行也是相邻的).

所以在表中每相邻两数所代表的点均不能同时取. 即每一列只能取一个数, 并且恰好取一个数.

记从 $3\times n$ 数表中每列恰取一个数且任何相邻两列(包括第 n 列与第一列)所取的数均不同行的取法为 x_n 种.

从第一列取一个数有 3 种取法, 第一列取定后, 第二列所取的数不能与第一列同行, 只有两种不同取法, 以后每一列均有两种取法, 共 3×2^n 种取法, 但是第一列与最后一列所取的数同行的所有取法都不满足要求, 这时将这两列看作一列, 即为 $n-1$ 列时的所有取法, 所以 $x_n + x_{n-1} = 3\times 2^{n-1}$.

所以
$$\begin{aligned}x_8 &= 3\times 2^7 - x_7 = 3\times 2^7 - (3\times 2^6 - x_6)\\ &= 3\times(2^7 - 2^6) + x_6 = \cdots\\ &= 3\times(2^7 - 2^6 + 2^5 - 2^4 + 2^3 - 2^2 + 2) = 258\end{aligned}$$

故满足题中要求的不同取法总数为 258 种.

19. 当 $m = 2^l - 1, n = 1$ 时, 令 $A_1, A_2, \cdots, A_m$ 为 $\{1, 2, \cdots, l\}$ 的所有非空子集, $B_1 \neq \varnothing$, 满足要求.

下面证只有 $m = 2^l - 1, n = 1$ 这一种情况满足要求.

若 $n = 1$, 则 m 必为 $2^l - 1$.

此外, 设 $m \geqslant n \geqslant 2$, 则由已知, $A_i \bigcup B_j \neq \varnothing$, 且取遍 $\{1, 2, \cdots, l\}$ 的所有非空子集, 所以 $mn = 2^l - 1$.

而 $(m-1)(n-1) > 0$, 所以 $m + n < mn + 1 = 2^l$, 因此, 存在 $\{1, 2, \cdots, l\}$ 的子集 X 与 $A_1, A_2, \cdots, A_m, B_1, B_2, \cdots, B_n$ 均不相同.

令
$$C_i = A_i \bigcup X \quad (i = 1, 2, \cdots, m)$$
$$D_j = B_j \bigcup X \quad (j = 1, 2, \cdots, n)$$

并记
$$S_{ij} = A_i \bigcup B_j \quad (1 \leqslant i \leqslant m, 1 \leqslant j \leqslant n)$$

它们恰好遍历$\{1,2,\cdots,l\}$的所有非空子集.

这样,有
$$C_i \bigcup D_j = (A_i \bigcup X) \bigcup (B_j \bigcup X) = A_i \bigcup B_j = S_{ij}$$
且 C_i, D_j 均不为空集.

下面证明对任意 C_i,存在唯一的 C_j,使得
$$C_i \bigcup C_j \in \{D_1, D_2, \cdots, D_n\}$$

事实上,由于 $C_i \neq \varnothing$ 且 S_{ij} 取遍$\{1,2,\cdots,l\}$的所有非空子集,所以存在 C_j, D_t,使得 $C_i = C_j \bigcup D_t$,所以
$$C_i \bigcup C_j = (C_j \bigcup D_t) \bigcup C_j = D_t$$

若还有 C_k 使 $C_j \bigcup C_k = D_r$,则 $C_j \bigcup D_r = C_i = C_j \bigcup D_t$,即 $S_{kr} = S_{jt}$,由此推出 $k = j, r = t$,所以(*)成立.

作映射
$$f:\{C_1, C_2, \cdots, C_m\} \to \{C_1, C_2, \cdots, C_m\}$$
满足 $f(C_i) = C_j$,其中 $C_i \bigcup C_j \in \{D_1, D_2, \cdots, D_n\}$.

由(*)知这样的定义是合理的,且对 $i = 1, 2, \cdots, m, f(C_i) \neq C_i, f(f(C_i)) = C_j$,因此可将$\{C_1, C_2, \cdots, C_m\}$依$\{C_i, f(C_i)\}$两两分组,所以 $2 \mid m$,这与 $mn = 2^l - 1$ 矛盾.

所以 $m = 2^l - 1, n = 1$ 为唯一解.